国家出版基金项目

国家重大出版工程项目
"十二五"国家重点图书

◎陈顺祥 罗德启 李多扶 等编著

中国古建筑丛书

贵州古建筑

中国建筑工业出版社

审图号：GS（2015）2780号

图书在版编目（CIP）数据

贵州古建筑/陈顺祥等编著.—北京：中国建筑工业出版社，2015.12
（中国古建筑丛书）
ISBN 978-7-112-18239-8

Ⅰ.①贵… Ⅱ.①陈… Ⅲ.①古建筑－介绍－贵州省 Ⅳ.①K928.71

中国版本图书馆CIP数据核字（2015）第141725号

责任编辑：唐　旭　李东禧　杨　晓　吴　绫
书稿设计：康　羽
责任校对：姜小莲　关　健

中国古建筑丛书
贵州古建筑
陈顺祥　罗德启　李多扶　等编著
*
中国建筑工业出版社出版、发行（北京西郊百万庄）
各地新华书店、建筑书店经销
北京锋尚制版有限公司制版
北京顺诚彩色印刷有限公司印刷
*
开本：880×1230毫米　1/16　印张：23½　字数：620千字
2015年12月第一版　2015年12月第一次印刷
定价：368.00元
ISBN 978-7-112-18239-8
（25826）

版权所有　翻印必究
如有印装质量问题，可寄本社退换
（邮政编码100037）

《中国古建筑丛书》总编委会

总顾问委员会：

罗哲文　张锦秋　傅熹年　单霁翔　郑时龄

总编辑委员会：

主　　任：吴良镛　周干峙
副 主 任：沈元勤　陆元鼎
总 主 编：陆　琦　戴志坚
委　　员（按姓氏笔画排序）：

丁　垚	王　军	王　南	王金平	王海松	左满常	朱永春
刘　甦	李　群	李东禧	李晓峰	李乾朗	杨大禹	杨新平
吴　昊	张玉坤	张兴国	张鹏举	陆　琦	陈　琦	陈　颖
陈　蔚	陈伯超	陈顺祥	范霄鹏	罗德启	柳　肃	胡永旭
姚　糖	徐　强	徐宗威	翁　萌	高宜生	唐　旭	黄　浩
谢小英	雍振华	蔡　晴	谭刚毅	燕宁娜	戴志坚	

《贵州古建筑》

主　编：陈顺祥　罗德启　李多扶
编　委：余康麟　郭秉红　李　军　杨昌焕　罗　松　罗永周
　　　　李宇果　潘光福　唐发勇　石　斌　唐秀成　刘多山
　　　　卫风华　何　烨　汪汉华　饶崇和　郑远文　李良福
审稿人：张之平　肖　东

总　序

中国历史悠久，地大物博，人口众多，是一个多民族的国家，文化遗产极为丰富。中国古建筑是世界建筑史上的四大体系之一，五千年来，光辉灿烂，独特发展，一脉相传，自成体系。在建筑历史发展过程中，从来都没有中断过，因而，积累了大量的极为丰富的优秀建筑文化遗产。中国古代建筑的实践经验、创作理论、工艺技术和艺术精华值得总结、传承和发扬。

中国古代建筑具有强大的生命力，首先是独特的地理环境。中国位于亚洲东方，北部有长白山、乌苏里江高山河流阻挡，西有天山、喀喇昆仑山脉和沙漠横贯，西南有喜马拉雅山脉，东南则沿海，形成封闭与外界隔绝的地域，加上地处热带、温带和寒带，宽阔的地理和悬殊的气候，促进建筑与环境的巧妙和谐结合。

其次，独特的民族性格。中国是以汉族为主的多民族所组成。以中原文化为主的汉族人民团结、凝聚着居住和生活在各地的少数民族。由于各民族的历史、文化、宗教信仰、生活习俗与审美爱好的不同，以及他们所处地区的自然条件和地理环境的差异，长期的劳动实践，形成了各民族独特的性格和绚丽灿烂的建筑风貌。

其三，文化的独特体系。中国文化是以黄河流域中原文化为中心，周围有燕赵文化、晋文化、齐鲁文化、吴越文化、楚文化、秦文化和巴蜀文化所烘托，具有历史渊源长久、人类智慧集中、思想资源丰富的特点。中国传统文化思想的集中表现是以儒学、道学为代表，其后，佛教的传入与中国传统文化的结合，形成以儒学为主的儒、道、释三者合一的中国传统文化思想。归纳起来，就是天人合一的宇宙观念，以人为本、和为贵的人文思想，整体直觉的思维方式，真善美相结合的美学观念。

封闭而独特的地理环境，团结凝聚而又富于创造的民族性格，以儒学为主的文化独特体系，创造了中华民族的雄伟壮丽的建筑工程。长期的经验积累，独树一帜，虽经战争的炮火，民族之间的斗争与融合，外来文化之传入及本土化，但中华民族建筑始终一脉相传，傲然生存下来，顽强发展，独树一帜而不倒，在世界建筑史发展中是罕见的、独有的。

中国古代建筑发展经历了原始社会、奴隶社会和封建社会三个历史阶段。

旧石器时代，原始人群利用天然崖洞作为居住场所。南方湿热多雨，虫害兽多，出现巢居。1973年，在浙江余姚河姆渡村发现大约建于6000~7000多年前的、长约23米、进深约8米的木构架建筑遗址，推测是一座长方形、体量相当大的干阑式建筑，这是我国最早采用榫卯技术构筑房屋的一个实例。

原始社会晚期，黄河流域有广阔而丰厚的黄土层，土质均匀，含有石灰质。黄河中游的氏族部落，在利用黄土层作为壁体的土穴上，用木架和草泥建造简单的穴居，逐步发展到浅穴居，再到地面上的房屋，形成聚落。

奴隶社会，夯土技术逐步成熟，宫室建于高大的夯土台上，木构建筑逐步成为中国古代建筑的主要结构方式。等级制度出现。工程管理有了专职的"司空"，以后各朝代沿袭发展成为中国特有的工官制度。

封建社会初期，高台建筑盛行，修建了长城、驰道和水利工程。东汉时代，建筑中已大量使用成组的斗栱，木构楼阁增多，城市和建筑类型扩充，中国古代独特的木构建筑体系基本形成。

两晋南北朝是我国历史上充满着民族斗争和民族融合的时期，佛教的传入，宗教建筑大量兴建，高大的寺庙、壮丽的塔幢，石窟中精美的雕塑和壁画，这是我国古建筑吸收外来文化使之本土化的创造时期。

隋、唐统一全国，开凿贯通南北的大运河，促进了我国南北物资和文化的交流和发展。唐代的长安、洛阳成为世界上最大的城市。木构建筑的宫殿、楼阁和石窟、塔、桥，无论布局或造型都具有较高艺术和技术水平，唐代建筑已发展到成熟的阶段。

宋、辽、金时期，南方在经济和文化方面居于先进地位。由于手工业分工更加细致，国内商业和国际贸易活跃，城市逐渐开放，改变了汉以来历代都城采用的封闭式里坊制度，形成沿街设店的方式。建筑的设计和施工达到一定程度的规格化、制度化，公元12世纪初在总结经验的基础上编写了《营造法式》这一部重要文献。

元代大都建立，喇嘛教和伊斯兰教建筑影响到各地。明、清时期官式建筑已经达到完全程式化、定型化阶段。明代后期出现资本主义萌芽，清代在城市规划上、建筑群体布局和建筑艺术形象上有所发展，例如北京城、故宫、天坛等。民居、园林和民族建筑遍布各地，呈现一片繁荣景象。

中国古建筑有明显的特征。在城市规划上，严谨规整、对称宏伟，表现出庄重威武的中华民族性格。单体建筑中，雄伟的飞檐屋宇、大红的排列柱廊、高大的汉白玉台基，呈现出崇高壮丽又稳定的形象。黄河流域盛产的木材资源，形成了中国古建筑木构架体系的特色。室外装饰的富丽堂皇、金碧辉煌，室内陈设装修的华丽多样、细腻雕饰，体现了中国古建筑绚丽多彩的民族风格。

聚居建筑方面，包含民居、祠堂、家庙、书院等遍布全国各地，它们与人民生活息息相关。各地各族人民根据自己的生活习俗、生产需要、经济能力、民族爱好和审美观念，结合本地的自然条件和材料，因地制宜、因材致用地进行设计与营造。他们既是设计者，又是营建者、使用者，可以说设计、施工、使用三位一体，因而，这种建造方式所形成的民宅民间建筑，既实用简朴，又经久美观，并富有民族风格和地方特色。

中国古园林的特征。以自然山水即中国山水画为蓝本，并以景区、景物和建筑、山水、花木为构件，由景生情，产生意境联想，达到艺术感受。皇家园林因其规模大、范围广，其园林布局自秦、汉时期的一池三岛，到唐、宋以山水画为蓝本，明、清仍沿袭池中置岛古制，但采用人工造山置水的方法。

明、清私家园林因属民间，士大夫文人常在宅后设园休闲宴客，吟诗享乐，其特点是以最小的场所造成无限的景色为目的。因其规模小，常以叠石或池水为主，峰峦洞壑、峭壁危径或曲径通幽取胜。在情景中则采用巧于因借、精在体宜的手法。

我国是一个人口众多的多民族国家。相传秦汉以前，中华大地上主要生存着华夏、东夷、苗蛮三大文化集团，经过连年不断的战争，最终华夏集团取得了胜利，上古三大文化集团基本融为一体，历史上称为华夏族。春秋、战国时期，东南地区古老的部族称为"越"，逐渐为华夏族所兼并而融入华夏族之中。秦统一各国后，到汉代都用汉人、汉民这个称呼，直到隋、唐，汉族这个名称才固定下来。

由于各民族的历史文化、宗教信仰、生活生产、习俗性格的不同，又由于各族人民所处地区的自然条件和环境的不同，导致他们各自产生了富有特色的建筑和民宅，如宏伟壮丽的藏族布达拉宫，遍布各族聚居地的寺院庙宇、寨堡围村、楼阁宅居，反映了绮丽多彩的民族风貌。

中国传统文化渗透了中国古建筑，中国古建筑深刻地体现了中国文化。

新中国成立后，作为全国性有领导有组织地编写中国古代建筑史，第一次是1959年，由原建筑科学研究院组织"编写三史"开始。当时集中了全国高等院校、科研部门分工编写，1962年由中国工业出版社出版《中国建筑简史》第一册（古代部分）。随后，又组织有关院校、文化、历史、考古等单位对古代建筑史有研究的人员，经多次修改，由刘敦桢教授执笔主编的《中国古代建筑史》，于1966年完成。由于"文化大革命"，未能出版，1980年才由中国建筑工业出版社正式出版。作为高等院校的中国建筑史教材则由全国高校教师编写，参考了上述专著，由中国建筑工业出版社1982年出版。

作为系统的、全面的、编写中国古建筑丛书是从1984年开始，当时作为《中国美术全集》中的一个门类——建筑艺术，称为《中国美术全集·建筑艺术编》，共6辑，包含宫殿、坛庙、陵墓、宗教建筑、民居、园林，1988年完成出版。

第二次编写从1992年开始，编写的原因是《中国美术全集·建筑艺术编》6辑出版后，各界反映良好，但感到篇幅不够，它与我国极为丰富的建筑文化遗产大国不相适应。于是，再次组织编写《中国建筑艺术全集》丛书30辑，其中古建筑24辑，近现代建筑6辑。古建筑部分仍按类型编写。该丛书中的24辑于1999年5月出版。

由于这两次丛书都是全国性编写，按类型写，又着重在艺术，因此，一些地方特色和民族特色的、中型的优秀古建筑就难于入选。为了弘扬和传承优秀传统建筑文化体系，总结经验和规律，保护我国优秀传统建筑文化遗产，因此，全面地、系统地、按省（区）来编写古建筑丛书是非常必要的、合时宜的。

本丛书编写的主要特点是：其一，强调本省（区）古建筑的民族特色和地方特色；其二，编写不限于建筑艺术，而是对本省（区）古建筑的全面叙述，着重在成就、价值、特色、技术和经验、规律等各个方面，这是我国民族和地区的资料比较全面和丰富的传统建筑文化丛书。

陆元鼎

2015年1月10日

前　言

自2011年4月北京《中国古建筑丛书》编委会第一次会议以来，经过近三年的时间，"贵州古建筑"分册全书终于完成交稿，参与工作的全体同仁感到莫大的欣慰。根据几次编委会的精神，贵州分册的编写大纲几经修改，最终才确定了分册文本编纂的结构体系。在各参编人员的共同努力下，书稿总算付梓。

贵州地处中国西南，是名副其实的山地王国。这里不仅有宜人的气候、丰富的资源和优美的自然景观，还有悠久的历史和光辉的民族、地域文化。旧石器时代，遍布贵州的喀斯特洞穴曾经是远古人类的庇护之所和文化摇篮。新石器时代，贵州逐步出现"聚居"与"洞居"共存的现象，并持续了很长的一段时间。两千多年前的战国秦汉时期，夜郎已成为司马迁笔下西南夷中最大的君长。唐宋时期，地处中央王朝与南诏、大理中间地带的贵州是茶马互市的重要区域。元代以后，贵州战略地位进一步提升，东西、南北通道打通，贵州遂成为西南交通的要津。明永乐十一年（1413年），贵州成为全国第十三个行省，翻开了贵州历史新的一页。明清之后屯军、移民和商旅的大量进入、"改土归流"政策的强推，使贵州经济文化得到了进一步的发展。

漫长的历史长河中，各族先民利用贵州的自然条件，娴熟地使用了土、木、石、泥、竹等建筑材料，依山而建，逐水而居，以顽强和坚忍创造了人与自然高度和谐的聚居形态和建筑文化。又由于地理、民族、经济、文化等因素，各区域建筑相互独立而又相互影响，造就了贵州建筑类型多样、建筑文化多彩的特色，也使贵州古建筑表现出特有的自然形态和文化形态，凸显出浓郁的山地特色、民族特色和文化特色，显现出"和而不同，和谐共生"的文化性格和精神境界。各区域建筑不仅反映了贵州各民族的个性特征，也是贵州建筑文化区别于其他建筑文化的重要标志。

贵州古建筑是西部山地建筑瑰宝，也是我国古建筑体系中的重要一环，建筑文化深受周边文化圈的影响。它东承荆楚之流风，西接滇云之余韵，北延巴蜀之神采，南领黔桂之精华，是西南地区与长江中下游、珠江流域地区建筑文化交融、过渡、演变的重要见证。然而，以往对于贵州古建筑的研究，除散见报刊的文章和零星介绍外，尚缺全面系统的总结，一直处于"藏在深闺人未识"的状态。以至于有的同志见到马头墙就认为是徽派，见到木结构就是干阑吊脚，全然失去了对贵州古建筑区域特征的正确认识。根据贵州文化"多元一体"的基本属性，综合历史时期行政区划、古代文化交流通道等诸方面因素，同时考虑到要有利于读者了解不同类型建筑生成的共性文化背景，本书打破了建筑类型的罗列和现有行政区划的藩篱，按黔北黔西北、黔东北、黔东南、黔中黔南以及黔西等五个建筑文化区分章编撰。以文化片区分类，除同片区内所选建筑具有共性文化背景外，还方便读者阅读，使介绍的古建筑地点方位清晰明了，易于查考和比较分析。

潮湿多雨的气候和历史上多次的兵灾人祸，贵州木构古建筑极难保，现存建筑基本上全都是明清以后修建或重建的。截止至2014年，贵州已公布省级文物保护单位342处，获国务院公布的全国重点文物保护单位71处，这些文物保护单位几乎囊括了贵州古建筑的精品。同时，贵州17处中国历史文化名镇名村和数量庞大的传统村落，是古建筑和乡土建筑丰富的集中宝藏。但由于多年来缺乏对建筑形制、构造、装饰、材料、工艺的总结和研究，以至于一些古建筑在保护中反而失去了建筑遗产的真实性，更有甚者，一些名镇名村的老建筑在保护开发中被盲目拆除、改修，不仅不注重对建筑遗产真实性和完整性的保护，反而斥巨资修建了大量与地方特色不符的"假古董"、"新古村"。本书编辑过程中，尽量关照到各个区域、各种类型的平衡，但也尽量避免与《贵州民居》的重复，因此，本书选录了很多并不宏大但却很有特色的地域建筑、一些以前很少关注的古镇古村，以期让读者对贵州古建筑有一个更全面的初步印象。

建筑是一部凝固的历史，是一个地区和民族最为真实的记忆、是历史发展的见证和实物标本。走进这些建筑，可以探寻过往的人与事，重温当地的历史，感悟地域的记忆。由于这些古建筑都是城镇区域历史沿革的佐证和特定年代的产物，因此极具时代特征，它们既见证了贵州历史发展的历程，同时也展现了贵州历史文化发展的脉络。正因如此，企盼《贵州古建筑》分册的问世，能有助于人们深化与拓展对贵州省情的认识，有助于为历史学家、人类学家、建筑学家、民族学家和文物专家的研究提供更丰富的活态依据。

罗德启

2015年2月29日

目 录

总 序

前 言

第一章 绪 论
第一节 自然环境状况 / 〇〇二
一、地理 / 〇〇二
二、气候 / 〇〇二
三、植物 / 〇〇四
第二节 历史与文化 / 〇〇四
一、历史沿革 / 〇〇四
二、文化特性 / 〇〇五
第三节 建筑发展与特征 / 〇〇七
一、建筑演变 / 〇〇七
二、建筑分区 / 〇二〇

第二章 黔北黔西北建筑文化区
第一节 黔北黔西北建筑文化区概述 / 〇二九
一、区域地理及历史沿革 / 〇二九
二、区域文化及建筑特色 / 〇三〇
第二节 古城古镇 / 〇三二
一、遵义 / 〇三二
二、织金 / 〇四八
三、赤水丙安古镇 / 〇五五
第三节 古建筑 / 〇六一
一、坛庙寺观 / 〇六一
二、祠堂会馆 / 〇六八
三、塔幢牌坊 / 〇七七
四、其他 / 〇八四

第三章 黔东北建筑文化区
第一节 黔东北建筑文化区概述 / 〇九一
一、区域地理及历史沿革 / 〇九一
二、区域文化及建筑特色 / 〇九二
第二节 古城古镇 / 〇九三
一、镇远 / 〇九三
二、铜仁 / 一〇三
三、黄平旧州古镇 / 一〇八
四、松桃寨英古镇 / 一一二
五、锦屏隆里古城 / 一一六
第三节 古村落 / 一二五
一、石阡楼上村 / 一二五
二、铜仁客兰寨 / 一二八
三、天柱三门塘村 / 一三一
第四节 古建筑 / 一三四
一、坛庙寺观 / 一三四
二、会馆祠堂 / 一四一
三、楼阁桥梁 / 一五三
四、其他 / 一五八

第四章 黔东南建筑文化区
第一节 黔东南建筑文化区概述 / 一六五
一、区域地理及历史沿革 / 一六五
二、区域文化及建筑特色 / 一六六
第二节 古城古镇 / 一七三
黎平 / 一七三
第三节 古村落 / 一七八
一、雷山郎德上寨 / 一七八
二、黎平肇兴侗寨 / 一八〇
三、从江增冲侗寨 / 一八二
四、三都怎雷寨 / 一八四
五、荔波董蒙寨 / 一八七
第四节 古建筑 / 一九〇
一、侗族鼓楼 / 一九〇
二、侗族风雨桥 / 一九六

三、其他 / 一九八

第五章　黔中黔南建筑文化区
第一节　黔中黔南建筑文化区概述 / 二〇九
一、区域地理及历史沿革 / 二〇九
二、区域文化及建筑特色 / 二一〇
第二节　古城古镇 / 二一〇
一、安顺 / 二一〇
二、贵阳 / 二二四
三、青岩 / 二三八
第三节　古村落 / 二五六
一、安顺本寨村 / 二五六
二、长顺中院村 / 二五六
第四节　古建筑 / 二五八
一、坛庙寺观 / 二五八
二、楼阁亭塔 / 二六六
三、其他 / 二七〇

第六章　黔西建筑文化区
第一节　黔西建筑文化区概述 / 二七九
一、区域地理及历史沿革 / 二七九
二、区域文化及建筑特色 / 二七九
第二节　古城古镇 / 二八一
一、盘县古城 / 二八一
二、安龙古城 / 二八五
三、鲁屯古镇 / 二九〇
第三节　古村落 / 二九二
一、兴义南龙寨 / 二九二
二、安龙坝盘村 / 二九三
三、盘县水塘村 / 二九六
第四节　古建筑 / 二九七
一、寺观 / 二九七

二、其他 / 二九八

第七章　建筑营造与装饰
第一节　木结构 / 三〇六
一、大木作 / 三〇六
二、小木作 / 三一〇
三、木梁桥 / 三二二
第二节　砖石结构 / 三二五
一、砖石建筑概况 / 三二五
二、砖砌筑技术 / 三二七
三、石砌体技术 / 三三〇
第三节　建筑装饰技术 / 三三二
一、石雕 / 三三二
二、木雕 / 三三五
三、灰塑 / 三三六
四、彩画 / 三四〇
第四节　建筑营建仪式及禁忌 / 三四三
一、楼基选址 / 三四三
二、砍树备料 / 三四四
三、请神下墨 / 三四四
四、竖架立楼 / 三四五
五、上梁 / 三四五
六、立门 / 三四七
七、落成启用 / 三四八

贵州古建筑地点及年代索引 / 三四九

参考文献 / 三五七

后记 / 三五九

主编简介 / 三六一

贵州古建筑

第一章 绪论

贵州古建筑

第一节 自然环境状况

一、地理

贵州省简称"黔"或"贵"，位于中国西南部，东抵湖南，南邻广西，西接云南，北连四川、重庆，东西宽约595公里，南北长约509公里，面积约17.6万平方公里（图1-1-1）。全省山峦重叠，溪涧纵横，高原、山地、丘陵共占90%以上，盆地及河流阶地仅占3%。喀斯特地貌发育典型，约占全省总面积的62%。地表崎岖，落差巨大，西北部最高处海拔2900米，东南部最低处海拔137米，平均海拔1000米。地势总体为东西三级阶梯，南北两面斜坡，西部较高，中部稍低，逐渐向东及东南下降。西部黔滇间有乌蒙山脉，北有娄山山脉，苗岭山脉横亘于中部，武陵山脉斜插于东北（图1-1-2～1-1-5）。

山脉走向决定江河流向，苗岭为省内长江水系与珠江水系的分水岭。苗岭以北长江水系主要河流有乌江、赤水河入四川、重庆汇注长江，锦江、清水江、潕阳河入湖南洞庭湖汇入长江；苗岭以南珠江水系主要河流有南盘江、北盘江、红水河、都柳江等，均注入广西的西江，汇入珠江。贵州地形于交通十分不利，境内的几大水系承担了对外交通的重任。乌江、赤水河、锦江、清水江、潕阳河、都柳江中下游等地区，均受惠于河道航运的开发。自古以来，航运兴则经济兴，经贸发展随之带来文化交融，因此，这些水系沿线的建筑，均受其下游建筑文化或多或少的影响。

贵州全境山地遍布，大部分地区地面崎岖破碎，山峦连绵起伏，相对高低悬殊，导致全省地貌类型复杂，气候、土壤、生物的垂直差异明显。境内平坦连片地形十分少见，多为河谷深切地形，造就了贵州多姿多彩的山地建筑特征。少量的山间盆地与河谷盆地，因地势较为平坦、土层深厚、水热条件好、利于灌溉耕种，往往成为开发较早的人类聚居区，也是建筑用土、用砖较多的区域。

贵州大部分地区被碳酸盐类岩层所覆盖，丰富的石灰石随处可取，城墙、营盘墙垣、建筑墙体、桥梁、道路等均以石材作为建筑材料。黔中及黔西地区，当地居民大量使用石材作为建筑围护和盖瓦，形成了独特的"石头民居"。

二、气候

贵州属亚热带湿润季风气候区，冬暖夏凉，雨量充沛，但雨量在空间、时间上分布很不均匀。兴义、晴隆、六枝、织金一带正当西南暖湿气流入侵通道，丹寨、都匀一带处苗岭山脉迎风面，松桃、江口、铜仁一带处武陵山脉迎风面，年降雨量都在1400毫米以上，属多雨地区。威宁、赫章、毕节一带处乌蒙山背风面，道真、正安、桐梓一带在大娄山的西北坡，施秉、镇远一带受局部地形影响，年降雨量不足1100毫米，属少雨地区。从时间分布看，降雨量多集中在下半年。

贵州处于全国总辐射的低值区，年平均气温12～18℃。贵州因纬度低，且有青藏高原和秦岭、大巴山对南下冷空气的阻挡，冬季气温较同纬度的其他省区高，大部分地区最冷月1月的平均温度为3～6℃。夏季，又因地势较高和云贵静止锋的影响，气温普遍低于广大东部各省，最热月7月的平均温度为20～26℃。

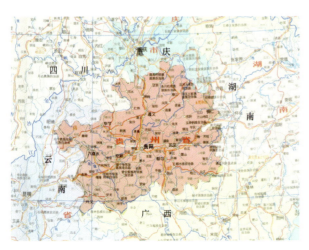

图1-1-1 贵州地理区位图

图1-1-2　黔中地区地貌

图1-1-3　黔中以北地区地貌

图1-1-4　黔东地区地貌

图1-1-5　黔东南地区地貌

三、植物

贵州山地生态环境的复杂多样，适于各类植物的生长发育，因而生物种类繁多，资源丰富。全省共有维管束植物250科、1551属、5661种。植物种类之多，仅次于云南、四川、广东、广西，居全国第五位。贵州还有一些独特的当地植物，如梵净山冷杉、青岩油杉、赤水蕈树、贵州橙、安龙油果樟、贵州苏铁等。

贵州古代人烟稀少，交通闭塞，直到16、17世纪，黔北、黔东北以及黔东南地区，仍分布着大量原始森林，有"远山闻虎啸，近山百鸟鸣"的情景。中部地区也是"树深不见石，苍翠万千里"的景象。明代以后，中央王朝加强了对贵州的管控，因林业资源丰富，明、清两朝在贵州进行了多次"皇木"采购。建于明宣德二年（1427年）的明成祖朱棣长陵祾恩殿，殿内60根硕大的金丝楠木柱即来源于四川、贵州、湖广的深山峡谷之中。清人郑珍在《遵义府志》中对明永乐四年（1406年）至清道光二十四年（1844年）的公元438年间"皇木"采购进行了粗略统计，发现木官入黔采伐竟有29人次之多。仅明嘉靖三十六年（1557年），三大殿遭受火灾，就采楠木15712根。明万历二十五年（1597年），三大殿火灾，采楠木也在万根以上，为12298根。清雍正四年（1726年）建"万年吉地"，也先后到贵州采办大批贵州楠木。因此，从故宫到明清皇家陵寝等古建筑中，都有贵州深山楠木、梓木、杉木的身影。①

明代，在赤水河、清水江、都柳江出现人工栽植杉木，"苗杉"远销中原地区。清代，人工造林规模扩大，苗岭山区植杉越来越多，清水江、都柳江、潕阳河上游一带采用林粮间作，培育出大面积的杉木林。

大量原始森林和人工种植林，造就了贵州传统建筑以木结构为主的结构形式。木构建筑的营造方式，至今都还在黔东南苗、侗等少数民族中使用。

第二节 历史与文化

一、历史沿革

考古发现表明，贵州也是人类发祥地之一。湿润的亚热带气候和众多的天然洞穴，为古人类提供了良好的生存空间。早在旧石器时代早期，贵州已有古人类生息繁衍黔西观音洞遗址，将贵州的历史向前延伸了几十万年。旧石器时代中期、晚期直至新石器时代，在东起天柱，西至威宁，南抵兴义，北接习水的广袤地域都有古人类活动的遗迹。旧时器时代贵州发现的古人类包括，早期智人的"桐梓人"、"水城人"、"大洞人"，晚期智人的"兴义人"、"穿洞人"、"马鞍山人"、"白岩脚洞人"，安龙"观音洞人"，它们是贵州的早期居民。

新石器时代至商周时期，贵州黔西北牛栏江、黔中乌江上游支流、黔东北乌江中游区、黔东清水江、黔南南北盘江等区域均发现了一些代表性文化遗址。这些遗址大都沿水系进行布局，表明很早以前，贵州先民便与周边有了密切的交流。

战国秦汉时期的贵州，是土著文化发展、汉文化逐渐渗入的时代。秦代以前，贵州是"百濮"族群重要活动区域。秦开"五尺道"，揭开了中央王朝开发贵州的序幕。西汉建元六年（公元前135年），汉武帝在夜郎地区设郡置县，贵州逐步纳入华夏版图。西汉王朝赐封的"夜郎王"，被《汉书》称为"西南夷"中最大的"君长"。因此，可以西汉中期为界，将汉文化在贵州的传播分为前后两段。前段是土著文化占据主流的时期。从西汉中期开始，武帝开发西南夷，在贵州推行郡县制，汉文化沿着既有的文化孔道（土著聚居地），迅速由已经成为汉文化阵营的四川地区由北而南向黔中渗透。汉文化进入夜郎地区，促进了当地经济文化的发展。至东汉时，表现在考古学文化上，贵州这一时期的遗存已与周边其他地方的十分相近了。②

魏晋南北朝几百年的纷乱，贵州与中央王朝的交流孔道受到影响，贵州又经历了一次相对独立的发展时期。在王朝对西南失控的情况下，汉代移入云贵的"三蜀大姓"和当地土酋结合而成"南中大姓"。以大姓为中心建立的少数民族政权得势以后，自相雄长，互为兼并。诸葛亮南征，让蜀汉势力到达了贵州。在这一时期，贵州经历了百濮、氐羌、苗蛮、百越等众多民族体系的迁徙、融合，为后世贵州民族分布及关系奠定了基本的格局。

唐宋时期，中央王朝在贵州乌江以北地区建立若干"经制州"，逐渐加强对这一地区的统治，但在乌江以南，仍旧推行"羁縻"政策，而西部地区还有"乌蛮"各部建立的罗殿国、自杞国、罗氏鬼国等少数民族政权，出现"经制州"、"羁縻州"与"藩国"并存的局面。唐天宝以后，南诏崛起，与唐时战时和，而贵州便成为唐与南诏角逐的中间地带，使贵州发展受到极大影响。宋代，贵州大部属宋，部分属大理管辖，由于"北有大敌，不暇远略"的战略方针影响，贵州与中原地区的交流日益减少，但区域内的少数民族交融则进一步加强。宋室南渡后，北方为金所占。迫于形势，宋开南方马市，在四川和广西买马，贵州处于这两条马道的交会点上。"贵州马"分别成为"川马"和"广马"的一部分。南宋大量购买贵州马，对贵州经济影响很大，来往于云贵、黔桂、川黔之间的马帮，把西南各族的土特产销往内地，同时又带回大量金银、食盐、缯帛、文书及奇巧诸物。

元代是贵州发展的重要时期。元朝施行行省制度，同时在西南地区推广土司制度，贵州分属于四川、湖广、云南，实际大部为土司所统治。元征南宋过程中，开通由平溪经播州（今遵义）至乌撒（今威宁）及泸州经永宁至乌撒的大道，讨伐四川平章政事囊嘉特的反叛，又连通由四川重庆经播州至贵州（今贵阳）的大道。为缓解运输紧张的状况，开拓由云南曲靖经普安（今盘县）、贵州（今贵阳）至镇远的驿道。③至此，贵州南北、东西道路总算打通。道路交通的改善，大大促进了贵州的发展。贵阳由于地处南北和东西道路交汇点而迅速崛起，逐渐成为贵州的经济文化中心。

进入明朝以后，贵州战略地位进一步凸显。明代对西南的经营，始于洪武十四年（1381年）对云南用兵，史称"调北征南"。平定云南后，出于战略考虑，朱元璋将30万兵士屯于云南、贵州一带，固守西南。之后，又迁大量江淮移民到贵州，史称"调北填南"。征南和填南，不仅稳固了西南，改变了贵州民族关系的格局，而且带来了中原地区先进农耕技术和文化，促进了贵州的大发展，为明永乐十一年（1413年）"贵州等处承宣布政使司"的建立打下基础。贵州遂成为全国13个布政司之一。此为贵州正式建立省的标志。到明末，贵州计有贵州宣慰司及贵阳、安顺、都匀、平越、思州、思南、铜仁、镇远、石阡、黎平10府，下辖9州14县并数十土司。

清代，贵州政区进一步有所调整。吴三桂平水西后，将贵州宣慰司革除，设置了大定、平远、黔西三州。雍正年间强行"改土归流"使中央王朝的势力进一步深入苗疆腹地，设立了清江、台拱、丹江、八寨、都江、下江等"新疆六厅"。自雍正五年（1727年）遵义府等划入贵州，贵州行政版图才大体形成并基本固定。到清末，除了明代十府外，贵州还增加了遵义、大定和兴义3府，另有14个厅、13个州、43个县、53个长官司。

民国年间，贵州政局多有变动，行政建制屡有变迁，所有府、厅、州一律改县，以后又陆续增设新县。1941年设贵阳市，到新中国成立前夕，贵州共有1市、78县和1设治局。

二、文化特性

贵州是个多民族的省份，少数民族主要有苗、布依、侗、土家、彝、仡佬、水、回、白、瑶、壮、畲、毛南、蒙古、仫佬、满、羌等17个。其中布依族、仡佬族、水族人口均占国内本民族人口总数的90%以上，苗族、侗族人口占国内本民族人口总数的一半（图1-2-1）。至2012年底，全省设6个地级市、3个自治州、88个县级区划行政单位。民族自治地方和民族乡面积约占全省土地面积的68%，少数民族人口约占全省总人口的36%。地形

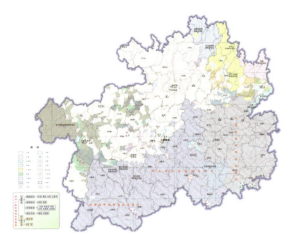

图1-2-1　贵州民族分布图④

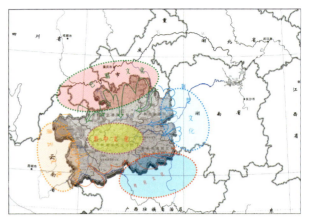

图1-2-2　贵州文化区位图

的复杂性和民族的多样性，使各类文物呈现出绚丽多彩的文化特征。

"多元一体"是贵州文化的基本特征。这里，少数民族文化大量存在，但汉文化同样影响深远。各种文化相互渗透、相互影响，形成了一个丰富多彩的文化系统。

贵州至迟在秦汉以后，就不断受到华夏文化的熏陶。但是，由于距离中原文化和江南文化圈的中心较远，加之贵州古代交通不便，文化交流十分缓慢。贵州与中原地区的联系，并不是直线上升，而是时断时续、时强时弱，汉代有过一个波峰，魏晋南北朝又出现波谷，唐宋波峰又起，而明清又是一阵热潮。在行政建制上的"土流并治"，说明贵州文化长期受"双轨制"的影响，一方面是汉文化渗透的扩大加深，另一方面是少数民族文化自身不断的发展，但是，它们各自传承的同时，又相互传播扩散，并且找到许多结合点。⑤

贵州是氐羌、百濮、百越、苗瑶四大族系的交会之处，各民族文化在这里都有的社会土壤，注定了贵州文化的多元性。彝族属氐羌系统，其民以农牧为主，彪悍尚武，文化带有牧歌气息和高原气质。布依族、侗族、水族、壮族、毛南族属百越系统，其民以耕田为业，多居水边，是所谓"稻作民族"，文化富有田园风味。苗族和瑶族，长居山区，是典型的"山地民族"，文化颇具山野韵味。仡佬族是古代濮僚的后裔，保留了某些古代濮僚文化的特征。当然，这只是一个概略的说法，即使同一族系，文化也因民族和地域的不同而存在一定差异。同属百越的布依、侗、水、毛南都各有文化特征。同属苗族，黔东南的苗族与黔东北或黔西北的苗族，无论头饰服饰、语言、风俗都有若干差异。⑥

这种文化的多元性，与周边的文化有着千丝万缕的联系。贵州地处川、滇、湘、桂四大文化亚圈交融、过渡地带，不可避免受到周边文化的影响。对于这一点，清人早有察觉，《黔南识略·总叙》中说道："介楚之区，其民夸；介蜀之区，其民果；介滇之区，其民鲁；介粤之区，其民蒙。"这种说法虽不尽准确，但可看出几个不同亚文化圈向贵州的扩展态势。事实上，在黔东、黔北、黔西、黔南这四大区域，在文化上确实有若干差异（图1-2-2）。

当然，贵州还有一类类似"飞地"的文化系统，很大程度上与汉族移民的来源有很大关系，也与当地民族构成有很大关系。如安顺屯堡文化，完全是调北征南和调北填南移民政策的结果。移民有的来自凤阳，有的来自南京，有的来川陕，有的来自江西，由于大规模的进入贵州，而且长期聚居，自然就形成了与周边文化迥异的"孤岛文化"。需要引起关注的是，贵州自明代以后才在文化上更加深层次地融入中华文化之中。伴随着中央王朝控制力的加强，驿道、古道、水道成为大量汉族移民进入的重要通道，沿它们形成的村落、集市、城镇成为文化交融的前哨阵地。这些区域的文化虽仍有当地土著文化的部分特征，但随着时间的推移，逐渐变成以汉文化和周边文化特征为主体了。

第三节 建筑发展与特征

一、建筑演变

（一）元代之前的筚路蓝缕

贵州建筑之演变，同样经历了漫长的发展时期。由于缺乏早期建筑的实物例证，贵州元代之前的早期建筑只能通过考古发掘和历史文献的记载进行推测研究。

贵州为名副其实的"山洞王国"。一些视野开阔、取水方便且通风干燥的自然山洞是大自然赋予人类的原始居所。旧石器时代，"洞居"是原始人类普遍采用的居住方式（图1-3-1）。"洞居"在贵州延续时间非常长，至今在安顺市紫云县中洞，还残存了一些原始"洞居"的影子（图1-3-2）。旧石器早期如黔西观音洞、盘县大洞，旧石器时代中期如桐梓岩灰洞、水城硝灰洞、毕节扁扁洞，旧石器时代晚期如兴义猫猫洞、普定白岩脚洞等遗址均反映了原始人类利用自然山洞生活、居住的形态。

图1-3-1 盘县大洞遗址

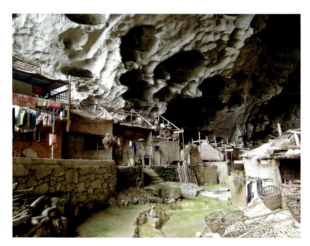
图1-3-2 安顺紫云中洞洞内景象

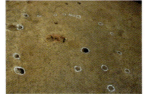

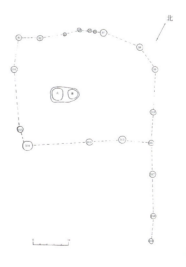
图1-3-3 部分老坡底建房屋筑遗迹

新石器时代，贵州古人类仍坚持了较长时期的"洞居"形式。如平坝飞虎山、长顺神仙洞。随着生产力的进一步发展，贵州地区逐步出现了大群体集中聚居的方式，"聚居"与"洞居"混杂的方式持续了很长一段时间。陆续发现这一时期的一些露天遗址，有的面积达数千甚至数万平方米。如近年发掘的六枝老坡底遗址，不仅规模庞大，而且发现了房屋、围栏、沟等建筑遗迹。房屋遗迹略呈正方形，屋中置有火塘（图1-3-3）。

贵州青铜时代遗存不多，商周时期的毕节青场遗址，发现少量房屋等遗迹。房屋有半地穴式和地面式两种建筑。半地穴式房屋平面呈方形圆角，当中有3个较集中的柱洞。地面式房屋呈不规则长方形，隔为两间，每间留有火塘遗迹。房屋四周有柱洞，当中还有两排柱洞。出土文物除磨制石器、陶器等外，还有少量铜器残片。近年发掘的威宁中水鸡公山遗址，发现大量土坑及少数房屋、沟等遗迹和部分墓葬。坑多呈不规则长方形，还有圆形、椭圆形等。长宽一般不超过1米。不少土坑用青膏泥涂抹四壁。

贵州西部发现的战国秦汉时期当地民族的遗址、墓葬等遗存，多与汉代史籍记载的"夜郎"有关。发掘主要集中在普安铜鼓山、赫章可乐、威宁中水三地，出土的遗迹、遗物与当时巴蜀、滇、南越有明显差异，引起学术界的关注。长期以来，人们根据《史记》等古籍记载，普遍认为夜郎国地域主要在贵州，因而十分希望考古发现能提供充分证据。铜鼓山半山腰以上分布有面积3000多平方米的遗址，经两次发掘，发现房屋、窑址等遗迹，房屋形制尚不清楚，从柱洞分布看，可能有窝棚式冶炼作坊建筑。

自西汉武帝时期以后，中原地区的官吏、士兵、平民不断迁入贵州，带来先进文化，促进了贵州地区经济、文化的发展，开启了贵州社会进步的新时期。在黔西北的赫章、威宁、毕节、黔西、金沙、仁怀等地，黔东北的务川、道真、沿河等地，黔中的清镇、平坝、安顺等地，黔西南的兴义、兴仁等地，发现大量两汉时期汉式墓葬。包括土坑墓、砖室墓和石室墓，形制与中原地区相似。在赫章可乐和安顺宁谷还发现东汉时期遗址。赫章可乐遗址出土大量几何纹砖、绳纹瓦片和瓦当，瓦当上有"建"、"四年"等铭文，上限最早可到西汉建元四年（公元前137年），下限最晚当为东汉建安四年（公元199年）。同时，在可乐遗址还出土了一件带斗栱的干阑式陶屋模型，分楼底二层，悬山顶，与现在黔南、黔东南地区的干阑民居、粮仓的结构极其相似（图1-3-4）。务川大坪汉墓出土的陶屋模型，为面阔三间带前廊的建筑，屋面为悬山与歇山的结合，硕大的斗栱与汉代中原地区的做法基本一致，反映了当时此地受汉文化影响的程度（图1-3-5）。安顺宁谷遗址出土大量绳纹瓦片和瓦当，瓦当上有"长乐未央"铭文，说明当地曾有大规模、高规格的房屋建筑（图1-3-6）。

从魏晋至隋唐时期，贵州几无已发现的建筑遗迹⑦，甚至连地下遗存都很少。现发现的一些被称为"孔明塘"、"诸葛营"、"孟获屯"的三国时期营寨遗存，也多为后人附会之说。人们只有从这一时期出土为数不多的墓室结构，一窥当时的建筑技术水平。在清镇、平坝、安顺一带，考古部门曾对两晋南北朝时期的土坑墓、砖室墓、石室墓等作过少

图1-3-4　可乐遗址出土的陶屋

图1-3-5 务川大坪汉墓出土的陶屋

图1-3-6 宁谷遗址出土瓦当

量发掘，墓葬形制基本延续了东汉传统。隋唐时期墓葬，仅发掘平坝熊家坡墓群中的3座唐墓。有砖室墓、石室墓两种形制。

贵州宋代建筑，亦只能从宋墓遗存中去寻找蛛丝马迹。从黔中到黔北，保存大量宋代石室墓，许多用巨大石料筑成。墓内多有石刻图案，内容丰富，雕工精美，常为夫妇双室合葬墓。其中尤以杨粲墓、夜郎坝宋墓、两岔河宋墓最为典型。杨粲系南宋播州沿边安抚使，其墓为夫妇合葬墓，石室规模宏大（图1-3-7）。墓内外共有人物、动物、花卉等各类雕刻190幅，被誉为宋代石刻艺术的精品。墓室的雕花隔扇门、四棱抹角方柱、月梁、栌斗、龙纹绰幕、筒瓦歇山屋面等仿木构石雕，与《营造法式》所载宋代建筑有诸多相似之处，表明贵州黔北地区建筑在宋代便与川南一带的建筑有诸多文化相通之处（图1-3-8、图1-3-9）。在桐梓宋墓中还出现了坐斗上升出一正和两斜的斜栱，与现存务川池水"官厅"斗栱的做法颇为相似。这是否反映了黔北建筑之间的一些传承关系，尚待深究（图1-3-10，图1-3-11）。

宋元时期，贵州陆续有了城垣建设。据查考，贵定县城城垣始建于宋代。黄平旧州城垣始建于南宋绍兴元年（1131年），宝祐六年（1258年）再筑。

图1-3-7 杨粲墓内部

图1-3-8 杨粲墓石雕歇山屋面

图1-3-9 杨粲墓石雕屋面

图1-3-10 桐梓宋墓中出土的仿木石构件

图1-3-11 务川池水"官厅"斗栱

图1-3-12 圆通寺出土的元代建筑脊兽、仙人

图1-3-13 圆通寺出土的元代瓦当残件

集镇也有所发展，赤水官渡镇在南宋末年已形成小集镇，瓮安瓮水寨南宋绍兴年间开辟为集市。⑧贵阳城垣始建于元代。宋元时代所建城垣，今存宋代望谟"蛮王城"城墙遗址、松桃平头司城城墙遗址和元代桐梓鼎山城城墙遗址、紫云和弘州城城墙遗址、都匀陈蒙州城城墙遗址等，多为夯土墙，也有部分石墙，因山就势修建，今仅残存墙基。⑨元代贵州许多地方为各级土司所统治，分别建有宣抚司、安抚司、长官司等土司衙署，地面建筑早已不存。现存的衙署遗址也仅存部分石柱础及石台阶，无法考证上部建筑的形制。宋元时代，随着中原文化的深入传播，陆续修建寺观和书院。南宋修建的寺观，今存安顺清凉洞遗址、思南家亲殿遗址；建于元代的寺观，今存铜仁正觉寺遗址、石阡伴云寺遗址、遵义正一宫遗址。遵义"大报天正一宫记"残碑有播州土司杨价在南宋宝庆三年（1227年）修建"大报天正一宫"，杨文、杨邦宪、杨汉英"奉祠惟谨"，杨嘉真、杨忠彦于元统元年（1333年）至元至正六年（1346年）"赓建是宫"的记载。2006年1月，安顺圆通寺维修工程进行中，施工人员在工地发现一批脊砖、吻兽、仙人、瓦当、板瓦等建筑残件数十件，经清理并初步研究，有专家认为这是元末明初的屋面建筑构件，算是多少揭开了元代建筑神秘面纱的一角（图1-3-12、图1-3-13）。

德江煎茶溪古墓群中的元代石室墓，建筑风格与宋代一脉相承，但雕刻图样已趋于简单，雕工也不及宋代精细。元代还有砖室墓。德江青龙镇官坟堡砖室墓在村民修建砖瓦窑时被毁，发现"至元四年"买地券及铜鼓、铜锣等随葬品。出土时，宽沿大铜锣覆盖在倒置的铜鼓上，铜鼓内放置青石买地券。

随着生产力的提高，这一时期兴修了许多水利、道路工程，迄今尚存始建于唐宋时代的遵义"大水田"、瓮安"九龙堰"和建于元代的桐梓"松坎水堰"、石阡"千工堰"等水利设施。松坎水堰引"爬抓溪"灌溉农田数百亩，渠旁崖壁上隐约可见"大元岁癸酉，张长官开修此堰，元统元年记"摩崖石刻。元代还建渡口，修纤道，开发水上交通资源。㵲阳河畔的施秉诸葛洞纤道，始凿于元大德十一年（1307年），北岸崖壁上刻有记载修路浚滩文字。

总之，因为缺少实物的印证，对元代之前的贵州建筑，除了从一些零星的遗址、墓葬和考古成果，能对建筑之部分特征及建筑技术有所管窥之外，对它们的认识总是模糊不清的。这是需要更多的对比研究和考古发现才能填补的空白。

（二）明清之后的突飞猛进

明清以后，特别是明永乐十一年（1413年）贵州布改使司的设立，使贵州政治地位和军事战略地位迅速上升，加之东西、南北驿道的打通，使贵州交通大为便捷，经济迅速发展，客观上也促进了建筑的发展。明初"调北征南"，在贵州通往云南的驿道两旁大举屯兵。来自江南地区的屯兵，带来汉族地区的生产方式和传统文化，使各类建筑在贵州高原迅速诞生。

1. 城市营建有了较大发展

明代贵州建省后，随着战略地位的提升，城市得到了快速的发展。除少数建于清代外，贵州城市大多始建于明代。据明万历《贵州通志》记载，全省有城垣47座[①]，贵阳、安顺、镇远、平越（今福泉）、真安（今正安）、赤水等城池，在明初即由土城墙改为石城墙，并借助城外河流以固守（图1-3-14）。及至清代，据乾隆《贵州通志》载，贵州境内共有城垣59座[①]。贵州各地城垣，一般依山临水修建，如贵阳、镇远、铜仁、赤水，也有少数建于山腰的，如柳基古城垣、都江古城垣。当然，也有一些防御性很强的城垣建于山顶，如遵义海龙囤。贵州明清城市，体现了管子"因天材，就地利，故城郭不必中规矩，道路不必中准绳。"的规划思想。城墙一般筑有四门，但大多都呈不规则形（图1-3-15、图1-3-16）。有的城市，为用水方便，增设水门，与码头或河道相接，有的甚至将水源用

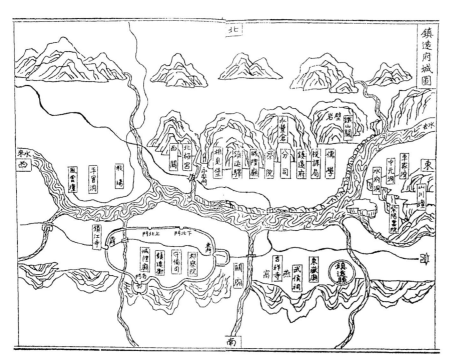

图1-3-14 明镇远府城图

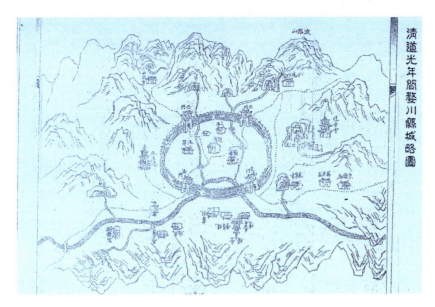

图1-3-15 清务川县城图

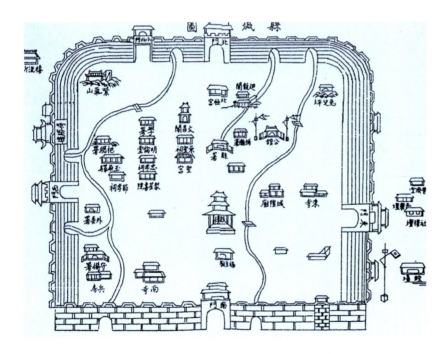

图1-3-16 清玉屏县城图

城墙合围,形成"水瓮城"的特殊形制,如福泉城墙的小西门。

2. 强化封建统治的衙署建筑大量出现

明清时期,中央王朝采取"土司"和"流官"并行的双轨制,并逐步加强对贵州的统治,封建统治象征的衙署建筑大量出现。但由于明清时期贵州经历多次战乱,衙署建筑几乎毁坏殆尽,除榕江道台衙门、都江厅衙署、贵定大平伐长官司、草塘长官司衙署(近年修复)(图1-3-17)等少量建筑遗存外,余皆成为遗址。至今有迹可循的衙署遗址尚有70多处,其中宣抚司、安抚司、长官司、"土同知"等土司衙署占绝大多数。位于纳雍县乐治镇史家街村的水西宣慰府,自下而上共六进,清康熙三年(1664年),吴三桂进剿水西宣慰使安坤,被焚毁。现仅残存石墙、柱础、基石等遗迹。总体看来,贵州衙署建筑总体布局与中原地区衙署别无二致,只是在规模上略有差别,同样遵循"前朝后寝"的平面布局,一般均有大门、大堂、二堂和内宅等部分，有的衙署还配有内院、花园等（图1-3-18、图1-3-19）。榕江道台衙门，位于古州镇古州中路，始建于清乾隆四年(1739年)，同治十三年(1874年)重修。原有照壁，东西辕门、大堂、二堂、内宅、两厢、东书房、西箭厅、储备仓等，四周砖墙围护。现存大堂、二堂，大堂五间，进深三间，穿斗式木结构，封火山墙青瓦顶。三都都江厅通判署，位于都江镇东，始建年代不详，清光绪元年(1875年)重修。原有头门、仪门、对厅、两厢、正堂、二堂等。现仅存正堂，为县级文物保护单位（图1-3-20）。⑫

3. 配合儒家教化的文教建筑遍布全省

明清之际，随着中央王朝统治的强化，不仅"改土归流"对发展民族地区文化在客观上起到了积极作用，而且各大小"土官"也在不断学习先进的儒家文化，使儒家文化的影响几乎遍及贵州全

图1-3-17 近年修复的瓮安草塘长官司正堂

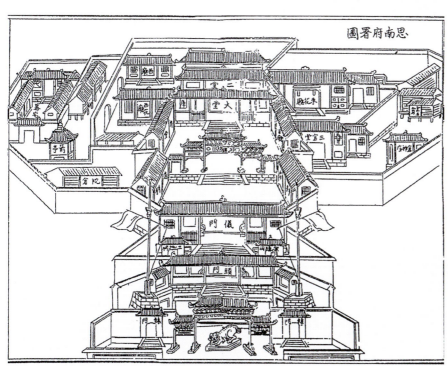

图1-3-18 清思南府署图

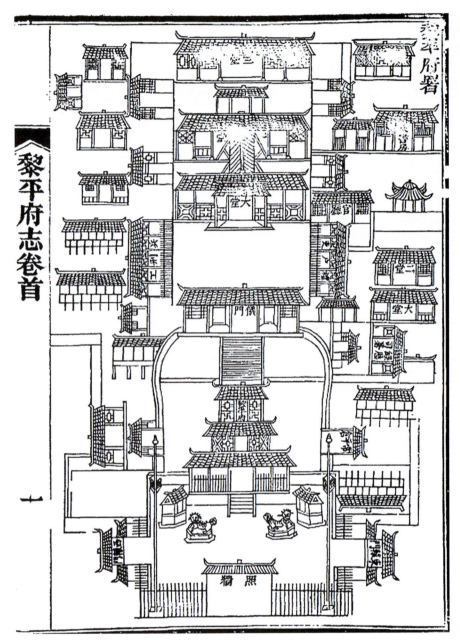

图1-3-19 清黎平府署图

图1-3-20 都江通判署正堂

境。一时间，各府、州、县只要是条件允许，首先就要倡修文庙，而且成为地方官员的一项重要职责（图1-3-21、图1-3-22）。同时，办义学、建书院、设学宫、修考棚屡见不鲜。为求人文蔚起、科甲挺秀，"前者下车立修文昌，后者莅位即建书院"，一时形成风气。许多祈祝文风昌盛的配套建筑，如文昌阁、魁星楼、奎文阁、文笔塔、惜字塔等应运而生，甚至连村落都会建文峰塔、文阁。紫云文笔塔碑记道出了建塔者的目的："在科举角逐中，小试辄就，大比终输，虽能掇泮水之芹，却难攀月宫之桂，原因是，其地山虽多，峰不秀，峦虽丛，不出头，必于高山之巅竖立文笔，方能名登虎榜。于是，官员捐献，民众集资，修建石塔。"贵阳甲秀楼、文昌阁等建筑也是在这样的背景下建成的，以至于人们还将赵以炯大魁天下，成为首个云贵状元说成是培补甲秀楼之功。贵州与儒家文化教育息息相关的上述建筑或遗址，目前尚存200多处。这当中的建筑代表当属文庙、学宫、书院和文昌阁，如安顺府文庙、石阡府文庙、思南府文庙、普安州文庙、湄潭县文庙、普定县学宫、台江莲花书院、玉屏印山书院、印江依仁书院、贵阳文昌阁、印江文昌阁、普定文昌阁、台江文昌宫等即是贵州明清文教建筑的精品之作。兴建文教建筑之风甚至延续到民国时期，如普定文庙、惠水孔庙、黎平孔庙、翁奇奎文阁、边阳文昌阁等均在民国时期新建或改建。

4. 反映宗教信仰的庙宇寺观祠堂星罗棋布

明清时期，随着政治强化、移民增多和农业发展，为满足儒释道等宗教信仰的需要，各地大修庙宇、佛寺、道观、祠堂等祭祀性建筑。建城必定伴随建庙，如平远州（今织金）仅从清康熙五年（1666年）至十年（1671年）短短6年的时间里，即雨后春笋般地建有文庙、武庙、斗姥阁、隆兴寺、东山寺、财神庙、城隍庙、马王庙、黑神庙、炎帝庙、地藏寺等10余座庙宇。其他如贵阳府、安顺府、遵义府、铜仁府、镇远府等城市，更是土木大兴，广建庙宇。迄今保存完好或尚存遗址的此类明清建筑，全省共有800多处，类型、数量为贵州古建筑之最[13]。当然，由于贵州战乱频仍，加之气候温湿，木结构建筑极难保存。当中的早期建筑目前

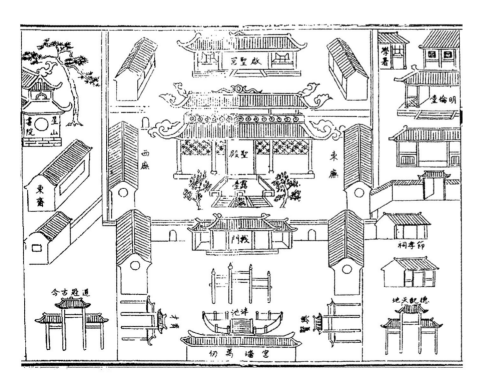

图1-3-21　清黄平旧州文庙图

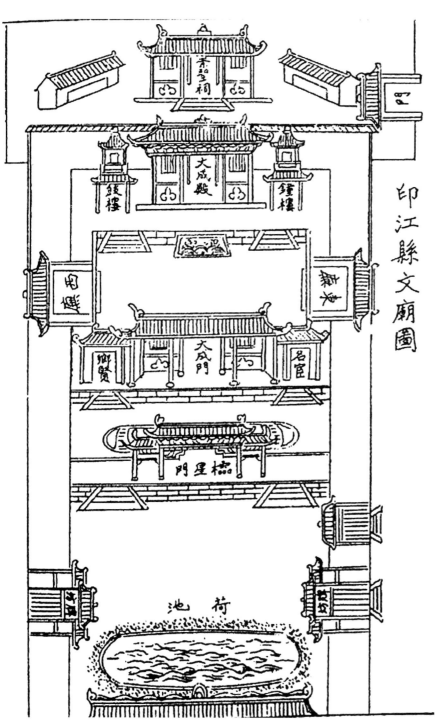

图1-3-22 清印江县文庙图

仅见天台山伍龙寺、安顺圆通寺、贵阳拱南阁、盘县普福寺等几处明末清初建筑。平坝伍龙寺大雄宝殿大梁上，有明万历四十四年（1616年）维修题记，这是贵州迄今发现的年代最早的寺观大梁题记（图1-3-23、图1-3-24）。安顺圆通寺始建于元代，近年维修时发现有明崇祯七年（1634年）的题记，其覆盆式柱础和明间硕大的梁架是否为明崇祯七年之前的遗构尚待进一步研究（图1-3-25）。贵阳拱南阁为清顺治十二年（1655年）的遗构。盘县普福寺年代不清，但从建筑梁架遗存来看，当为明末或清初建筑无疑（图1-3-26）。

明清时期，贵州宗教建筑还有清真寺和天主堂。清真寺主要集中在贵州中西部的回族聚居区，如兴仁三家寨道堂、普安青山清真寺等。天主堂则遍布贵州全省，主要修建于清咸丰、同治、光绪年间。咸丰年间，天主教在贵阳城北设小修院、六冲关设中修院、青岩设大修院，并在清镇、黔西、定番（今惠水）、镇宁、遵义、桐梓、仁怀、绥阳、石阡、思南、安龙、罗甸、册亨、贞丰、独山等地先后建立堂口。到清末，贵州已是"教堂林立"之区。天主堂大都采取中西折中的建筑风格，将中式的牌楼式大门、楼阁、穿斗式梁架与西式教堂的山门、钟塔、木肋穹顶结合，形成独具特色的地方风格。现存典型代表为贵阳北天主堂、湄潭天主堂、石阡天主堂和遵义天主堂。

在贵州修建佛寺道观，因受山形地势限制和世俗文化影响，多因地制宜，灵活多变，且各种宗教同居于一山，儒释道商齐聚于一堂，形成和睦共处，相安无事的格局。如平坝天台山伍龙寺、普定玉真山、镇远青龙洞、织金保安寺、黄平飞云崖等建筑充分利用自然山势，形成了独特的山地建筑（图1-3-27~图1-3-29）。

明清时代还有一些庙宇带有地域信仰色彩，专门祭祀地方或民族神祇。诸如黑神庙、苗王庙，几乎为贵州所独有。黑神庙祭祀唐代忠臣南霁云，"苗王"是苗岭山区苗族村民的入黔始祖，台江、榕江

图1-3-23 天台山伍龙寺

图1-3-24 天台山伍龙寺梁架

图1-3-25 圆通寺覆盆石柱础

图1-3-26 盘县普福寺梁架

图1-3-27 青龙洞一角

图1-3-28 民国《黄平县志》云岩仙岛图

图1-3-29 飞云崖一角

等地苗族人民，建庙祭祀"苗王"，缅怀先祖开发苗岭山区的历史功绩。在黔东还有祭祀唐末五代之际"十峒首领"杨再思的飞山庙，现今仍存锦屏飞山庙和铜仁飞山宫等。

5. 因商而兴的古镇和商贸建筑日益增多

明清时期，三大因素促进了贵州对外商贸的繁荣发展。一是随着云南经贵州到湖广的东西要道、四川经贵州至广西的南北要道全面贯通，沿线府、厅、州、县用军事措施力保驿道的畅通，使贵州对外交流和商贸往来更为方便、安全。二是官府主导下的乌江、赤水河、锦江、清水江、潕阳河、都柳江航道整治，带来的航运发展，促进了贵州木材、茶叶、五倍子、桐油、皮革等山货的外运和食盐、布匹等生活用品的内销。三是屯垦、移民等政策的实施，使贵州人口逐渐增多，生产品的增加和商品需求的增长，使商贸往来成为发展的必然趋势。因此，一些扼水陆咽喉的交通枢纽和物产丰富的农林之乡逐步发展成为经济文化重镇，如贵阳、安顺、永宁、普安（今盘县）、郎岱、贞丰、安龙、思南、石阡、印江、打鼓（今金沙）、茅台、赤水、镇远、黄平旧州、铜仁、王寨（今锦屏）、黎平、古州（今榕江）等（图1-3-30）。同时也出现了一批专事商贸活动的集镇、水陆码头，如六枝岩脚、土城、丙安、大同、淇滩、清池、三门塘、茅坪、施洞、重安等（图1-3-31、图1-3-32）。

城镇的发展也带来了建筑的勃兴与丰富。一些与商贸往来相关的建筑相继涌现。明清之后尤其是清晚期到民国期间，街肆、码头、盐号、商号、店铺、宅院、会馆等建筑几乎遍布贵州全境。这当中以会馆建筑为典型代表。会馆即外地工商行帮——"同乡会"聚会、议事的场所。贵州迄今保留有万寿宫、仁寿宫、万天宫等江西会馆40多座，禹王宫、三楚宫、寿佛寺、湖广会馆、两湖会馆等湖南会馆30多座，川主宫、川主庙等四川会馆10多座，天后宫、娘娘庙等福建会馆10多座。⑭江西会馆为数最多，主要是因为明清"移民就宽乡"、"江西填湖广、湖广填四川"等移民政策和江西商帮持续不

图1-3-30　铜仁中南门古城

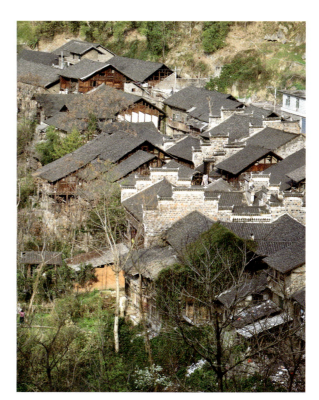

图1-3-31　沿河淇滩古镇

图1-3-32　黄平重安古镇旧貌

断的商贸活动的影响。会馆建筑中，以石阡万寿宫、赤水复兴江西会馆、金沙清池万寿宫、黄平旧州仁寿宫、镇远天后宫、毕节陕西会馆、铜仁川主宫、黎平两湖会馆等为代表。

6. 民族建筑的发展和逐步融和

明清时期，受汉式建筑技术及建筑文化的影响，贵州的民族建筑也在缓慢的发展中有了新的交流和融和。应当说，贵州经历了一个长时期的洞居、巢居、穴居和干阑并存的时期，尤其是干阑民居存在的时间跨度非常之长。据考古研究，在商周至两汉时期的成都平原、川南、川东、川西及云南、贵州都十分盛行干阑民居。⑮赫章可乐遗址出土的陶屋模型，至今还能在一些少数民族民居上找到与它类似的"干阑"结构。干阑民居虽然可以起到防潮、防猛兽和节约用地的作用，但由于其结构存在不稳定性和施工复杂，那种在底层柱网上架平台，再在平台上立柱建房的"干阑"式建筑逐渐过渡到上下柱子相通落地的穿斗式结构。明清时期，贵州苗、侗、布、水、瑶、仡佬等少数民族，都普遍使用了楼居、半吊脚和吊脚楼的楼居形式，这也是干阑建筑和贵州山地结合演变的结果，是贵州最具地方特点和民族特色的古建筑。贵州少数民族村寨，无论是建筑环境、建筑布局、建筑用材、建筑造型，还是建筑工艺、建筑功能、修建习俗，都独具特色，是物质文化遗产与非物质文化遗产紧密结合的产物。苗族的郎德、西江，侗族的肇兴、大利，水族的水浦、怎雷，瑶族的董蒙，布依族的南龙、坝盘等村寨为典型代表。

明清时期，民族建筑在自身缓慢发展的同时，与汉式建筑的交融也变得逐渐深入。一些军队屯垦、移民聚居的交通要道和自然条件较好地区，以及商贸往来频繁的地区，民族建筑受到汉式建筑的影响越来越大，甚至有些地区的建筑基本与汉式建筑别无二致。黔中地区的布依族受汉化的程度就非常高，其中典型者如花溪镇山村和开阳马头寨。在黔东一些水陆码头，其汉化程度同样很高。如苗族的松桃寨英村和天柱三门塘村，甚至在清水江中上游苗疆腹地的台江施洞、黄平重安，也出现了大量的汉式建筑。当然，这些受汉式建筑影响较大的建筑形式，在一些细部或装饰上，仍顽强地保留了一些当地民族建筑的元素。这是一种文化交融的具体体现。在建筑形式影响的同时，明清时期，一些中原和长江中下游地区的建筑文化和营造技术也逐步在贵州少数民族地区传播。如《鲁班经》中的择地、择日、造房等营建仪式，汉式的木工工具、营造技术逐渐在少数民族地区得到广泛使用。侗族地区的鼓楼、风雨桥，在明清以后融和了南方建筑中的楼阁、亭、廊桥、歇山顶、攒尖顶等元素而逐渐发展成熟。至今，在侗族建筑营建过程中，还存在"看风水"的习惯，水族也有用"水书"⑯选择宅基地的习俗，这些都与明清时期建筑文化的交融有莫大的关系。

二、建筑分区

贵州文化的复杂性与多元性决定了贵州古建筑多姿多彩的特点。在缓慢而又漫长的文化交流中，各民族相互竞争而又相互借鉴、相互学习、相互同化是贵州民族关系史的真实写照。虽然明永乐十一年（1413年）贵州已经成为全国的第十三个行省，但直到清雍正五年（1727年）贵州省域才算最终固定。因行政区域的分割，贵州始终处于荆楚、巴蜀、滇云、粤桂文化圈的边缘交叉地带上。不同文化圈辐射范围所及，难免留下不同文化交流的痕迹，使贵州文化呈现出丰富多彩的特点。明清以后，贵州战略地位得到提升，同时也因交通条件的改善使贵州成为西南交通的重要通道和枢纽，加之政治、屯戍、移民、商贸等因素，周边文化不断沿驿道、古道、水道向贵州腹地进发，并与贵州本土文化、民族文化不断交流融合，形成了贵州不同地域文化间的差异性。复杂的自然地形地貌，成为地域文化交流的天然屏障，造成了贵州文化"百里不同俗"的特点。在文化差异性和自然差异性的长期作用下，也就产生了不同的地域建筑文化。

建筑的地域特色，有时表现在聚落的形态与结构上,有时直接表现在建筑物本身的造型、空间和类型上。对于建筑或聚落特性的研究,诺伯格·舒尔茨认为可以采用形态学(morphology)、场所学(topology)和类型学(typology)的方法进行综合分析。因此,所谓建筑区系类型,就是根据建筑的共同特征对建筑进行分类。一般地讲,各地区的建筑可以从历史的、地域的、类型的三个角度进行分类。同时,也要综合考古学、社会学和文化人类学等学科,对建筑进行区系类型的研究。过去,鲜有研究者对贵州古建筑的文化分区进行过深入的研究,加之贵州古建筑各区域之间的差异并不十分明显,使得建筑文化分区并不容易。综合自然地理环境、历史行政区划、民族关系发展及内外文化交流的影响,考量政治、民族、移民、商贸等因素,结合建筑特征,可将贵州建筑文化区分为五个,即黔北黔西北建筑文化区、黔东北建筑文化区、黔东南建筑文化区、黔中黔南建筑文化区、黔西建筑文化区。再进一步细分,各建筑文化区还可分出一些亚区(图1-3-33)。

当然,需要对此分区作一些说明。一是按照现有县域行政区划的边界进行划分并不尽科学。我们都知道,文化交流是不会以行政区划作为截然的分界,有时不同文化区之间的边界是十分模糊甚至是很宽的一个区间带。如此划分只是为了便于把各区域的建筑梳理得更清楚。二是各区域建筑特征之间的差异在乡土建筑上表现得更明显。因此在分区时乡土文化与乡土建筑的权重更大一点。三是黔南建筑文化区与黔中建筑文化区实际可分为两个不同的区,因黔南区建筑实物实在太少,考虑到本书各篇章的均衡性,将两个区合在了一起。

(一)黔北黔西北建筑文化区

黔北黔西北建筑文化区位于贵州北部和西北部,包括今遵义市和毕节市大部,与四川、重庆相临,为四川盆地南部与云贵高原相接地区。区域内的河流均属长江水系,主要有乌江、赤水河和綦江三大水系,为贵州汉族聚居人口最多的区域。该区域建筑文化受巴蜀建筑文化的影响较大(图1-3-34)。

黔北黔西北建筑文化区可细分黔北、黔西北两个亚区。黔北亚区包括今遵义市全境和毕节市金沙县。在靠近重庆的道真、务川等地还有仡佬族建筑

图1-3-33 贵州建筑文化分区图

核心区。历史时期，黔北大部主要为播州所领，且长期为四川所辖（清雍正五年划入贵州），其地建筑巴蜀之风更甚。赤水河沿线的茅台、土城、丙安、大同等地建筑和民居，与川南合江等地民居相差无几。黔西北亚区主要包括毕节市七星关、大方、黔西、织金等区县。黔西北虽长期为水西土司所统治，但其地为川南泸州、叙永南下贵阳、安顺的重要通道，长期的经济文化交流，尤其是"川盐入黔"的影响，使建筑文化在带有地方特色的同时也有了一些巴蜀色彩。

该区域现有国家历史文化名城遵义，中国历史文化名镇习水县土城镇，中国历史文化名村赤水市丙安村、务川县龙潭村，省历史文化名镇织金县城关镇、大方县城关镇、湄潭县永兴镇、赤水市大同镇、正安县安场镇、道真县洛龙镇等名城（镇、村）。有遵义海龙囤、陈公祠、湄潭文庙、万寿宫、西来庵，赤水复兴江西会馆，金沙清池万寿宫，毕节陕西会馆，织金古建筑群等国家级文物建筑。该区域分布最广的民居当属黔北穿斗式民居。明末清初，大量川民南下逃荒、避乱进入贵州，对当地民居"川化"产生了重大影响。黔北民居中的典型，当以遵义县黎庶昌故居为代表。

（二）黔东北建筑文化区

黔东北建筑文化区包括了贵州东北部和东部部分地区，其地与重庆、湖南接壤，从地域上包括了铜仁市全境和黔东南州黄平、施秉、镇远、三穗、天柱、锦屏等县。该区域是长江文明分别经乌江、沅江水系进入贵州的前沿阵地，是荆楚文化西进和巴蜀文化南下黔中地区的过渡地带，也是古代百濮、百越和苗瑶三大族系交融聚居之地，历史上著名的武陵蛮、五溪蛮曾对该区域的发展作出过巨大的贡献，至今仍广泛分布着土家族、苗族、侗族、布依族等世居少数民族，是民族建筑与南方建筑交融最为丰富的区域（图1-3-35）。

武陵山余脉和乌江、沅江两大水系天然地将该区域分成了两大部分。一部分为武陵山脉以西的乌江中下游建筑文化亚区。自古以来，乌江水运之利使巴蜀文化的势力很早就渗透到该区域西部。明清之后的商贸往来，特别是"湖广填四川"移民的影响，也使该区域渐染荆楚和巴蜀之气。该亚区也是贵州主要的土家族聚居区，土家族民居特色突出。另一部分为武陵山脉以东、雷公山以北的黔东建筑文化亚区。该区依靠沅江水系锦江、潕阳河、清水江航运之利，自古与荆楚、湖广文化有密切的交

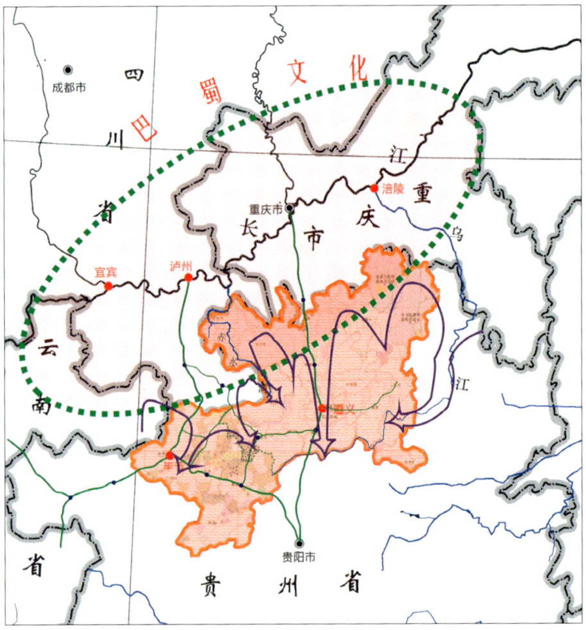

图1-3-34　黔北建筑文化区区位图

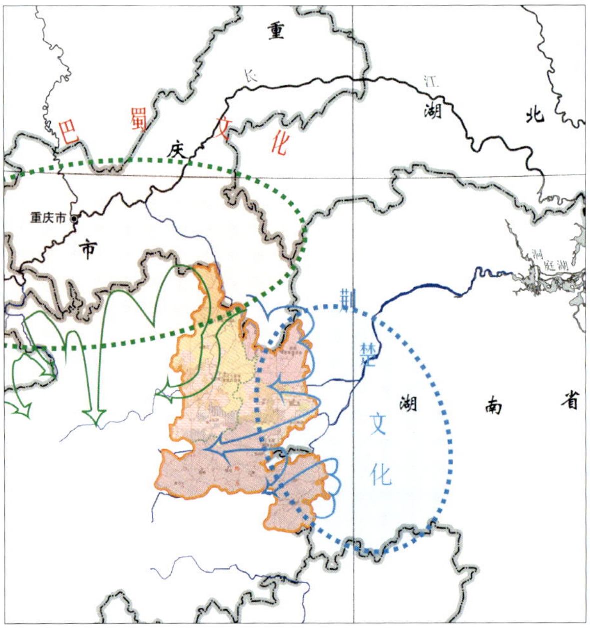

图1-3-35　黔东北建筑文化区区位图

流,同时,该区域也为贵州黔东北、黔东南两大苗族与北部侗族、土家族、汉族等民族交融共生的家园,因此,该区域建筑在带有地域特色的同时也深受荆楚、湖广之风的影响。元代以降,特别是明清以后,由镇远西进的潕阳河和湘黔驿道,成为贵州东部最为繁忙的两条彩带,使荆楚建筑之风深入到黔中黄平、重安、清平(今凯里)等地。

该区域现有国家历史文化名城镇远,中国历史文化名镇黄平县旧州镇,中国历史文化名村锦屏县隆里村、石阡县楼上村,省级历史文化名镇石阡县城关镇、黄平县旧州镇、锦屏县隆里乡(集镇)、锦屏县茅坪镇、印江县木黄镇、松桃县寨英镇,省级历史文化街区铜仁中南门历史街区,省级历史文化名村江口县云舍村。有镇远城墙、青龙洞古建筑,铜仁城墙、川主宫、东山寺、飞山宫,思南府文庙、万寿宫、王爷庙、永祥寺、川主庙,石阡府文庙、万寿宫、禹王宫,黄平旧州古建筑群、岩门司城垣,松桃寨英村古建筑群,石阡楼上村古建筑群,天柱三门塘村古建筑,锦屏隆里古建筑群等国家级文物保护建筑。

该区域民居丰富多彩,有带封火山墙的商贸民居,有穿斗式的土家族和苗族民居,有以石为墙的松桃苗族民居,有干阑穿斗与封火山墙结合的侗族和苗族民居,甚至还有清末中西合璧式风格的民居。同时,该区域受荆楚文化的影响,宗族观念特别浓厚,印江、铜仁、天柱、锦屏一带宗祠建筑大量涌现,展现了地方建筑的特色。

(三)黔东南建筑文化区

黔东南建筑文化区包括黔东南州大部和黔南州三都县、荔波县。该区域东连湖南、南接广西,北部为长江流域沅江水系清水江中上游,南部为珠江流域都柳江水系都柳江上游。区域海拔高差较大,沟壑纵横,山峦延绵,是贵州苗族、侗族、水族、瑶族集中聚居的多元文化区。对该区域进一步细分,还包括雷公山苗族建筑核心区,六洞、九洞侗族建筑核心区和三都、荔波水族核心区等民族建筑文化亚区。这些民族建筑中,以苗族吊脚楼,侗族

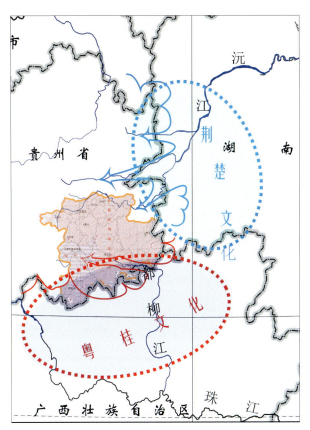

图1-3-36 黔东南建筑文化区区位图

鼓楼、风雨桥,水族干阑式楼居、禾仓等为典型代表(图1-3-36)。

历史上,除清水江、都柳江靠有限通航进入和黎平设府的有限影响外,该区域大部分时间为"生界"之区,即中央王朝尚未真正管辖的区域,是西南版图中的最大"黑箱"。明代以后,随着贵州战略地位的提升,特别是清雍正年间强推"改土归流"政策后,该区域才逐渐向世人揭开神秘的面纱。因此,该区域建筑特别是民居建筑顽强地保留了浓郁的民族风格,而且至今仍在延续。

清代中期以后,随着"苗疆六厅"的设置和清水江航运的进一步延伸,特别是咸丰、同治年间张秀眉领导的苗族起义被镇压后,湖广建筑也随之溯江而上,西进到达了剑河、台江施洞等苗疆腹地,南下到达黎平等地。另,都柳江航运的开展,也使粤桂建筑拓展到都江、古州(今榕江)等地。黎平翘街至今仍保存了较多明清湖广商贸民居和公共建筑。榕江县城和车江侗寨曾保留了一些难得的具有

粤桂建筑风格的建筑遗存，但却在近年的城市建设中遭到了极大破坏。

该区域现有世界文化遗产预备名单两项——苗族村寨和侗族村寨，涉及村寨20个；有中国历史文化名镇雷山县西江镇，中国历史文化名村黎平县肇兴乡肇兴寨村、从江县往洞乡增冲村、雷山县郎德上寨村、三都县怎雷村，省级历史文化名镇雷山县西江镇、郎德镇和黎平县德凤镇，省级历史文化名村从江县岜沙村、从江县小黄村、雷山县新桥村、三都县怎雷村、荔波县懂蒙村。有雷山郎德上寨古建筑群，从江增冲鼓楼、高阡鼓楼、宰俄鼓楼、金钩风雨桥，黎平地坪风雨桥等国家级文物保护建筑。

（四）黔中黔南建筑文化区

黔中黔南建筑文化区地域大抵相当于今贵阳市、安顺市和黔南州所辖范围之和，同时也包括了六盘水市、黔西南州部分区域。该区域地处长江流域乌江水系和珠江流域北盘江水系、红水河水系的分水岭地带，是世界上典型的喀斯特地貌集中地区。黔中区大部位于长江流域，黔南区几乎全部位于珠江流域。就建筑文化而言，该区域又可细分为黔中建筑文化区和黔南建筑文化区，两大建筑文化区以横贯东西的苗岭山脉为分界线（图1-3-37）。

黔中地区地处贵州中部，地势由北向南、由东向西逐渐平缓，是贵州开发较早的区域，也是最具贵州特色的文化区域。黔中区是贵州唯一既不与期他省接壤也无航运的地区，历史时期的交通全靠陆路驿道。正因如此，周边的建筑文化传播到黔中地区后不断减弱，最后各种建筑风格相互融合，形成了独具贵州特色的黔中建筑。贵州目前发现的早期木结构建筑，大部分都位于该区域。黔中安顺一带的屯堡民居和布依族民居，采取当地易于开采的石灰岩石，以石为墙、为瓦，甚至为柱，形成了最具地域特色的民居建筑。

黔中建筑文化区现有中国历史文化名镇花溪青岩镇、安顺旧州镇、平坝天龙镇，中国历史文化名村安顺云山屯村、开阳马头寨村、安顺鲍屯村；有省级历史文化名镇青岩镇、福泉城关镇、郎岱镇、安顺旧州镇、清镇卫城镇，省级历史文化名村花溪区石板镇镇山村、花溪区马铃乡凯伦村、乌当区新堡乡王岗村、西秀区大西桥镇鲍屯村、贵定县盘江镇音寨村。同时，该区域还有安顺文庙、武庙，贵阳甲秀楼、拱南阁、文昌阁、阳明祠，修文阳明洞，平坝天台山，福泉城墙、葛镜桥等国家级文物保护建筑。

（五）黔西建筑文化区

黔西建筑文化区包括毕节市西部，六盘水市大部和黔西南州的部分地区。其地西临云南、南连广西，属贵州长江流域牛栏江横江水系、珠江流域北盘江和南盘江水系地区。区域总体地势北高南低、西高东低，北为乌蒙山脉主体地区，高山连绵，南部为北盘江、南盘江水系区域。从建置沿革来看，区域大部曾长期属云南所辖，故难免受到云南文化辐射的影响。同时，该区域也是多民族聚居的地区，除彝族、回族、苗族、布依族、汉族等分布较广民族外，还有少量白族、瑶族等少数民族聚居（图1-3-38）。

就建筑而言，该区域北部建筑受巴蜀与滇东北建筑的影响，中南部受黔中建筑与滇东建筑的影

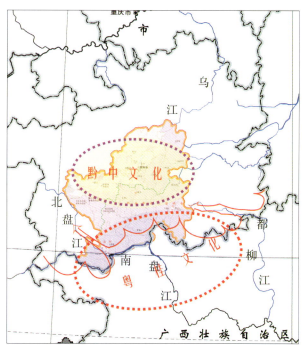

图1-3-37　黔中黔南建筑文化区区位图

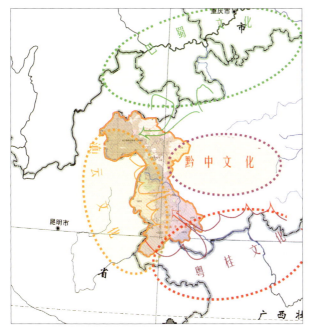

图1-3-38 黔西建筑文化区区位图

响。同时，当地彝族、布依族、汉族结合当地的自然环境，创造风格各异的民居建筑。秦汉时期，区域北部得益于巴蜀与云南交通之利，成为贵州开发较早的地区，也是古夜郎国的重要核心区域。元代以后，昆明至镇远的驿道打通，南部区域遂成为云南经贵州过湖南往北京的重要通道。于是，南部地区在明清至民国这段时期得到了较快的发展，留下了众多古建筑遗迹。

该区域现有省级历史文化名镇安龙县城关镇、盘县城关镇和贞丰县城老城区省级历史文化街区，有省级历史文化名村贞丰县者相镇纳孔村、威宁县石门乡石门坎村，有鲁屯石牌坊、刘氏庄园、普安崧岿寺、安龙十八先生墓祠等国家级文物保护建筑，有盘县古城垣、文庙、城隍庙、普福寺，安龙招堤、兴义府试院，兴仁三家寨道堂、寿福寺等重要古建筑。

注释

① 贵州省地方志编纂委员会．贵州省志·林业志．贵阳：贵州人民出版社，1994．志书记述稍有出入，已根据最新研究予以修正。

② 参见贵州省考古研究所相关研究成果资料。

③ 贵州省交通厅公路史编委会贵州公路史．北京：人民交通出版社，1989．

④ 星球地图出版社．贵州省地图集．北京：星球地图出版社，2005．

⑤、⑥ 史继忠主编．中华地域文化大系·贵州文化．呼和浩特内蒙古教育出版社，2006．

⑦ 据近期对遵义海龙囤的调查研究，部分专家认为为海龙囤附属屏障的"养马城"修建时间较早，从城门形制推断可能为唐代城墙。如为事实，此当为贵州目前发现最早之地面建筑。

⑧ 贵州省地方志编纂委员会编．贵州省志·城乡建设志．北京：方志出版社，1998．

⑨ 参见《贵州省文物地图集》相关资料。

⑩ 贵州省地方志编纂委员会编．贵州省志·城乡建设志．北京：方志出版社，1998．

⑪ 贵州省地方志编纂委员会编．贵州省志·城乡建设志．北京：方志出版社，1998

⑫ 参见吴正光《贵州的衙署与庄园》，金黔在线，http://www.gog.com.cn．

⑬ 参见《中国文物地图集·贵州分册》（待刊）相关资料．

⑭ 参见《中国文物地图集·贵州分册》（待刊）相关资料

⑮ 蓝勇．西南历史文化地理．重庆：西南师范大学出版社，1997．

⑯ "水书"指水族地区至今仍在使用的用于丧葬、祭祀、生产、出行、房屋营造、经商、嫁娶和占卜的术数之书。

贵州古建筑

第二章 黔北黔西北建筑文化区

黔北黔西北建筑文化区古建筑分布图

一、古城古镇
① 遵义古城
② 织金古城
③ 赤水丙安

二、古建筑
① 海龙囤
② 桃溪寺
③ 尚稽陈公祠
④ 龙坑牌坊
⑤ 黎庶昌钦使第
⑥ 乐庄廊桥
⑦ 遵义天主堂
⑧ 织金财神庙
⑨ 织金黑神庙
⑩ 织金文昌宫
⑪ 织金保安寺
⑫ 织金东山寺
⑬ 丙安文桥
⑭ 湄潭文庙
⑮ 黔西武庙
⑯ 毕节城隍庙
⑰ 绥阳阳龙山寺
⑱ 三岔河石窟寺
⑲ 务川申佑祠
⑳ 绥阳张氏宗祠遗构
㉑ 赤水复兴江西会馆
㉒ 湄潭义泉万寿宫
㉓ 毕节陕西会馆
㉔ 仁怀鹿鸣塔
㉕ 大方奎文塔
㉖ 大方扶风塔
㉗ 大方联璧塔
㉘ 凤冈龙泉文峰塔
㉙ 赤水郑氏节孝坊
㉚ 黔西李世杰牌坊
㉛ 湄潭大水井节孝坊
㉜ 金沙清池节孝坊
㉝ 赤水城墙
㉞ 湄潭天主堂

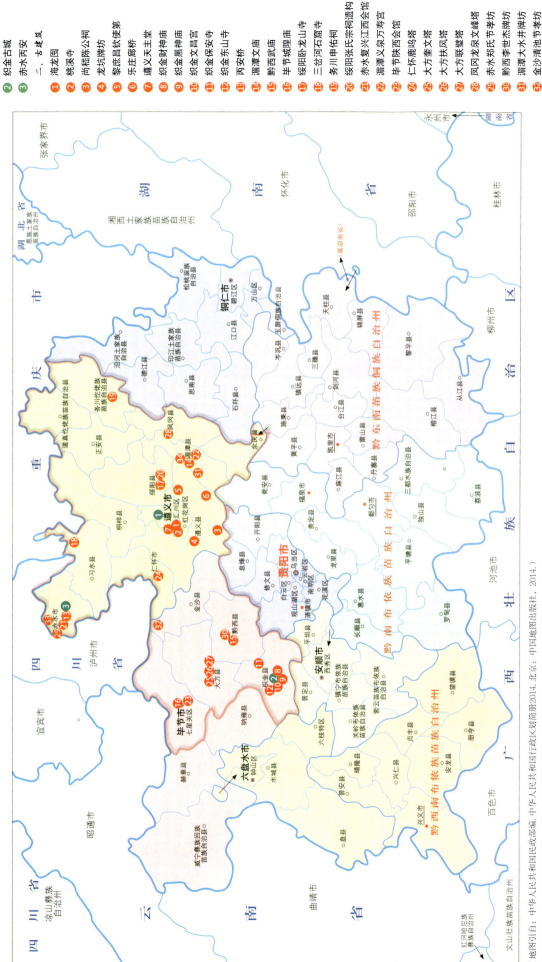

(地图引自：中华人民共和国民政部编.中华人民共和国行政区划简册2014.北京：中国地图出版社，2014.)

图2-1-1 黔北遵义一带地形

第一节 黔北黔西北建筑文化区概述

建筑是自然、文化和技术综合的产物。建筑风格往往与产生这种建筑的文化背景息息相关。贵州黔北黔西北地区北倚四川、重庆，由于航运之便和经济往来，自古便与宜宾、泸州、重庆等城市保持了长久而持续的文化往来，使得该区域建筑深受蜀、巴文化的影响。清中期以后，"川盐入黔"成为黔蜀两省商贸往来的重要舞台，也使得巴蜀建筑文化进一步循水、陆盐道南下黔境，形成了今天黔北黔西北建筑文化的地域特色。

一、区域地理及历史沿革

从现今行政区划而言，黔北黔西北建筑文化区包括了遵义市全境和毕节市的七星关区、金沙县、黔西县、织金县和大方县，从西向东分别与云南、四川、重庆毗邻。该区域地处云贵高原的东北部和四川盆地南沿，为云贵高原向四川盆地和湖南丘陵过渡的斜坡地带，地形起伏较大，地貌类型复杂（图2-1-1）。区域内的主要山脉为乌蒙山余脉和大娄山山脉。大娄山山脉自西南向东北横亘其间，成为天然屏障。区域内的河流均属长江水系，主要有乌江、赤水河和綦江三大水系。区域东北的芙蓉江、洪渡河为乌江的重要支流（图2-1-2）。

据考古研究，远古时期该区域即有人类活动的痕迹。黔西"观音洞人"生活在距今24万年前，其遗址为我国长江以南地区发现的第一处最大的旧石器时代早期文化遗址，在中国旧石器时代考古学发展史上占有重要地位。桐梓县岩灰洞旧石器时代人类文化遗址发现的人类牙齿化石，经科学测定，为距今20.6~24万年。毕节扁扁洞出土石制品共75件，有石核、石片，动物化石有中国黑熊、虎等13种，文化时代为旧石器时代中期或稍早。骨样品的铀系法测年结果为距今13~17万年。桐梓县马鞍山新石器时代人类遗址中，也发掘出大量石器骨器，还有丰富的用火遗迹，年代距今为1.8万年。

公元前8~前5世纪前后的春秋时期，黔北地域，先后或分别属于牂牁、巴、蜀、鳖、鳛等邦国。居住在大娄山东麓鳖水流域的上古鳖族，是巴人的重要支系之一，也是蜀人的重要起源之一。汉武帝建元六年（公元前135年）置犍为郡，郡治鳖县，即在今遵义市中心城区附近。[①]唐代，黔北地区大部属黔中道所辖，有珍、费、播、夷、思等正州、羁縻州。宋代，黔西北地域主要为潼川府路罗

图2-1-2 赤水河习水土城段

氏鬼国属地,黔北主要为夔州府路播州、思州、珍州、遵义军属地。元代,黔北黔西北地域为播州宣抚司和八番顺元宣慰司所管辖,隶湖广行省。明代,黔北地区属播州宣慰司管辖,隶四川;黔西北地区属贵州宣慰司水西安氏所管辖,隶贵州布政使司。播州为黔北名州,从唐末到明末的700多年,为杨氏土司所世袭统治。明末战乱,四川惨遭屠戮,惟遵义府幸存。清雍正五年(1727年),遵义府由四川省划归贵州省管辖。

黔西北地域在很长的时间里由水西政权所统治。水西彝族的远祖源于古代西北氐、羌族的一支,辗转入今贵州境。蜀汉时,因其首领火济(或作济火,彝名妥阿则)助诸葛亮南征有功,受封为"罗甸国王",以后与历代封建中央王朝保持联系,唐、宋时期被称为"罗施鬼国"或"罗氏鬼国"。辖境以今贵州乌江上游的鸭池河为界,分为水东、水西。元改水西为"亦西不薛总管府",以水西首领阿察为总管,开始施行土司制度。明洪武五年(1372年),水西宣抚使霭翠及水东宣抚同知宋钦附明并入朝袭职,旋列为正副宣慰使,置贵州宣慰司,治所移至贵州(今贵阳)。

明洪武十六年(1373年),水西奢香率众开通了东起偏桥(今贵州施秉)西达乌撒(今贵州威宁)等地的驿道,立龙场九驿,进一步密切了水西与中央王朝的联系,且使偏僻的黔西北地区逐渐得到开发。明代哲学家王阳明贬谪贵州时,即于九驿之龙场(今修文)悟道,开"阳明心学"之宗,今留有王文正公祠及君子亭。

清顺治十五年(1658年),清军30万人分兵攻云南,吴三桂率清军通过水西至云南,迫安坤降清。清康熙三年(1664年),安坤起兵扶明抗清,吴三桂领云南、贵州各镇守军讨伐,康熙四年(1665年),水西军彻底失败。吴三桂奏请废水西宣慰司,改设大定(今大方)、黔西(原水西)、平远(今织金)、威宁(原乌撒)四府。

二、区域文化及建筑特色

从区域历史沿革来看,黔北和黔西北存在较大差异。清代以前,黔北地区大部时间受四川所辖,直接为巴蜀文化圈南沿,巴蜀文化的影响十分深入。如宋代杨粲墓的形制、雕刻内容等与川南宋墓几无区别。清中期以后,黔北地域虽并入贵州,但文化传统的惯性仍在,加之山水相连,该区域仍属巴蜀文化外围,故建筑多有巴蜀之风,民居也与川南民居接近。黔西北地区较长时间为当地土族政权所统治,其地文化更具有地域特色,随着康熙年间水西政权的瓦解，巴蜀文化逐渐深入该区域，也随之影响到建筑和民居。黔北黔西北建筑特色的形成，影响最大的当属移民和商业，尤以"川盐入黔"最为深远。

宋元之际，四川战乱，难民南下，使巴蜀文化影响南进。元大德十七年（1303年），永宁土官雄挫起兵反元被平，遂贯通了泸州经永宁、赤水河至乌撒的南北大道。元天历二年（1329年），川黔驿路得以贯通，重庆至贵阳设14驿。[②]大道和驿路的开通，加强了黔北、黔西北地区与巴蜀文化圈的交流和往来。元末明初的"湖广填四川"浪潮，也有部分移民到达黔北、黔西北地区。清代，继"湖广填四川"之后，部分移民继续由"四川移贵州"。

除人口的自然流动外，屯边也是贵州重要的人口来源。明代初年，大批军士"调北征南"后屯于乌撒、毕节、赤水和永宁四卫，之后的民屯、商屯和匠户的进入，也使这些区域受到了湖广、江西、四川等文化的影响。清初，吴三桂平水西使黔西北地区人口大为减少，大批军士遂就地屯驻，使当地汉族人口大量增加。

清代中期以后，随着政治稳定，汉族移民的模式发生了变化，经济利益驱使下来到贵州的汉族移民数量不断增多。他们在贵州各地从事各种经济活动，而不仅仅只是局限于驿道卫所的周边地区。随着商贸往来的日益频繁，"川盐入黔"成为带动区域经济、文化发展的重要因素。

贵州省不产食盐，其所需之盐，自古以来仰给于川、滇、桂、粤诸省。由于地理环境及盐的质地等原因，其中的绝大部分食盐，又是从四川省自流井和五通桥运入。清乾隆元年（1736年），四川省巡抚黄廷桂将川盐入黔的水道分为永、仁、綦、涪四大口岸。凡入黔之盐，均由自流井和五通桥盐场运往长江各口岸的入口处，再沿这些河道运往贵州各地（图2-1-3）。永岸由四川省纳溪县城入口，沿永宁河上运至叙永县城起岸，然后分两路运往贵州省的毕节、大方等县。因所经河道，大部分俱在

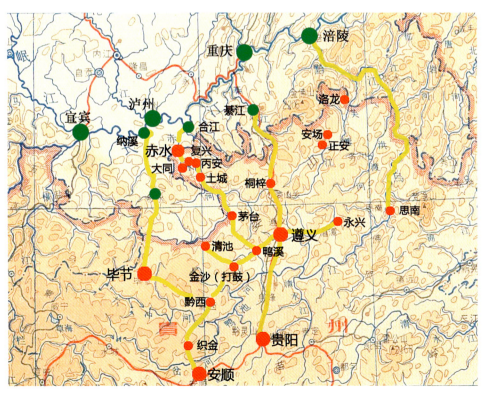

图2-1-3 川盐入黔影响下的黔北黔西北城镇

四川省叙永县境内，故以"永岸"为名。仁岸从四川省合江县城入口，经赤水河直抵茅台镇，再循陆路运至鸭溪、金沙、贵阳、安顺等地。这条水路，大多在当时的仁怀县辖区之内，因而以"仁岸"名之。綦岸自四川省江津县所属之江口起运，溯綦江上运至贵州省桐梓县属的松坎起岸，再陆运到遵义、正安等县的部分地区。因这条运输线路，既要经过四川省的綦江县城，又由北向南贯穿綦江县境，故名曰"綦岸"。涪岸起自四川省之涪陵县城，循乌江上运至贵州省的沿河、思南等县，再陆运至其邻近地区。这段水路命名为"涪岸"，一方面是它从乌江与长江汇合处的涪陵县城入口，另一方面又先后经过古代涪陵县、涪陵郡、涪州所辖地域之故。③

永、仁、綦、涪四大盐岸的盐运线路如四箭南进，纵横交错，往来盐道上的四川、江西、湖广、陕西等地客商，从事着盐、茶、山货、木材的交易。这种"用脚丈量"的贸易，使各种文化之间的交流融合日益密切，也使巴蜀文化进一步深入到黔西北、黔北和黔东北地区。

总体来说，黔北、黔西北区域的建筑文化以巴蜀风格为主，但也具备了一些贵州地方特色，且不同的小区域在布局、形制、构造上也略有差异。建筑风格的演变由北向南逐步靠近黔中风格，由西向东风格逐步由蜀及巴。黔北的赤水、大同、丙安、土城、茅台等地的建筑风格几乎与川南建筑一致，建筑的营造技艺及建筑结构、形制及细装饰等无不打上川南建筑的印记。毕节、大方、黔西等地建筑又与叙永、古蔺建筑十分接近，如毕节城隍庙、毕节陕西会馆等建筑具备了浓郁的地方风格。当然，除工匠之外，客商更是决定建筑风格的重要因素，故此地建筑虽以巴蜀风格为主体，但也夹杂着江西、湖广、荆楚的建筑风格，其中以会馆建筑最为典型。如复兴江西会馆、金沙茶园万寿宫、金沙清池万寿宫、湄潭万寿宫即为代表。

该区域典型民居为黔北民居。村寨选址、建筑布局受到儒家传统思想及风水观念的影响，寻求与自然的和谐统一及严格的等级制度。民居以一明两暗的"凹"字形为基本平面单元，再辅以两厢而成一进、二进的合院式布局。建筑结构为穿斗式木结构，木板隔断，悬山青瓦顶。建筑多为单层，明次间多有上下隔层，上部储藏，下部住人。山面及前后多用木板、竹泥墙围护，也有少量民居用砖作为围护及筑墙材料。竹泥围护墙一般用白灰粉刷，穿枋、柱及装板外露，白色的墙体，褐色的木板、木柱、门窗，青黑色的屋顶及与自然山体、绿化的有机组合，形成了色调和谐、统一，建筑轻灵、活泼的建筑风格。

第二节 古城古镇

一、遵义

（一）古城概况

遵义市为黔北重镇，北依大娄山，南临乌江，是由黔入川的咽喉。"遵义"出自《尚书》："无偏无陂，遵王之义"。唐贞观十六年（公元642年），将播州所领的罗蒙县改名遵义县，为"遵义"名称的最早出现。播州从唐末到明末的公元724年间，为杨氏土司所世袭统治。明万历二十八年（1600年）"平播之役"后，废除土司制度，实行"改土归流"，于次年分播州为遵义、平越两个"军民府"，分别隶属四川、贵州。清康熙年间取消"军民"二字，直称遵义府。清雍正五年（1727年），遵义府由四川省划归贵州省管辖。民国24年（1935年），贵州省设11个行政督察区，黔北十余县为第五行政督察区。1935年1月，中央红军在老城柏辉章私宅召开著名的"遵义会议"，使遵义闻名中外。

南宋孝宗淳熙三年（1176年）以前，遵义老城称穆家川。其地肥沃，面积宽广，背倚龙山，南靠红花冈，前临湘水，地理位置十分重要。杨氏第十二代土司杨轸看上这里以后，迁治所于此，建立官衙，修筑防御，从此开创老城建城的历史，老城也从此成为黔北政治、经济、文化的中心。十三

图2-2-1 遵义老城的经营者之一：杨粲

世杨粲袭位后，大力发展生产，修桥筑路，招纳贤才，经营播州盛世（图2-2-1）。经过百年的努力，老城渐成街市。除西门外，东、南、北、水洞等几个城门都有大路可通。明洪武十五年（1382年），建成三街六巷。三街即梧桐街、杨柳街、朝天街；六巷为捞沙巷、狗头巷、尚家巷、何家巷、姚家巷、丁家巷。老城何家巷口建三官楼，系木结构，跨街而建，是当时遵义最高的建筑，有"危楼百尺，耸入天际，称胜遵城"的描述。明万历二十八年（1600年）平播后，城市建设再次提上议事日程，遵义城"西南绕山巅无壕，东北临湘江为池"，城墙"前后俱高三丈，广九百五十丈四尺，垛口一千七百八十二"，"设门四，东曰宣仁，南曰阳明，西曰怀德，北曰望京，各建楼于上"。④可见，当时的遵义城已为山水城市。之后，城墙不断加固，城区范围也逐渐扩大，清代达到最大规模。清康熙五十八年（1719年），知府赵光荣、知县邱纪曾组织重修。清乾隆二十五年（1760年）再次进行重修，"周围一千三百七十一丈四尺，计七里六分；高一丈五尺，厚七尺，将台一，炮台十二，枪眼九百九十九；四门，东曰景福，西曰怀德，南曰通贵，北曰宁永，上各建楼；小门三，一在东门左，一在西门左，并置栅不通行，一在东门右，泻西门沟之水，通人出入，置栅兵，以时启闭"。⑤遵义城范围已南至碧云路、东至湘江沿岸、北至宾馆后门、西至大龙山、老鸦山脊。城内有十卡、七党、二十坊。清乾隆年间，遵义知府陈玉壂倡导引桑种蚕，建蚕室于城东门外白田坝，并展开交易，新城渐渐发展，形成街市，直至建城。始有新、老二城之分（图2-2-2，图2-2-3）。

如今，遵义老城大部分民居及古建筑在历次改造中已经拆除殆尽，除周边尚有部分零星建筑遗存和部分传统民居外，城内仅余桃溪寺、天主堂等极少古建。

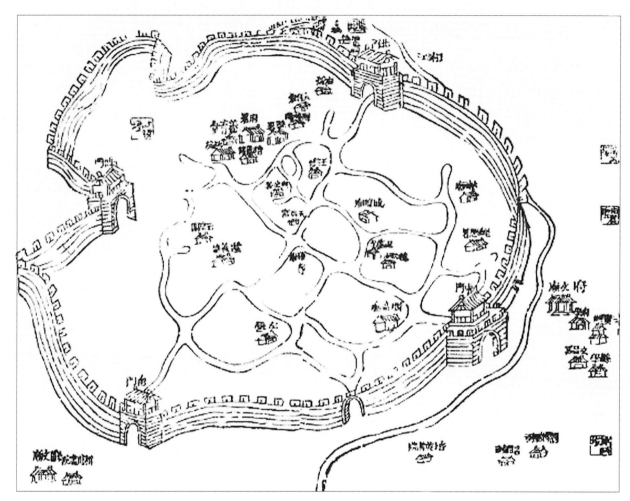

图2-2-2 道光《遵义府志》城池图

图2-2-3 20世纪30年代遵义老城

（二）古城古建筑

1. 海龙囤

海龙囤位于遵义市汇川区高坪镇海龙囤村，北距遵义市区28公里，雄踞在巍峨的大娄山东支的龙岩山上，旧称龙岩囤，是宋、元、明时期西南播州杨氏土司的重要遗存。龙岩山山顶平阔，面积1.59平方公里，最高海拔1354米，山脚峡谷幽深，白沙水环绕，海拔974米，高差达380米之多（图2-2-4）。

唐僖宗乾符三年（公元876年），杨端领兵出川，败南诏，占播州，从此杨氏一族世代盘踞于此。至明万历二十八年（1600年）杨应龙覆灭，杨氏统领播州公元724年。海龙囤约始建于南宋宝祐五年（1257年），其后曾不断修葺、扩建。明万历二十四年（1596年），杨应龙起兵反明，调集8万役夫工匠，历时4年，于"龙岩新城"基础上扩建城堡，"于屯前筑九关，以拒官兵"，并于各道城门嵌刻关名，城门上营造箭楼。现存"飞龙关"、"朝天关"匾额均系杨应龙所题。同时，杨应龙又在城内新建楼房、家庙、仓库、兵营等，自诩为"万世之根本"，改名为海龙囤。

明万历二十八年（1600年）三月，明廷派李化龙督兵平播。四月，明军分八路入播。五月中旬，明军围囤三匝，攻囤未果。李化龙多次向前屯铜柱关、铁柱关猛攻，十数日不破。并将主力调至后屯。六月五日，后屯的土、月二城被明军所破。杨应龙自缢而亡，海龙囤毁于战火。⑥

囤顶现存有宋代建筑群遗址（老王宫）、明代建筑群遗址（新王宫）、海潮寺、水牢、金库、银库、火药池、绣花楼、校场坝、云凤楼、采石场、砖窑等遗址，四周依山而筑的城墙由平整青石砌筑而成，总长约5公里，城墙上建有16个军事瞭望观察哨（又称敌楼）分布在各个险要位置。囤东有铜柱关、铁柱关、飞龙关、飞虎关、朝天关、飞凤

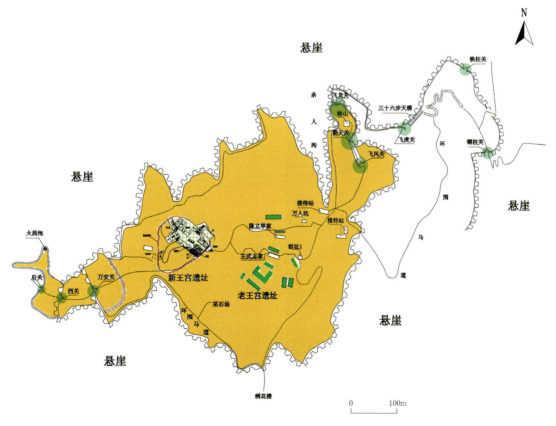

图2-2-4　海龙囤平面示意图

关，囤西有万安关、西关、后关，城墙、瞭望观察哨以及各个关隘将海龙囤合围，壁垒森严，固若金汤（图2-2-5～图2-2-9）。

海龙囤利用山体自然形胜筑城，充分利用地形之利，被营建成一座以关隘、城堡为主体的防御建筑设施，是西南地区宋明军事城堡的典范，其现存

图2-2-5 海龙囤飞虎关

图2-2-6 海龙囤朝天关

图2-2-7 海龙囤飞凤关

图2-2-8 仰视海龙囤飞龙关

图2-2-9 飞龙关拱门

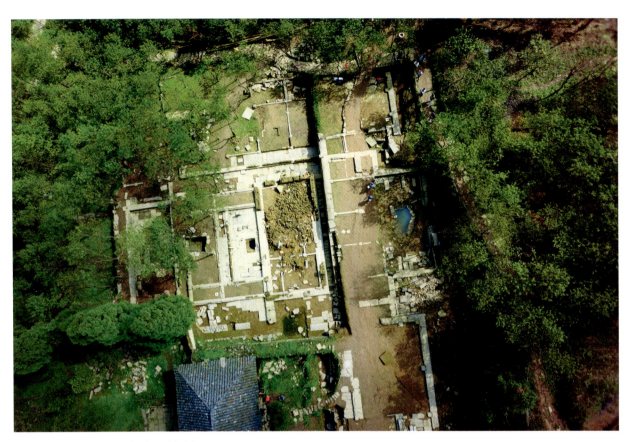

图2-2-10　海龙囤明代建筑遗址俯拍（部分）

遗迹也是研究宋明贵州筑城技术的重要实物。2012年，贵州省文物考古研究所对海龙囤遗址展开首次大规模考古发掘，取得了一系列重大发现，出土了大量明代的建筑遗址、砖块、瓦砾、脊兽和青花碎片等遗物。贵州明代早期建筑现已无地面遗存，海龙囤出土的砖、瓦及脊兽等构件，与明代官式做法十分相近，对研究明代贵州官式建筑具有重要价值（图2-2-10～图2-2-13）。

2. 桃溪寺

桃溪寺位于遵义市红花岗区忠庄镇幸福村，原为播州杨氏土司在桃溪庄内的家庙，称延禧寺。始建于明隆庆至万历年间。由山门、前殿、两厢、正殿组成。坐东向西，占地面积2600平方米，建筑面积1050平方米。明万历二十八年（1600年）"平播之役"，水西安疆臣进军播州，夺落濛关，至大水田，焚毁桃溪庄，延禧寺亦毁。万历二十九年（1601年）于延禧寺原址重建庙宇，以地处桃溪

图2-2-11　海龙囤明代建筑遗址局部

命名"桃溪寺"，规模如前。清光绪十五年（1889年），对大殿进行了修缮，光绪二十一年（1895年），对前殿、左右两厢进行了修缮。1996年，重新修建了山门，添建了厨房、圆通宝殿等建筑，并在荷花池上修建了通道和碑亭，由于未按原有形制进行修建，对桃溪寺格局及真实性造成了一定

图2-2-12 海龙囤出土脊吻及瓦头

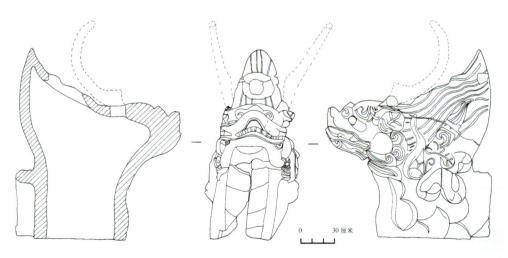

图2-2-13 海龙囤屋面脊兽测绘图①

破坏。

前殿为天王殿，穿斗抬柱混合结构，通面阔29.4米，通进深10.3米，通高8.2米，建筑面积302.82平方米。两厢为观音殿和地藏殿，穿斗式木结构，通面阔12.25米，通进深8.3米，通高7米，建筑面积为203.35平方米。大殿为穿斗抬梁混合结构，歇山顶，通面阔29.4米，通进深13米，通高9米，建筑面积为382.2平方米（图2-2-14~图2-2-17）。

3．尚嵇陈公祠

陈公祠为清乾隆年间遵义知府陈玉璧专祠。陈玉璧，字韫璞，山东历城人，曾任江西赣州府同知，乾隆三年（1738年）调任贵州遵义知府。任上其实行富民之策，三次遣人返乡购蚕种，聘请养蚕缫丝师、织绸师到遵义，教四方百姓以放养缫织之法。此后，县内四乡柞蚕养殖业迅速发展，至乾隆八年（1743年）收茧八百万枚。从此，遵义逐步成为贵州丝织业中心。为纪念这位对地方经济发展有贡献的历史人物，遵义各地民众修建祭祠多处祀之。

清嘉庆初年，建"蚕神庙"，配祭陈玉璧。清道光十八年（1838年），改建为"陈公专祠"。清宣统元年（1909年）修建公立二等学堂，厢房增建为

图2-2-16　前殿梁架

图2-2-14　桃溪寺内院天井

图2-2-15　桃溪寺观音殿

图2-2-17　1942年拍摄的陈公祠照片

图2-2-18 陈公祠全貌

教室,民国时期建门楼。清末民初,祠为丝绸交易场所。1942年再次维修,1965年、1989年进行修葺。整组建筑坐西向东,采用二进院落式布局,占地面积约1617平方米,建筑面积约800平方米。一进院包括朝门与南、北连廊和享堂(学堂);二进院由南、北连廊,后殿,南、北厢房,后连廊和后门组成,除后门外,其余均为穿斗式木构建筑。民国年间改造后,后门成为重要的出入通道,甚至逐步取代了正门的通行功能。(图2-2-18~图2-2-21)

陈公祠规模宏大,以后殿最为精巧独特。后殿面阔五间,明间二层以上为六角三重檐攒尖青筒瓦顶阁楼。阁楼两侧为由落地四柱硬起的歇山顶楼阁。(图2-2-22、图2-2-23)后殿翼角飞翘,各屋面均采用卷棚前檐。梁架既有黔北穿斗建筑的特点,同时又引入了一些徽派建筑的元素,如后殿大量使用了制作精美的月梁,这是其他贵州建筑中所没有的。

4. 遵义龙坑场牌坊

龙坑场牌坊位于遵义县龙坑镇龙坑村南,建于清光绪二十一年(1895年),南北向。四柱三门

图2-2-19 大门内侧

图2-2-20 享堂

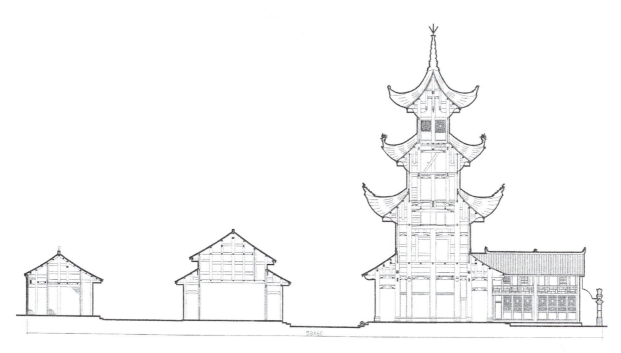

图2-2-21 陈公祠总剖面图

图2-2-22 右侧楼阁

五楼砂石质牌楼式坊。高12.08米，阔10.06米，深4.14米。明间面阔3.3米，净空高4.19米，夹柱石为须弥座带抱鼓，抱鼓高3.07米，抱鼓上倒立石狮。次间面阔1.9米，净空高3.07米，与抱鼓高度相同。次间边柱除南北向有抱鼓支撑外，沿东西向在边柱外侧还增加了抱鼓支撑，使牌坊结构更为稳固，为此坊与其他牌坊的不同之处。整坊雕刻工艺以高浮雕、圆雕、透雕为主，技艺精湛，是黔北石雕中的代表之作。雕刻内容以卷草、云纹、花卉、

图2-2-23 从后院仰视楼阁

图2-2-24 牌坊立面

人物等图案，计70余幅。字碑均为阴刻，明间一层字碑横向楷书阴刻"乐善好施"4字，每字0.4米见方（图2-2-24～图2-2-30）。

该坊为旌表记名总兵何行保"乐善好施"而建。何行保，字德武，湖南桂阳人，行伍出身，在湘军中"常以勇冠军"。清咸丰十年（1860年），何行保随田兴恕入贵州，参与平定贵州苗族和教军起义，后驻扎遵义。清光绪五年（1879年），四川总督丁宝桢督办盐务，何行保充安定左营，保护盐路畅通，"皆躬亲劳役，手订条规，以期永远"。何行保在遵期间，因捐修毁于兵燹的"培英书院"而受旌表。遂有此坊。⑧

5. 黎庶昌钦使第

黎庶昌钦使第位于遵义县新舟镇沙滩村沙滩组，始建于清嘉庆年间，坐南向北，是贵州形制完备、比较典型的宅第民居之一。占地2914平方米，

图2-2-25 字碑及额枋雕刻

图2-2-26 次间上部结构及雕刻

图2-2-27 次间屋面雕刻

图2-2-28 明间屋面雕刻

图2-2-29 侧面

图2-2-30 石狮

建筑面积1335平方米。中轴线上有大门、轿厅、正厅、后堂和后院等建筑，依地势逐级抬升，四进院落分别以左右两厢围成合院，天井青石铺墁。正厅为会客之所，后堂为起居之室，后院为附属建筑及下人居住之处。中轴建筑右侧为书房及花园，称"拙尊园"。整个建筑群四周以砖墙合围。

各单体建筑均为黔北地区典型的高架瓦房，一楼一底，穿斗悬山顶。合院式黔北民居现存甚少，而四进之多的民居则更为罕见，此民居显然受到官方宅第规制的影响，是集起居、会客、就读、私园

图2-2-31 故居侧面一角

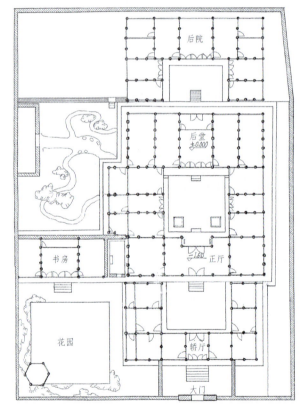

图2-2-32 总平图

为一体的大型宅第（图2-2-31～图2-2-33）。

大门为四柱三门三楼牌坊式。轿厅面阔五间，通面阔20.6米，进深七檩，通进深5.76米，梢间与前两厢形成转角楼，前檐装隔扇窗，后檐装支摘窗。室内青砖铺墁（图2-2-34、图2-2-35）。

正厅面阔五间，通面阔23.2米，进深十一檩，通进深6米。为扩展空间，正厅明间采用减柱造，四根金柱及中柱均不落地，而以梁上承托瓜柱，瓜柱上再穿横梁的方式形成穿斗抬柱混合式梁架。后堂面阔五间，通面阔24米，进深三间，通进深10.5米。

书房又名"拙尊园"，系黎庶昌著述、藏书处。建于清光绪十年（1884年）。坐东向西。两层木楼，面阔三间，通面阔16.2米，进深二间，通进深6米。书房前有花园，置假山、水池、亭台，是故居中重要的休憩场所（图2-2-38）。花园左侧为轿厅，为减少空间干扰，用墙体进行分隔。

黎庶昌（1837—1897年），字莼斋，遵义人。晚清著名外交家、学者。曾任英、法、德、西班牙等国中国使馆参赞，两度出任日本钦差大臣，有《拙尊园丛稿》、《古逸丛书》、《西洋杂志》等著作。

6. 乐庄廊桥

乐庄廊桥位于遵义县喇叭镇，据初步考证始建于清中期，后屡有维修。桥东西向，横跨于北流的乐声河上。三跨石墩简支木梁廊桥，长16.6米，宽3.3米，高6.7米，桥面离水面2.3米。桥面用13根木梁平铺作为承重梁，中间一跨稍大，近6米，其余两跨近5米。桥面之上再建风雨廊，7列28柱，皆为穿斗式。位于每跨中间的3列檐柱落于木桥梁上，

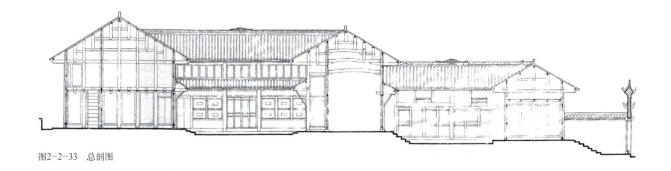

图2-2-33 总剖图

图2-2-34 轿厅明间上部

图2-2-35 轿厅背面

图2-2-36 正厅

图2-2-37 后院厢房

图2-2-38 拙尊园

两侧有护栏,金柱间设有木条凳。风雨廊两侧为悬山,中部于屋面之上再升歇山小青瓦顶,形成重檐。由于大梁题记在"文革"时期被毁,该桥准确始建年代已无可考,从现存梁架判断,此桥应为清中期以后建筑。贵州虽为多雨潮湿的亚热带气候地区,但除黔东南、黔东北外,黔北等其他地区廊桥并不多见,此桥虽小,但亦可称得上黔北廊桥中简支木廊桥的代表(图2-2-39、图2-2-40)。

7. 遵义天主堂

遵义天主堂位于遵义市红花岗区民主路,清同

图2-2-39 乐庄廊桥北面

图2-2-40　乐庄廊桥侧面

治五年（1866年）法国传教士沙布尔修建，由经堂、学堂组成，占地1.3万平方米。经堂系中西合璧的教堂建筑，仿四柱三间七楼式牌楼山门，空斗砖墙，穿斗屋架，栗色木柱，青瓦屋顶均具有中国建筑的特点。正面明次间分别有三个石库门，明间石库门稍大，其上为圆形玫瑰窗。左右次间石库门之上为木窗芯长窗。长窗为半圆形拱窗，与一般天主堂的尖券长窗有所不同。山门顶部为仿中式牌楼屋顶，飞檐翘角。正面山门立面用地方传统穿斗式梁架图案进行分割，并设4根仿莲花、如意垂瓜（图2-2-41～图2-2-43）。室内21个穹隆拱顶分别以4排32根高7米多的圆柱支撑。由于不能解决拱的侧推力问题，穹隆拱顶仅为装饰结构，与中国传统建筑的天花、藻井类似（图2-2-44）。

1935年1月，红军长征进驻遵义后，中央革命军事委员会总政治部（简称红军总政治部）所

图2-2-41　天主堂正面

图2-2-42 天主堂背面

图2-2-43 天主堂左侧面

图2-2-44 室内穹顶

辖的组织、宣传、破坏、青年、政务等部和秘书处机关设在天主教堂内。党中央在经堂内召开红军干部大会，毛泽东、周恩来、张闻天等在大会上传达了遵义会议精神，极大地鼓舞了广大指战员。1978年，国家文物局拨专款进行了彻底维修，在严格保持原貌的情况下，改砖木构为钢筋混凝土结构。1984年，又拨专款维修了天主堂学堂。惜维修理念的时代局限，天主堂原貌受到较大改变。

二、织金

（一）古城概况

织金古名比喇，原是土司地区，也是仡佬族居地之一。宋、元以后，其他民族先后徙入，使织金成为一个多民族大杂居、小聚居的地区。清康熙五年（1666年）吴三桂平定水西，强制改土归流，设立平远府，后降为平远州，属大定府。民国初年改为平远县，后改为织金县。治城初以木茨为建筑材料修筑城墙（1665年），次年毁，复以原木为材料重建。设五门，东门迎旭，南门毓秀，西门来爽，北门永安，小东门登春。清康熙七年（1668年）再次重修，以泥土为材料砌筑城墙，是为土城，周长2420米。清乾隆十三年（1748年）春，再次重建，以方整石为材料砌筑城墙，始为石城。五座城门之上分别建城楼，城墙高宽均有所拓展。清同治十三年（1874年）修五门城楼，除小东门未更名外，东门更名宝日，南门为韶和，西门为星成，北门为望华（图2-2-45）。

清代，县城先后修建街巷16条，街面多为土质或碎石铺成，一部分街面为片石。民国19年，城南门外失火，大片房屋遭受火灾。从清初到清末不过两百余年，织金社会进步很快，中原文化源源传入，相继修建了众多的古建筑群。有"四庵、四阁、四寺、四祠、八大庙"之称，比较著名的有文庙、武庙、斗姥阁、隆兴寺、东山寺、城隍庙、马王庙、黑神庙、火帝庙、文昌阁、玉皇阁等建筑，现保存完好的有27处。由于文物众多，保存完好，致使织金成为贵州历史文化名镇。1985年，织金财神庙、文昌阁、东山寺、鱼山、保安寺等被列为贵州省文物保护单位，1999年保安寺被公布为省级文物，2006年，以上建筑均被公布为全国重点文物保护单位。

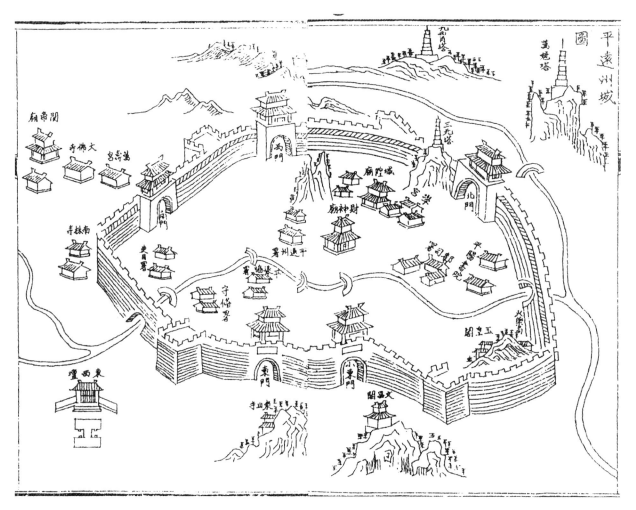

图2-2-45 清道光《平远州志》平远州城图

(二) 古城古建筑

织金的古建筑类型丰富，具有浓郁的地方特色。财神庙的结构造型令人叫绝，外形逐层内收，层层出檐，屋顶重重叠叠，巍峨、厚重，富于变化。城东的文昌阁，三层三檐八角攒尖顶，独到之处在于三层的平面和屋顶均不相同。保安寺、观音阁、地母庙僧房组成的一组建筑群，建筑布局与山岩融为一体，寺中有洞，洞中有寺，堪称是山地建筑的奇葩，意蕴"云洞天开"，为织金八景之一。织金城东的东山，山势挺拔，半山腰上建造有东山寺，昔日钟声嘹亮，名曰"东寺晚钟"。而位于织金城东北隅的鱼山，形似木鱼，三面绝壁，仅一线直达山顶，山上有黑神庙、济赈亭、藏书楼、且住亭等建筑，在不大的用地范围内，建筑空间布局紧凑，富于变化。

1. 财神庙

位于县城中部，坐北朝南。庙址原名为黑龙潭，传说潭内有黑龙经常戏水成灾，颇有淹没平远州城之险，百姓恐惧。当时有一游方道人经过州城，于是百姓求他除妖。道人用大铁锅一口，画符念咒将龙潭出水口封闭。黑龙潭干涸后，便修建财神庙于其上。

财神庙始建于清初，后因年久失修，破烂不堪，于清乾隆四十八年（1783年）由州民捐资重建。据财神庙碑文记载，承建这一庙宇的掌墨师在工程未完工便去世了。后由其女继续当掌墨师将庙建成，所以织金传说有财神庙是由女工匠设计建造的。

图2-2-46　从街道远望财神庙

图2-2-47　财神庙右侧仰视

图2-2-48　财神庙左侧

图2-2-49　财神庙翼角结构

建筑由正殿、两厢、山门及石围墙组成一个院落。正殿为四层四檐歇山顶木结构建筑，净高13.98米。一层五开间，面阔16.76米，进深12.15米。正殿背后设有偏厦，且左、右、后侧三面均布置有靠座及栏杆走廊。庙左有偏殿一间，面阔3.5米，进深4米。它的第一层有72根落地柱，构成整个建筑的基本框架；往内4列的柱子，由底层直通二层，作为二层的檐柱；再往内的4列金柱，由底层直通三层，既是二层的金柱又是三层的檐柱；三层的金柱直通屋顶，作为第四层的檐柱。建筑外围护结构逐层内收，使屋顶富于变化。二三层的正脊与三四层的博脊直角相交，构造呈"丁"字形；从侧面看，二、三、四层的山尖构成了3个重叠的三角形。也有专家认为，财神庙总体形象是蹲着的老虎，与彝族以虎为图腾有关系（图2-2-46～图2-2-49）。

财神庙共有18个翼角，54条脊。翼角底下分别系有18个铜铃，每当风吹便叮当作响，每个翼角下面均设有各种式样的兽形木雕撑栱，建筑整体奇特壮观，具有浓郁的地域建筑文化特征，艺术价值很高。

财神庙的右侧围墙上，原建有土地庙一座，旁边置有大钟及庙碑，碑文中记载有修建财神庙的历史。20世纪50年代庙碑毁，大钟也不知去向。1952年因扩建北门大街，财神庙及殿宇曾遭破坏。

2. 黑神庙

黑神庙位于城关镇鱼山路东端，明末建神女祠，清初改建黑神庙，清光绪十六年（1890年）重建。民国年间增修。依山就势，建有黑神庙、对厅、济赈亭、藏书楼、且往亭等建筑。建筑面积125.69平方米。黑神庙，坐东北向西南，面阔五间，通面阔16.1米，进深三间，通进深7.8米，穿斗抬梁式悬山青瓦顶。前带廊。隔扇门窗。对厅与黑神庙相对，又名"碧琉璃精舍"，建于1917年，面阔三间，通面阔10.9米，进深三间，通进深5米，穿斗式庑殿青瓦顶，带周围廊，廊深1.3米，坐凳栏杆，建筑面积52.45平方米。藏书楼由主持庚几禅师募建于1922年，坐北向南，砖木结构建筑，面阔4.18米，进深3.84米。济赈亭修建于1925年，民国年间，织金大灾，上报到省，待救灾款下拨到县，百姓已渡过难关，于是用灾款修亭。济赈亭平面为正方形，边长8.3米，穿斗式重檐四角攒尖顶，四周廊深1.2米，坐凳栏杆，撑栱、门为透雕。且住亭位于鱼山半山腰，平面六方形，边长2.05米。穿斗式六角攒尖顶。柱上题对联："步步高升，于斯且住；遥遥直上，别有可观"（图2-2-50～图2-2-56）。

图2-2-50 鱼山一角

图2-2-51 黑神庙对厅碧琉璃精舍

图2-2-52 黑神庙正殿

图2-2-53 济赈亭

图2-2-54 藏书楼　　　　　　　图2-2-55 且佳亭

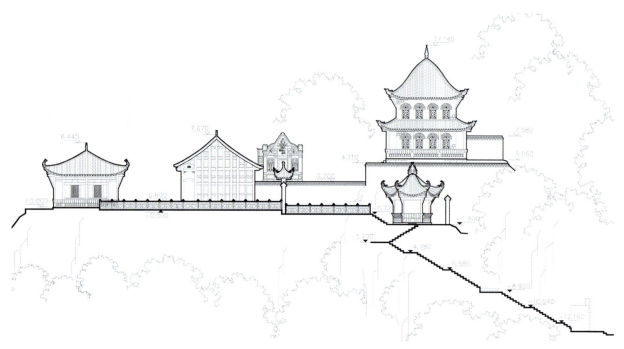

图2-2-56 建筑群侧立面图

　　黑神庙是贵州人特有的庙祀，又称忠烈宫或忠烈庙，祭祀唐人南霁云。史载唐安禄山反，张巡起兵抗击，后与许远同守战略要地睢阳（今河南省商丘市），南霁云为张巡部将。睢阳陷落后，张巡、南霁云等36人被俘获死。南霁云后代有人在贵州为官，行善政，百姓欲立祠奉祀，辞不肯受，请改立其祖先。明王守仁曾作《南霁云祠》七言一首。至于民间称黑神庙，缘于两种传说，一为南霁云生来面黑，二为南霁云为炮轰而死，全身被炮火烧黑，故称其为黑神。清中期后，贵州人外出行商，建立会馆，多祀黑神，黑神庙便在拥有大量贵州移民的地方修建起来。贵州别称黔，黔为黑色，这才是称南霁云为黑神的真正原因，黑神即黔神，贵州人的神。

3. 文昌宫

文昌宫包括文昌阁和文昌宫两部分（图2-2-57、图2-2-58）。文昌阁又名梓橦阁，位于县城东郊，始建于清康熙二十七年（1688年），清嘉庆七年（1802年）移建于双堰塘南的文昌宫后，与文昌宫构成布局较完整的建筑群。清光绪九年（1883年），阁楼重新修复，是一座三层三重檐八角攒尖顶木结构建筑。它的独特之处在于三层的平面及屋顶均不相同，为贵州地区典型的"殿阁式"建筑。底层平面为长方形，面宽13.45米，进深8.81米，四面带廊。四周回廊置坐凳栏杆，屋面为歇山顶，翼角下设木雕挑檐枋。明间装有雕花六合门，次间、梢间装有半壁花窗。内壁上刻有柳体《阴骘文》，有较高的艺术价值。二层居中立阁，平面变为六角形，正面装有四扇花窗，其余5面均为圆形"寿"字图。六角飞檐翘首，屋面同样盖小青瓦。第三层平面又变为八角形，八面的方形花窗又不同于二层的圆形花窗，正面花窗上方挂有"文昌阁"横匾。在八个翼角的挑檐枋上垂吊有木雕的垂莲柱，八个翼角下吊着风铃，风吹摆动叮当有声，颇有"八面玲珑"之感（图2-2-59）。

文昌阁前面的文昌宫，原由正殿、天子台、左右配殿和山门组成，现左右配殿和山门已经无存。正殿始建于清康熙年间，为悬山式木结构建筑，面阔16.55米，进深9.5米。正殿前为1米高、10米宽的正方形天赐台，青石板铺面。台前中部为数级石阶，

图2-2-57　文昌宫旧照

图2-2-58　文昌宫近照

图2-2-59　文昌阁

图2-2-60　文昌宫正殿及天子台

石阶中央置有石雕盘龙。该建筑群最前面原为三开间石木结构的山门，大理石檐柱，明间又名望水厅，登临即可观赏"双潭对镜"全景（图2-2-60）。

4．保安寺

保安寺位于织金三甲白族乡的慈云洞，始建于清道光二十四年（1844年），由保安寺、观音阁、地母庙及僧房组成一组建筑群，占地800平方米。建筑群倚一独秀石峰建造，面对仲机河（又名慕恩溪）（图2-2-61）。保安寺以天然溶洞和岩体作为布局的中心，依山就势与山岩融为一体，寺中有洞，洞中有寺，体现了匠心独具建筑营造理念，在贵州山地建筑中有很强的代表性。

慈云洞西向主洞口形态扁阔，保安寺就建于西洞口前，为面阔三间重檐悬山顶木构建筑，四面带廊，且有石阶通入天然的慈云洞。拾级而上，别有洞天，上有一个平台，南为观音阁，北为僧房。

观音阁依慈云洞南洞口而建。南洞口从山顶至山脚如一刀劈开，远望如两山相合，顶部形成天然穿洞，仰望一洞穿天，顶露圆光（图2-2-62）。观音阁依南洞口而建，建筑高度约为洞口高度的三分之一，远眺为三重檐六角攒尖顶阁楼，实则为贴崖而建的"半边楼"，檐靠岩壁而无翘角。底层为石砌门洞，内进为洞厅，靠里设佛龛，龛上原塑有观音。二层翼角翘起，一面有走廊，后部屋架倚岩搭建。三层为阁楼（图2-2-63、图2-2-64）。

保安寺这组建筑群以洞穿连成趣，使建筑与山岩融为一体，被誉"云洞天开"，是织金八景之一。

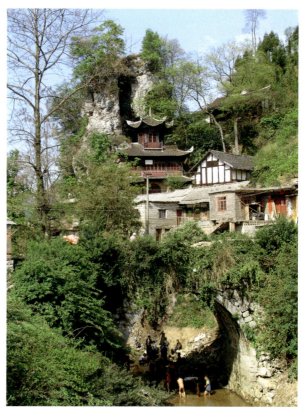

图2-2-61　保安寺远眺

图2-2-62　保安寺观音阁

5．东山寺

东山在织金城东半公里处，山势挺拔，林木苍翠，三面是悬崖峭壁，只有一条石径可以登山。半山腰上有东山寺，始建于清康熙八年（1669年），清光绪五年（1879年）重修。有山门、前殿、正殿、钟鼓楼等建筑。昔日钟声嘹亮，名为"东寺晚钟"（图2-2-65）。

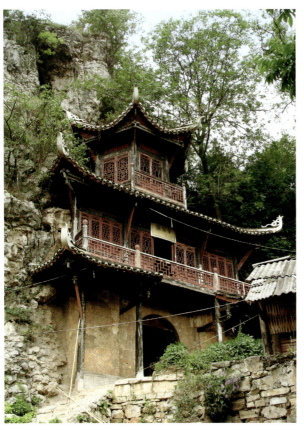

图2-2-63 观音阁

图2-2-64 洞内仰视观音阁

图2-2-65 东山寺远眺

图2-2-66 前殿

图2-2-67 梵帝宫明间

前殿依山而建,为歇山吊脚楼式建筑。面阔五间21.52米,进深8.72米。底层吊脚,带前廊,廊宽2.1米,为上山通道,檐下置美人靠栏杆。二层同样带廊,翼角与屋脊均起翘,小青瓦屋面(图2-2-66)。

正殿名"梵帝宫",面阔五间18.71米,进深7.75米,穿斗抬梁混合式悬山顶建筑,带前廊。正殿台阶较高,与前殿屋脊几成水平。屋面盖小青瓦。原正殿前左右分别为钟、鼓楼,与前殿构成天井式梯级院落。惜今钟、鼓楼已无存(图2-2-67)。

三、赤水丙安古镇

(一)古镇概况

丙安古镇位于遵义赤水市丙安乡。丙安原为

图2-2-68 临水而建的丙安古镇

"丙滩场",因川盐入黔航运而兴。《增修仁怀厅志》载"大丙滩悬流数丈,港路一线,盐船至止,必出所载上滩"。秦汉时期,赤水作为川黔交通的枢纽,已逐渐承担起川盐入黔、物流集散的使命。宋、元、明、清,丙安历为由川入黔赤习段穿风坳驿道和川盐入黔水陆盐道上的著名盐埠商市和军事关隘,地理位置十分重要。1935年1月25日,红一军团奉命攻打赤水县城,准备为中央红军北渡长江打开通道,军团长林彪率部攻下丙安后,将军团指挥部和红二师师部设于丙安,保证红军顺利一渡赤水,由此揭开了中央红军"四渡赤水"战役序幕。

明清以降到民国时期,古镇商贸达到了鼎盛时段,无论是水陆物资运输量,还是商市物资交易的规模,均比较大,每临三、六、九场期,客货船舶争相泊岸,商队旅客蜂拥而入,山民从四面八方入市赶场,盐、竹、木、茶、笋、毛皮、蓝靛、药材、山货等大宗和零担销售运输商务繁忙。此外,说书、唱戏、舞蹈等乡土文艺活动也应运而生,颇

图2-2-69 丙安古镇乡土风情

为活跃丰富。本地豪族和外地商贾看中古镇的商业价值,争相在这一面积不大的山间台地建房、筑堡成市,建起濒河临空、穿架接庐、依山靠岩的贸易商市和吊脚楼建筑群,并与古镇自然环境构成一个特殊的人文生态景观(图2-2-68、图2-2-69)。

历史上,贵州食盐依赖四川输入,丙安作为川盐入黔的重要盐埠码头,上下商船常在此停宿,过往陆路行客商人也必停食宿,成为过往商旅的食宿站,并且还是川盐必经水运转陆运,过穿风坳进贵

州腹地的盐埠，使古镇形成了百舸争泊、商贸活跃的繁华兴旺景象。人们可以从至今还保存完好的古寨门、古街、古民居等建筑上，依然清楚地看到这种军商合一的古镇特征。

（二）古镇古建筑

丙安古镇具有商业贸易和军事防御的突出性质，决定了其建筑兼容商业、住宅、防御、祭祀等综合内容，建筑不仅只是纯粹表现个体，而是以整合布局的形式体现出来（图2-2-70、图2-2-71）。同时，囿于地形限制，建筑布局高密、悬垂集合，建筑物兼容性、多功能的特点明显。代表性建筑有：吊脚楼、街房、古寨门、古码头、五龙八墩桥、朝佛寺、石板街等。

1. 东华门及太平门

古镇东、西、南、北四个方位均建有古城门。现保存完好的是东华门和太平门，另二座已毁。东华门、太平门均为石砌拱门，拱门上还有建筑。门洞净宽约2米，进深1米，高3米，门拱上部砌筑有6~7米高石墙，灰白色墙体与深暗色门洞形成鲜明的对比。城门形象稳固坚实，突显当时军事防御的功能和作用（图2-2-72、图2-2-73）。

2. 葫芦街

古镇以一条弯曲宽平的石板街为主街，与高低起伏石级踏步巷道构成了古镇交通网络。主街顺应地形走向呈S形布局，路面由平整规则的条石铺砌，由于主街中段较宽为4米，两端头尾狭窄约宽1.5至2米，且形似葫芦形状，故取名得葫芦街。沿

图2-2-70　凌空而建的吊脚楼

图2-2-71　古镇民居屋面

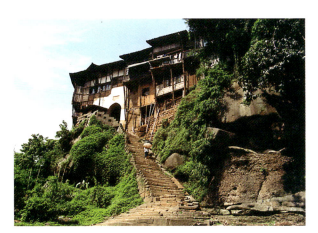

图2-2-72　古镇东华门

图2-2-73　古镇太平门

街两侧开设有各种店铺、茶馆、杂货铺、小饭馆等等，穿插有民居住宅。商客们在葫芦街进行物品交流，在茶馆内喝盖碗茶、摆"龙门阵"、侃风流趣事，侃得红日西斜，自得其乐，乐在其中，构成丙安特有的茶文化。因而葫芦街也成为丙安古镇人们交流感情的一条别有风情的特色街道空间（图2-2-74～图2-2-76）。

红一军团指挥部旧址位于丙滩场葫芦街弯子头，是葫芦街宽街向窄街过渡的地方，位置十分重要，为临街前店后坊式商贸民居，穿斗式悬山青瓦顶。

3. 大顺店

大顺店始建于明末清初，现存建筑为清末民初修建，位于葫芦街上，最初为古镇驿站，为满足过往商客宿食而用。建筑采用木穿斗结构，木镶板隔断，两坡屋顶，屋面盖小青瓦，开有天窗。采用黔北民居的建筑风格，正门两侧是木质麒麟镂空雕刻斜撑，三开间，中间为堂屋，供有祭祀使用的香火（图2-2-77）。

4. 丙安桥

丙安桥，原名丙滩桥。据史料记载，丙安桥系古桥，后经几度修建，现存石桥是清光绪十七年（1884年）修建的。丙安桥桥面由9组18块通长条石建造，每块条石重约3～4吨，每座桥墩又分别采用5块大小均匀的料石砌筑。桥中五座桥墩之上置有雕琢别致的5条昂首石龙，石龙与桥墩融为一体。

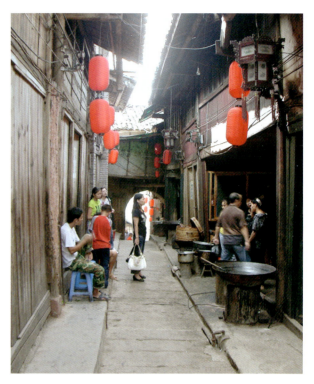

图2-2-75 街道西端

图2-2-74 石板街

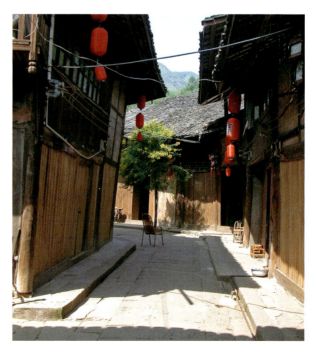

图2-2-76 街道转角处

图2-2-77　大顺店斜撑

图2-2-79　石雕老龙头

石龙3条已毁，现存的两条石龙为一雌一雄，雄龙口中有舌，雌龙无舌。龙体雕刻有鳞甲和云纹。石龙奇特之处还在于雌龙有耳不通，雄龙两耳中空，且左孔大右孔小，倘若对准右孔吹气，左耳大孔会发出"呜呜"声响，较远之处也能相闻其声（图2-2-78~图2-2-80）。

5. 川风坳古道

川风坳古道在历史上为赤水至遵义的主要陆上交通道路，据史料记载，"由丙滩进山出芭蕉，路

图2-2-78　丙安桥

图2-2-80　石雕龙尾

狭如泉,甚为陡险"。此道在新中国成立前多为土匪出没之地,为保障来往客商的安全,曾经在川风坳山头修建有一个山寨,后被土匪所毁。现存有川风坳古道古寨门一座,寨门为石材砌筑,保存完好(图2-2-81、图2-2-82)。

6. 古镇民居

丙安古镇的民居特色鲜明,多采用吊脚楼的布置形式。吊脚楼大多凿岩立柱架建,楼层以二三层为主,每幢楼房分别由数量不等的木柱支撑,楼房组群高度在15～30米不等。远眺吊脚楼群,一群高低错落、并列有数百根木支柱凌空拔起数十米高的木楼,气势非凡。

丙安古镇民居规模不大,建筑个体单元的个性不突出,但在群体组合、地形利用上却有相当规模、独具匠心。近700余户民居以古街为主轴线、巷道为辅轴线,有前序、有高潮、有结尾的建筑布局,形成了有主体、有陪衬、有内院、有外墙的高低错落、内绕外环的建筑体系。由于军商生活的需要,丙安古镇建筑形制风格突出了军事、商业的特点,简化了建筑装饰上的运用成分,强化了建筑的实用性和功能性,反映了当时古镇人民因地制宜、建造满足商贸活动和军事生活需要的高超技艺,同时由此也折射出当时的乡土文化和地域风情。

丙安古镇的民居多在低、中台地依山临壑建造,房前辟院坝,房屋出檐较宽形成过廊,多筑土墙或穿斗木构架及竹夹泥墙。民居个体单元建筑以柱支撑,借助台地作为基础建造,也有部分建筑悬吊设置,部分建筑或采用石材基础。楼层多在1～3层之间,多为一底一楼一阁穿斗木屋架结构,进深多为纵向一进至二进,开间多为二间至三间(图2-2-83)。

为满足商贸需要,古镇沿街民居立面一般少有门窗,多数采用可以自由装卸的木板为隔墙壁板或商铺门板,也有一些街面民居有精美的前檐斜撑构件,镂空镌刻有麒麟、花卉、卷云等吉祥图案(图2-2-84、图2-2-85)。

图2-2-81 古道寨门

图2-2-82 悠悠古道

图2-2-83 吊脚楼民居

图2-2-84 典型民居山墙

第三节 古建筑

一、坛庙寺观

（一）湄潭文庙

湄潭文庙位于湄潭县湄江镇中山东路东侧回龙山麓，始建于明万历四十八年（1620年）。明天启

图2-2-85 典型民居大门

二年（1622年）毁于火，五年（1625年）在原址上重建。清咸丰九年（1859年）毁于兵燹，同治十年（1871年）再建，光绪四年（1878年）扩建。民国年间曾作为民教馆、国民党县党部。抗日战争时期为浙江大学办公室、医务室、图书馆。

文庙坐东向西。依山而建。原有牌坊、礼门、义路、影壁、泮池、状元桥、棂星门、节孝祠、大成门、东西庑、钟楼、鼓楼、大成殿、崇圣祠等建筑，规制完备，占地面积5000平方米。现存大成门、东西庑、钟楼、鼓楼、大成殿、崇圣祠，建筑面积1200平方米。

大成门面阔五间，通面阔22.8米，进深三间，通进深7.8米，抬梁穿斗混合结构歇山青瓦顶，前后带廊。明、次间置藻井。鼓形浮雕柱础。前后檐明间檐柱置圆雕木狮撑栱。额枋、抬梁雕刻精美。前檐台基高1.5米，明间设盘龙御道，两次间前置七级踏步。大成门两次间尺寸小于梢间，这在贵州

图2-3-1 大成门

十分罕见，是否为后期人为改动，有待进一步研究（图2-3-1、图2-3-2）。

东西庑面阔五间，进深三间，带前廊，马头墙硬山青瓦顶。钟楼、鼓楼位于大成殿前，南北对称，同一形制，左钟右鼓。重檐穿斗四角攒尖筒瓦顶，通高9米。平面正方形，边长3.6米（图2-3-3、图2-3-4）。

大成殿面阔五间，通面阔22.8米，进深四间，通进深10.9米，抬梁穿斗混合结构重檐歇山青筒瓦顶。前、左、右三面带廊，深1.5米。台基高3米。后封檐墙。门额浮雕金凤凰图案，隔扇门浮雕湄潭八景图。浮雕鼓形柱础。撑拱、雀替等构件雕刻精湛。天子台青石砌筑，长5.6米，宽4.5米，高1.1米。前正中置踏步，浮雕石龙及花鸟图案。大成门前御道长1.7米，阔1.1米，斜置，高浮雕蛟龙腾云、鲤鱼跃波图案。四面条石镶边，饰花草图案。左右条石上端浮雕伏卧石狮（头已被毁），形象生动，雕刻精湛（图2-3-5~图2-3-9）。

崇圣祠面阔五间，通面阔19.7米，进深三间，

图2-3-2 大成门内视大成殿

图2-3-3 大成门及两厢天井

图2-3-4 鼓楼及大成殿

图2-3-5 天子台

图2-3-6 大成殿

图2-3-7 钟楼

图2-3-8 大成殿前廊

图2-3-9 大成殿前檐柱木狮斜撑

通深7.5米，抬梁穿斗混合结构歇山青瓦顶。次间与梢间之间有一道封火墙，梢间略低。台基高0.8米。

（二）黔西武庙

黔西武庙位于黔西县城关镇城东路东端北侧，始建于明末。清康熙三十八年（1699年），由古佛堂迁建今地，"知州穆成周协镇王凤创建。雍正八年知州鲍尚忠增修。乾隆七年知州冯光宿重修，增建左右厢房戏楼"。武庙坐北向南，原有戏楼、状元桥和后殿，占面积约700平方米，建筑面积400平方米。现存正殿、两厢。正殿面阔五间，通面阔19.8米，进深三间，通进深8.8米，穿斗抬梁式硬山青瓦顶，卷棚前廊十分宽阔，山墙为观音兜式。前檐檐柱为石柱，圆雕盘龙，柱础雕石狮、石象，为石雕艺术中的精品。西厢面阔三间，穿斗硬山青瓦顶，卷棚前檐，带前廊。正殿及两厢前檐均直接用山墙作为承重墙，为比较特殊的做法，是否为后期所改，尚待研究。正殿前檐山墙墀头与下碱间置石狮也是贵州比较少见的做法（图2-3-10、图2-3-11）。

（三）毕节城隍庙

毕节城隍庙位于毕节市司法路，始建于明万历三十九年（1611年），原名广惠寺。据乾隆《毕节县志》载："广惠寺由明代指挥柳楫始建，清乾隆十五年（1750年）知县凌均进行维修，乾隆二十二年，知县董朱英改扩建成现有规模，并改名为城隍庙。"正殿北次间大梁题记载，明万历三十九年（1611年）岁次己酉冬十二月吉日始建；南次间大梁题记载，清乾隆二十二年（1683年）岁次丁丑冬十二月望五继建；明间大梁题记载，□□毕节县知县刘大琮重建；后殿大梁题记载，大清光绪丙午年（1906年）巧月重建及大清光绪丙午年（1906年）孟秋上浣榖旦；门楼大梁题记载，贵州高级法院第五分院。表明该组建筑群历经多次修葺。

该建筑位于明毕节古城北门，依山而建，分三级逐层抬升。坐西北向东南。占地面积2200余平方米，建筑面积2600余平方米。该建筑明万历三十九年的大梁题记为贵州已发现木构大梁题记中的最早者，但该建筑是否为贵州已发现的最早建筑，尚需进一步研究。

临街为门楼，面阔21.7米，通进深9.4米。顺阶而上为正殿。正殿面阔17米，进深14.2米，明间为朝门通道；正殿两侧为钟、鼓楼；后以前殿、后殿及两厢形成四合院建筑布局。

城隍庙以正殿梁架最为独特，为典型的穿斗抬梁混合式结构，三架梁、五架梁及脊檩均用"花栱"承重，雕梁画栋，做法与毕节陕西会馆关圣殿如出一辙，应为相近时代的建筑。同时，正殿前廊卷棚下还有"花栱"，外观形似于如意斗栱，此种做法目前为贵州所仅见。正殿还有一独特之处在于用山墙作承重墙，与陕西会馆正殿、黔西武庙正殿做法一致（图2-3-12～图2-3-15）。

后殿面阔28.2米，进深4.4米，两厢相同，左

图2-3-10　武庙正殿

图2-3-11　西厢

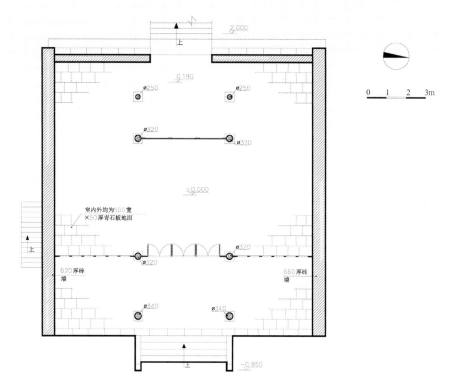

图2-3-12 城隍庙正殿平面图

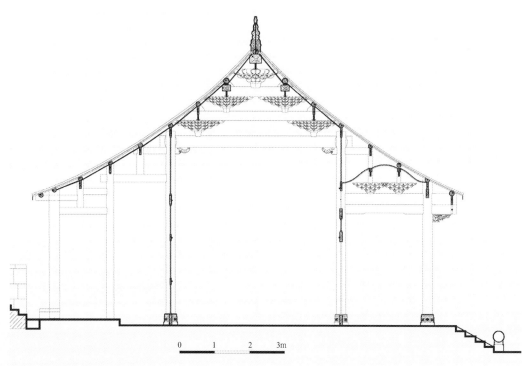

图2-3-13 城隍庙正殿明间剖面图

图2-3-14 城隍庙梁架

图2-3-15 城隍庙前廊明间如意斗拱装饰

右厢房，面阔29米，进深4米。后因居住单位改造，在门楼和前殿之间修建了一栋4层砖混建筑。

"城隍"古代指城墙和护城河，在古人心目中是护卫百姓安全、保佑一方平安之神，城隍神则是为国家民族立下汗马功劳的功臣名将或为地方百姓造福一方的廉吏贤哲，他们有的名垂青史，有的功勋卓著，是备受百姓推崇爱戴的历史人物。城隍庙在新中国成立后为毕节公检法机关进驻，成为办公地点，20世纪70年代中期，办公机关迁出后，成为公检法机关宿舍。

（四）绥阳卧龙山寺

卧龙山寺位于绥阳县郑场镇万里村东北，又名"川祖神祠"，为贵州见诸史料的早期佛教建筑之一。始建于唐永泰元年（公元765年）。清乾隆二年（1737年）、五十年（1785年），嘉庆元年（1796年），道光六年（1826年），咸丰元年（1851年），同治十二年（1873年），光绪元年（1875年）多次重修。坐北向南。由山门、戏楼、正殿、后殿及东侧厨房组成。占地面积1280平方米，建筑面积865平方米（图2-3-16）。正殿面阔三间，通面阔15.4米，进深三间，通进深10米，穿斗式封火山墙青瓦顶。后殿面阔三间，通面阔15米，进深三间，通进深8米，穿斗式封火山墙青瓦顶。存明、清建庙石碑7通。戏楼建于清光绪元年（1875年）。二层，穿斗式歇山青瓦顶。底层为过道，面阔三间，通面阔15.5米，进深三间，通进深8米，高12.7米。二层为戏台。撑栱、雀替、额枋等艺术构件雕刻精湛（图2-3-17、图2-3-18）。

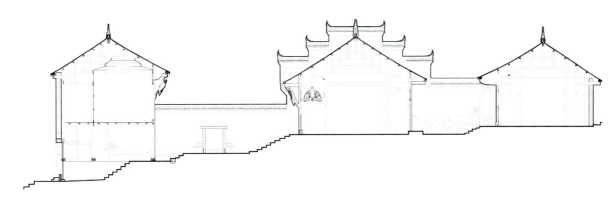
图2-3-16 卧龙山寺总剖面图

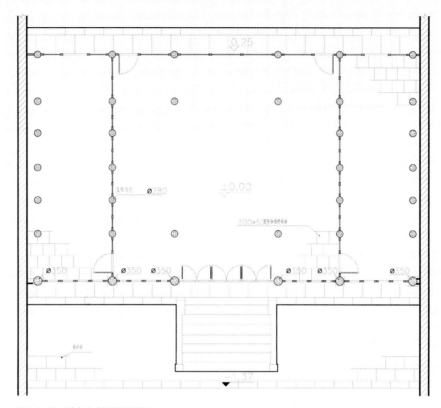

图2-3-17 卧龙山寺正殿平面图

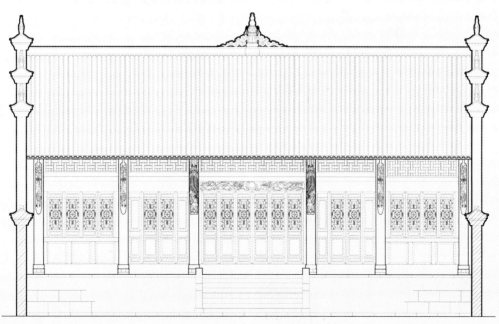

图3-3-18 卧龙山寺正殿立面图

（五）三岔河石窟寺

三岔河石窟寺位于习水县三岔河乡天堂沟村望仙台，又名袁锦道祠，为当地实业家袁锦道建于清嘉庆十五年（1810年），是贵州现存唯一已知的石窟寺。袁锦道（1739-1816年），贵州习水人。从小苦读诗书，不热衷功名，一心兴办实业，繁荣乡梓，为后人所称道。

石窟寺凌空开凿于悬崖峭壁之上，北临小溪，外建贴崖木结构建筑，占地面积约200平方米。3座贴崖木构建筑，均穿斗悬山青瓦顶，巧妙地以外廊连为一体。外廊用直棂木栏杆围护。建筑内部崖壁之上凿石窟（图2-3-19、图2-3-20）。石窟有二：一为"三世佛"造像3尊，凿于红砂岩上，一字排列，均高2.3米，背有佛光浮雕、彩绘，身着袈裟，端坐于莲花宝座上；二为袁锦道及一妻二妾彩绘坐像4尊，均高1米许。袁氏着官服，妻妾着日常起居服饰。造像左下方凿有一小窟，造像4尊，均高0.3米（图2-3-21、图2-3-22）。

二、祠堂会馆

（一）务川申祐祠

务川申祐祠，又名申忠节公祠，为明代褒恤"土木堡之变"死难忠臣申祐而敕建。申祐

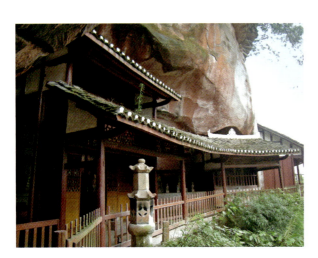

图2-3-19　依山贴崖的建筑连廊

图2-3-20　袁锦道祠

图2-3-21　石窟内部石雕

图2-3-22　袁锦道夫妇坐像

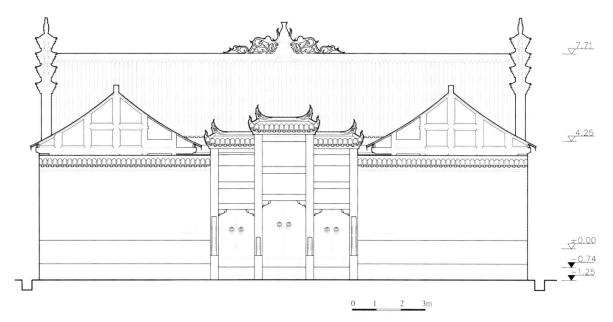

图2-3-23 申佑祠立面图

(1425—1499年)，务川人，曾任四川道监察御史。明正统十四年（1449年），北方瓦剌入侵，明英宗御驾亲征，被困于土木堡，因申佑貌似英宗而代其死难。明景泰元年（1450年），明王朝为表彰忠烈，为申佑殉国褒显，谥忠节敕曰："人孰无死，惟死于国事者为至荣也，特追赠其为文林郎。"明嘉靖十年（1531年）贵州巡按使郭弘化令思南府立祠祭祀。

祠始建于明嘉靖十年（1531年），其后几经维修。清道光二十一年（1841年）重新修葺。1930年，申佑祠被改为女子小学。"文革"期间，申佑祠的艺术构件遭到了较大的破坏，装修及装饰构件损坏或遗失。现存建筑由牌坊式大门、两厢和享堂组成。占地面积710平方米，建筑面积595平方米。四面均为青砖砌筑的围护墙体，外墙面刷红。牌坊式大门两侧墙上镶嵌有石碑三块，分别为明天启田景猷《申御使三烈事迹碑》、清康熙张大受《明御使申忠节公祠·七律》及道光俞汝本《重修碑序并诗》。享堂面阔五间，通面阔19.67米，进深五间，通进深8.57米。明间减柱造，为穿斗抬柱式封火山墙小青瓦顶建筑，前带廊，无栏杆。封火山墙下部有1米高石墙基，其上砌青砖，外墙面刷红（图2-3-23、图2-3-24）。

图2-3-24 申佑祠大门石雕

（二）绥阳张氏宗祠遗构

绥阳张氏宗祠，清道光二十五年（1845年）建成。原位于绥阳县洋川镇团山办事处小关村祠堂坡，1993迁至绥阳县城洋川镇北今址。1999年2月，贵州省人民政府以"绥阳张喜山祠"公布为省文物保护单位。第三次全国文物普查时，核实该祠实属张奇资创建的张氏宗祠。

张氏宗祠现仅存享堂部分石构梁架，均为穿斗式全石仿木遗构。享堂面阔三间，通面阔16.6米，进深三间，通进深8米。东侧耳房屋架早年已毁，西侧耳房梁架仅存部分。为加大空间，同时也

图2-3-25 张氏宗祠残存石构梁架

兼顾石材的特性,明间采用了减柱造做法。落地柱均为海棠角方柱。明、次间石柱上镌刻有张奇资为建祠堂出资购买田土的地理位置、四至范围、产谷数量等记载。祠堂兼作学堂用。石穿插枋浮雕福禄寿禧、松竹梅兰、八仙过海等吉祥图案。祠堂明间设石质神台一座,神台前壁为整块石板,浮雕"龙凤呈祥"等图案。据专家初步研究,张氏宗祠并非全为石构,应为石材仿穿斗抬柱式梁架,屋面为木结构的建筑。但装板、墙体及门窗等还需进一步研究。张氏宗祠虽已残缺不全,但其石质梁架如实地记录了清中晚期黔北宗祠建筑的真实信息,对研究这一时期的建筑具有重要价值(图2-3-25~图2-3-27)。

图2-3-26 石柱

(三) 赤水复兴江西会馆

复兴江西会馆位于赤水市复兴镇。江西会馆又名万寿宫,系江西籍盐商捐建于清道光十二年(1832年)。清光绪八年(1882年)被火焚毁,宣统二年(1910年)重建。坐南向北。由山门、戏楼、两厢、正殿、后殿等组成,占地面积1200平方米,

图2-3-27 仿木穿枋石雕

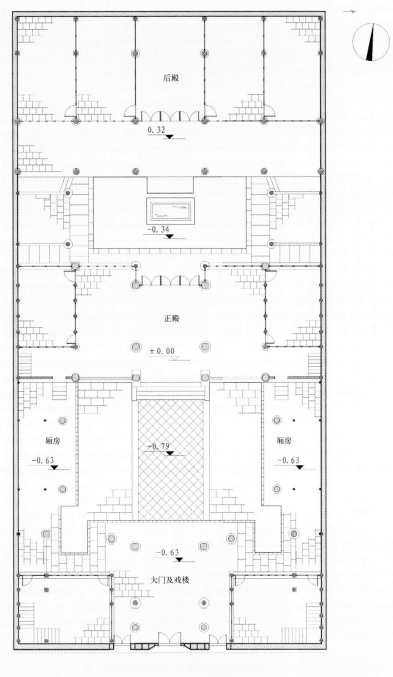

图2-3-28 总平面图

建筑面积1000平方米（图2-3-28）。

牌楼式山门为砖石砌筑，明间为内收八字石库门，宽1.76米，高3米，门额正中高浮雕许真君及八仙，石库门上嵌字碑，竖向阴刻"万寿宫"3字。两次间为拱门，宽1.35米，高2.37米。

戏楼为一楼一底穿斗式木结构歇山青筒瓦顶，底层为通道。戏楼面阔三间，通面阔10.57米，其中明间面阔4.85米，次间1.6米，通进深8.83米。戏楼台面高2.5米，顶置藻井。戏楼撑拱、雀替、罩面枋雕刻精美，内涵丰富（图2-3-29～图2-3-32）。

图2-3-29 江西会馆戏楼

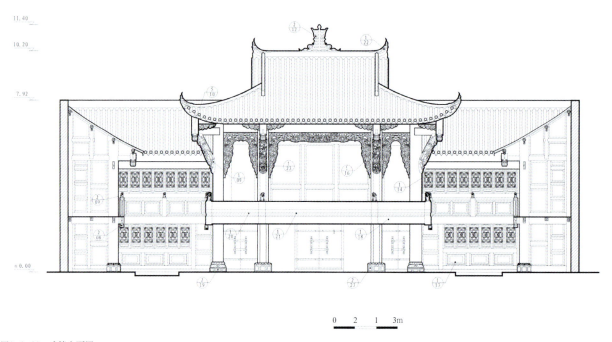

图2-3-30 戏楼立面图

图2-3-31 戏楼戏台木雕

图2-3-32 戏台木雕垂花

图2-3-33 杨泗殿

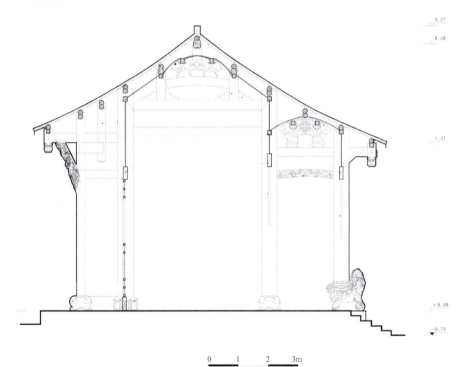

图2-3-34 杨泗殿明间剖面

正殿（杨泗殿）面阔五间，通面阔25.6米，其中明间面阔5.4米，次间面阔4.8米，梢间面阔4.4米；进深三间，通进深8.7米。抬柱穿斗混合式封火墙青筒瓦木结构，前后带廊。红砂石板铺地（图2-3-33、图2-3-34）。

后殿（许真君祠）面阔五间，通面阔25.6米，其中明间间阔5.4米，次间面阔4.8米，梢间面阔4.4米；进深三间，通进深11.89米。抬柱穿斗混合式木结构封火墙青筒瓦顶，前带廊。红砂石板铺地（图2-3-35）。

图2-3-35 后殿及天井

（四）湄潭义泉万寿宫

义泉万寿宫位于湄江镇环南路南段东侧，建于清道光二十五年（1845年）。坐南向北。由牌楼大门、戏楼、两厢、正殿及偏房组成，封火墙围护（图2-3-36）。占地面积933.2平方米，建筑面积约500平方米。正殿面阔五间，通面阔19.8米，进深三间，通进深10.2米，穿斗抬梁混合结构硬山青瓦顶。前后带廊。额枋、撑栱、雀替雕刻精湛（图2-3-37）。戏楼，二层，穿斗式歇山青瓦顶。面阔三间，通面阔7.7米，进深三间，通进深6.4米，高10米。下层为通道，上层为戏楼。翼角起翘，檐柱置撑栱。额枋、撑栱、雀替等构件雕刻精美。两边配房与两厢连接（图2-3-38、图2-3-39）。牌楼大门，四柱三间五楼砖三层石牌楼式，呈八字形与面墙连接。面阔7.95米，高9米，顶端呈品字形。二层上部竖排楷书"万寿宫"3字。明间石库门，高2.45米，宽1.6米。石柱上楷书双线阴刻对联2副。正面遍施灰塑彩绘，制作精美。

（五）毕节陕西会馆

陕西会馆位于毕节市市东街道办事处中华南路41号，又称"春秋祠"。始建于清乾隆年间。坐西向东。建筑组群由大门、戏楼、客房、钟楼、鼓楼、

图2-3-36 外墙及大门

图2-3-37 正殿

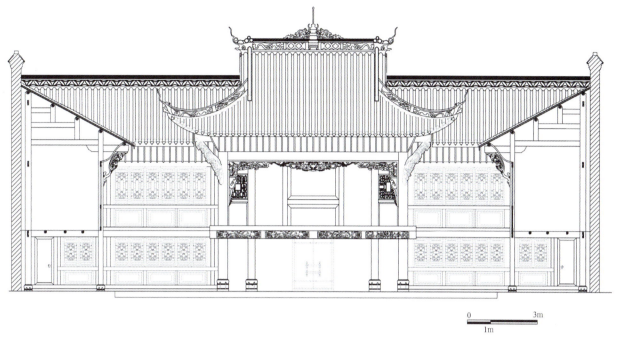

图2-3-38 戏楼立面图

图2-3-39 戏楼

关圣殿及观音殿组成封火墙封闭的院落，占地面积1876平方米，建筑面积751平方米。观音殿、客房于1954年毁于火。现存戏楼、关圣殿及部分厢房（图2-3-40）。

大门是由街道进入会馆的重要通道。陕西会馆石库大门两侧分别垂直起封火山墙，山墙一侧为两层店铺。由两山墙间拾级而上即进入戏楼底层（图2-3-41）戏楼一楼一底，底层作通道，楼层为戏台，穿斗抬柱混合式歇山筒瓦顶。面阔三间，通面阔14.87米，进深三间，通进深9.25米。戏台顶

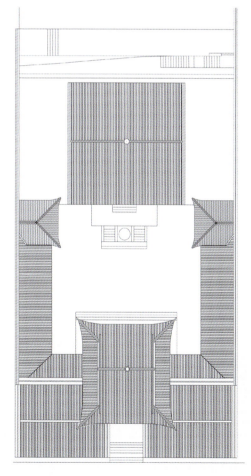

图2-3-40 屋面图

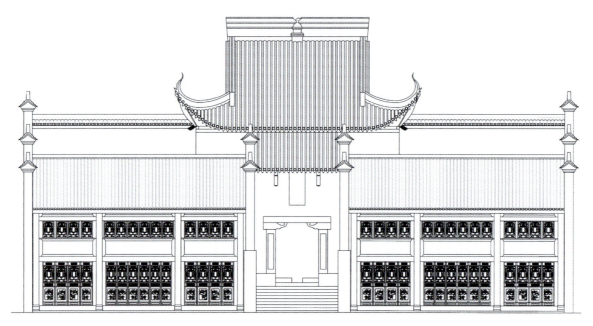

图2-3-41 入口大门正立面图

置藻井，施彩画。台口楣枋浮雕"桃园结义"、"三英战吕布"、"千里走单骑"等以关云长为主的三国戏剧故事。翼角舒展大气，角梁粗拙宏大。老角梁采用"压金"做法，将后尾搁压在金檩上。老角梁上部，既没有采用北方建筑常用的仔角梁做法，也没有采用南方建筑常用的嫩戗做法，而是在老角梁上直接以菱角木、箴木和扁檐木使翼角起翘。翼角角端贴猢狲面。戏楼两侧为耳房，通过连廊与左右钟楼、鼓楼相连（图2-3-42～图2-3-44）。

图2-3-42 戏楼

图2-3-43 戏台戏文木雕

图2-3-44 钟楼及连廊

图2-3-45 正殿

图2-3-46 正殿梁架

建筑群中心为关圣殿。殿面阔三间，通面阔14.5米，进深四间，通进深13.55米，穿斗抬梁混合式硬山顶。该建筑的最大特点，是在明间两榀屋架的梁架结构上采用内檐斗栱。在三架梁、五架梁和七架梁之间，采用了与毕节城隍庙相同的隔架"花栱"。斗栱自坐斗以上由正心逐层向12个方向起翘和出踩，状似花朵。其功能与做法与如意斗栱不尽相同，既有部分承重作用，但更多的是装饰作用。三架梁之上脊瓜柱两侧加透雕如意卷草角背。该建筑梁架结构上部为明显的彻上露明造做法，但却在七架梁下做天花，并于明间天花处置团龙藻井，是否为建筑原有或是后期添加，尚需进一步研究（图2-3-45～图2-3-47）。

三、塔幢牌坊

（一）仁怀鹿鸣塔

鹿鸣塔位于仁怀市中枢镇新街东段北侧。"鹿鸣"出自《诗经·小雅》，原是一种歌曲的名字，后逐渐演变科举高中、金榜题名的意思。鹿鸣塔原名"文塔"，建于清雍正十三年（1735年），位于城南。清光绪五年（1879年）迁现址。坐南向北。通高21.6米。六角七层楼阁式石塔。中空，塔内可拾级登顶。塔基平面呈方形，四周围以栏杆，北边设台阶。塔身平面正六边形，底层边长4.6米，高3.8米，上置石雕筒瓦仿木结构屋面，翼角起翘。二层边长4.5米许，高3.8米，屋檐做法同底层。以上按

图2-3-47 梁架斗栱细部

0.4米级差逐层递减。六角攒尖顶塔刹高1.1米。

底层正北塔门为八字石库门，高2.3米，宽1.15米。门梁上嵌横向行楷阴刻"天路联升"匾额，每字0.5米见方。门两边行楷阴刻对联"秀出重霄瞻水仁山增气象；功成一旦状元宰相早安排"，每字0.2米见方。上款"光绪五年己卯孟秋"，下款"蜀东德舆吴光銮题并书"，每字0.03米见方。底层南面嵌竖向篆书阴刻"文明大启，福禄来成，咸膺天赐，仁寿永贞"16字，落款为"光绪九年"，系仁怀县知县崔崊东题。其余四面所嵌建塔碑文，均高1.2米，宽0.8米。西北为吴光銮《鹿鸣塔序》，东北为乐三地《鹿鸣塔跋》。其余2通均已模糊难辨。

二层南北面均嵌高2.4米，宽0.8米石碑，竖向楷书阴刻"鹿鸣塔"3字，每字0.6米见方，系吴光銮书。五层正北面设塔门，形制同底层，略小。门额横向楷书阴刻"宿冠西垣"4字，每字0.4米见方。

图2-3-48 塔身

图2-3-49 细部

上款"己卯重九",下款"吴光銮敬书"。南面为高1米、宽0.8米,高浮雕"鲤鱼跳龙门"吉祥图案。除底层和二层北面、第六层南面外,各层每面均设拱形塔窗。塔室内置五层,木结构。上下梯步,三层以下为石材,与塔身同建,盘旋而上。三层以上为木质楼梯(图2-3-48、图2-3-49)。

（二）大方三塔

奎峰塔、联璧塔、扶风塔是大方县城周围的三座古塔的名称。奎峰在南,联璧于东,扶风位西。三塔鼎足而立,所形成的半弧可把县城揽于怀中。一城修三塔,无非是为了培补风水,期盼人文蔚起。正如普恩在联璧塔序铭中说:"风水家言,三塔皆居吉秀之地,大有裨于文风,理或然欤!"

奎峰塔位于大方镇南1.5公里。始建于清乾隆元年（1736年）。乾隆四十一年（1776年）重修。坐东南向西北。六角七层石塔,通高14米。平面正六边形,边长3.5米。西北面底层石拱门内嵌有乾隆四十五年（1780年）"奎峰塔碑记"碑（图2-3-50、图2-3-51）。

扶风塔位于大方县大方镇新庄村,在县城西0.5公里的牛头山上。始建于清嘉庆二十三年（1818年）。时为圆锥体石塔。1918年,塔圮。1922年,黔军旅长易筱南以罚款2000元（银币）重修,1923年竣工。坐东向西。现为四角三层石塔,通

图2-3-50 奎峰塔远眺

高14米,塔顶仿悬山屋面。底层东侧正面嵌碑1通,记维修扶风塔事(图2-3-52)。

联璧塔位于大方镇陡坡村东北2公里的万松山(又名火焰山)上,旧有石塔七级。史载:"乾隆四十五年,郡守姚君重为修建。"清嘉庆二十三年(1818年),大定知府普恩重建,存修建题记。1978年,联璧塔被用作大方县电视台转播塔。2008年2月新电视转播塔修建,联璧塔恢复原貌(图2-3-53、图2-3-54)。

图2-3-51 奎峰塔塔身

图2-3-52 扶风塔

图2-3-53 联璧塔

图2-3-54 联璧塔顶部构造

图2-3-55 文峰塔及环境

（三）凤冈龙泉文峰塔

文峰塔位于凤冈县龙泉镇文丰村南，又名"白塔"。奠基于清嘉庆年间，清光绪十八年（1892年）田氏筹款兴建塔身，腊月倾倒，次年二月重修。进士胡成横监修。光绪二十年（1894年）竣工。坐北向南，通高22.8米。八角7层砖塔。塔基青石砌筑，平面八边形，边长3米，高0.8米。塔身平面八边形，底层边长2.75米，高3.6米。逐层内收。塔身正面各层均开拱形塔门。一、三、五、七层塔窗为砖砌方形花窗，二、四、六层为圆形木格窗。塔檐浅出。塔刹为八角攒尖顶，翼角悬风铎。铁制戟形刹顶，高1.8米。原有"署龙泉县事翁崇伉建塔题记"（图2-3-55、图2-3-56）。

（四）赤水郑氏节孝坊

郑氏节孝坊位于赤水市大同镇大同村永合寨西1公里，为旌表处士刘祖相之妻郑氏终身守节建于清道光二十六年（1846年）。南北向。四柱三间五楼。红砂石质。高12米，宽5.3米。须弥座带抱鼓。

图2-3-56 文峰塔顶部构造

图2-3-57 节孝坊全景

图2-3-58 明间字碑及雕刻

图2-3-60 戏文石雕

以高浮雕、透雕手法雕刻人物、花鸟等图案。郑氏节孝坊雕刻精美，是黔北石雕艺术的上乘之作，也是黔北牌坊中的代表（图2-3-57～图2-3-60）。

（五）黔西李世杰牌坊

李世杰牌坊位于黔西县城关镇公园路，又称尚书坊。为旌表兵部尚书李世杰建于清乾隆六十年（1795年），立于文笔峰西北麓，去思亭侧。南北向。1979年倒塌。1995年迁今址。坐东向西。四柱三间三楼，次间二楼为重檐。红绵石质。高12.5米，宽8米。台基为须弥座，楼顶为石雕歇山顶，正脊饰鱼龙吻及瑞兽。明间正面字碑从上至下分别楷书阴刻"龙章宠锡"、"秀毓扶舆"及李世杰官职，明间背面字碑从上至下分别楷书阴刻"盛朝柱石"、"恩荣四世"及李世杰曾祖、祖及父的诰封。额枋分别高浮雕"二龙戏珠"、"八仙过海"、"丹凤朝阳"、

图2-3-59 石狮

图2-3-61　牌坊正面

图2-3-62　牌坊背面

"鲤鱼跳龙门"、"麒麟与鲲鹏"等图案（图2-3-61～图2-3-63）。

李世杰（1715—1794年），字汉三，自号云岩，贵州黔西人，官至四川总督、兵部尚书、太子太保等职。著有《宝山纪事诗》和《南征草》。清乾隆五十六年（1791年）告老回籍，五十九年（1794年）卒，年七十九岁，谥恭勤。

（六）湄潭大水井牌坊

湄潭大水井牌坊又名王卢氏节孝坊，位于湄潭

图2-3-63　石狮

图2-3-64 王卢氏牌坊全景

图2-3-65 王卢氏牌坊雕刻

县黄家坝镇大水井村西。为旌表牛场文生王文焕之母王卢氏终生节孝，建于清光绪三十二年（1906年）。东西向。四柱三间三楼。青石质。高6米，宽6.74米。东向明间字碑横向楷书阴刻"王卢氏节孝坊"6字，每字0.3米见方。西向明间字碑横向楷书阴刻"文生王文焕之母"7字，每字0.3米见方。须弥座，座上为卷草纹抱鼓。楼为石雕歇山顶，翼角起翘（图2-3-64、图2-3-65）。

（七）金沙清池节孝坊

金沙清池罗祁氏梅氏节孝坊（节孝坊）位于清池镇清桥村北，为旌表生员罗万善之母祁氏、生员罗万仕之母梅氏"节孝"建于清道光五年（1825年）。南北向。四柱三间三楼。青石质。高8.9米，宽6.2米。台基为须弥座，楼顶为石雕歇山筒瓦屋面。坊上浮雕、线刻人物故事和四季花卉等图案（图2-3-66、图2-3-67）。

四、其他

（一）赤水城墙

赤水秦属巴郡。汉属符县。宋大观三年（1109年）始置仁怀县。明万历二十九年（1601年），知县曹一科将治所由复兴迁至留元坝（今市区），并构筑城墙。城垣平面呈椭圆形，周长2500米，高6米，基宽2～4米。内为土筑，外部用料石镶砌。设东、南、西、北4门。现存西门、北门及部分城墙，长约800米。紧挨城墙、城门，尚存部分历史街区，建筑与城墙相互映衬，具有典型的川南风格，是难能可贵的城市记忆（图2-3-68～图2-3-71）。

（二）湄潭天主堂

湄潭天主堂，始建于清光绪十年（1884年），原属法国巴黎外方传教会之贵阳教区所辖。天主堂坐东向西，由左右两厅、教堂、神职人员住宅三部分组成，现仅存教堂。为砖木结构，面阔11.08米，进深26.56米，总高度14.82米（含钟楼），占地面积463.8平方米，建筑面积294.28平方米。教堂中厅宽4.38米，两侧廊分别宽3.15米，建筑后部置四角攒尖顶钟楼一座，不可上人。

建筑基础为条形马蹄纹石，墙下部为5层240毫

图2-3-66　牌坊古道

图2-3-67　牌坊侧面

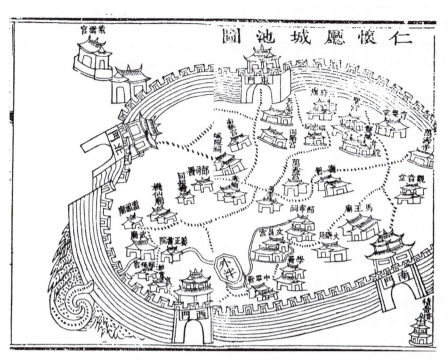

图2-3-68 清光绪《增修仁怀厅志》城池图

图2-3-69 残存城墙及门洞

图2-3-70 与城墙毗邻的历史街区

图2-3-71 古街道建筑及铺地具有的典型的川南风格

米×150毫米×75毫米顺砖，以上为240毫米×150毫米×35毫米空斗砖墙。建筑结构为穿斗式木结构加人字叉斜梁，集中西建筑结构于一体。贴墙为16根直径为350毫米的木柱（20世纪80年代维修时被改为混凝土柱），用16个梭形铁件和四边围墙连为一体，中间8根直径350毫米的木柱。24根柱子下都有雕刻精美的柱础。教堂中厅天花为5个八边行穹隆，侧廊天花前部为4个八边行穹隆，最后以一个拱顶结束。内墙上均布满彩画装饰图案，其中左右壁为大幅类似窗帘图案，前壁为小幅花草、山水等图案，后壁则为其他装饰图案，中厅、侧廊天花之间隔以连续隔板，上绘山水风景、人物活动等彩画（图2-3-72、图2-3-73）。

正立面与背立面墙体出屋面砌成猫拱背式。正立面墙体上部两侧各有一个小尖塔和一对彩色灰塑狮子，正中为直径2米的玫瑰窗，玫瑰窗周边有圆形花饰两圈，玫瑰窗左右上侧为爱奥尼涡卷形的线脚，下侧各有大象泥塑一尊。教堂中厅、侧廊各有石库门一个，门侧另有壁柱4根，侧廊大门上方有尖券花窗各一（图2-3-74）。背立面正中有小门一扇，其上有直径2米玫瑰窗，玫瑰窗周边也有花饰两圈，窗上有蝙蝠挂十字架泥塑花饰（图2-3-75）。两侧立面各有5组尖券的花窗，每组由三扇组成，

图2-3-72　天主堂尖券高窗及彩绘

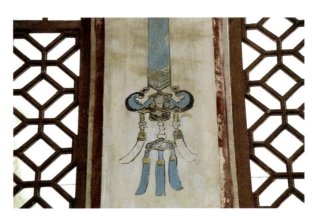

图2-3-73　天主堂彩绘细部

图2-3-74　天主堂正面

中间高两侧低，另有小门各一扇。两侧屋檐下叠涩出檐砌成花饰，绘各式彩画（图2-3-76）。

图2-3-75　天主堂背面

图2-3-76　天主堂外檐彩绘

注释

① 《华阳国志·蜀志》记："犍为郡，孝武建元六年置，时治鄨（今贵州遵义），其后县十二，户十万。鄨，故犍为地也。"元光五年（前130），移治南广县，昭帝始元元年（前86），再迁治僰道城（今四川宜宾市）。

② 贵州省交通厅史志编审委员会.贵州公路史.北京：人民交通出版社，1989.

③ 徐文仲.川盐入黔与黔北经济发展.遵义文史，2012.

④ 道光《遵义府志·城池》。

⑤ 同上

⑥ 贵州省考古所，遵义汇川区文体广电局.遵义海龙囤发掘情况汇报.2011.

⑦ 同上

⑧ 参贵州省文物局.龙坑牌坊第七批全国重点文物保护单位申报材料.2009.

贵州古建筑

第三章 黔东北建筑文化区

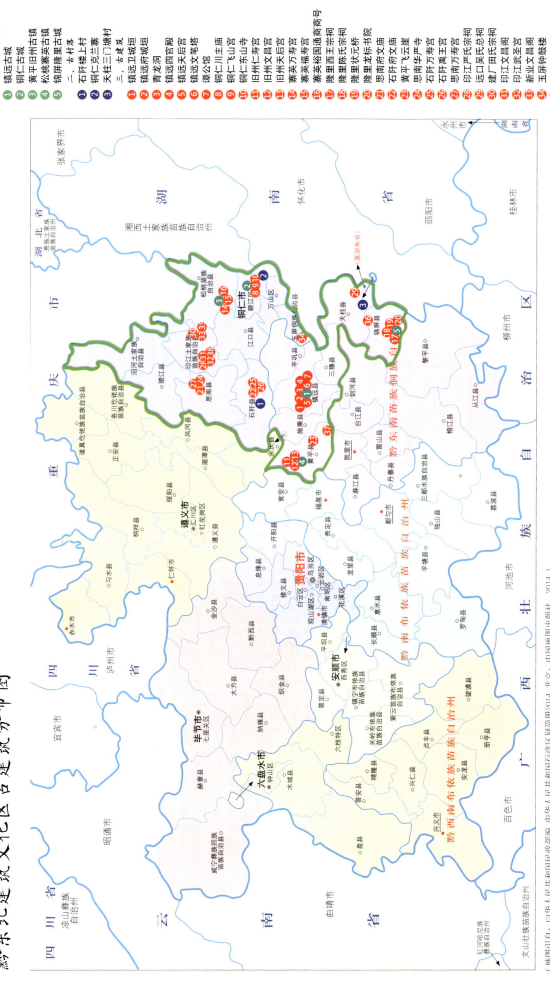

第一节 黔东北建筑文化区概述

黔东北地区与重庆、湖南交界，是古代巴和楚的相交之地，是历史上著名的武陵蛮、五溪蛮地区，也是后来土家族、苗族、侗族、布依族聚居的主要区域。自古以来与巴蜀、荆楚、湖广等文化有着密切的交流。该区域建筑文化在适应本地自然气候条件的基础上，受周边区域的影响较大，类型十分丰富。

一、区域地理及历史沿革

黔东北建筑文化区从地域上包括今铜仁市全境和黔东南州黄平、施秉、镇远、三穗、天柱、锦屏等县。该区域与湖南和重庆接壤，自古以来靠沅江水系锦江、潕阳河、清水江航远之利，与荆楚文化有着密切的交流，同时该区域西部属乌江中下游地区，乌江水运之利也使巴文化的影响深入此地。

区域处于云贵高原向湘西丘陵过渡的斜坡地带，西北高，东南低，平均海拔500~1000米。区域内最高山脉为武陵山，山脉以东是丘陵地带，河流切割较浅，地面平缓起伏，河流沿岸多是山间坝子，一般海拔300~800米；山脉以西是岩溶山原地貌，一般海拔600~1000米，相对高差达600~800米。但在远离河谷的山原面上岩溶、丘陵、洼地较多，地面起伏不太大。区域以山地为主，丘陵次之，坝子及其他地貌所占比例非常少。

区域以梵净山至佛顶山山脉为分水岭，分为两大水系，东为沅水系，主要河流有锦江、松桃河、车坝河、潕阳河、清水江等；西为乌江水系，主要河流有六池河、石阡河、印江河、马蹄河、坝坨河和洪渡河等。境内由于受地形地貌的影响，其基本降雨类型为地形雨，东部为降水高值区，常年降水在1300毫米以上；西部为降水低值区，常年降水在1200毫米以下。

该区域很早就与巴蜀、荆楚文化有过频繁的接触和交流。乌江中游与重庆濒临地区，近年发现了洪渡中锥堡、黑獭大河嘴等新石器时代至商周遗址群，出土的石器、陶器反映出十二桥文化、峡江地区古文化和早期巴蜀文化向乌江发展的信息。清水江下游近年也发现数处新石器时代遗址。远口坡脚遗址清理出大量新石器时代晚期灰坑、灰堆、石堆和窑址等遗迹，出土陶片、石片、石核、石球及砍砸器、刮削器等近万件，文化特征基本与湘西高庙文化相同，墓葬体现出较浓厚的楚墓特征。天柱白市烂草坪遗址出土遗物有大量陶片和石制品。清理的五座墓葬中，M5头龛内随葬陶豆1件，属战国时期墓葬；M3为长方形竖穴土坑墓，棺外头侧随葬两件魂瓶，内盛"治平元宝"等北宋钱币10余枚，魂瓶造型庄重、构思精巧，年代在宋元时期。初步研究表明，清水江出土的陶器基本与位于其下游地区沅水流域的洪江高庙遗址群的相同，石器特征则继承湘西"潕水类型"的大石器传统，因而可将该区域文化遗存归入"高庙文化"中。同时，在锦江磨刀湾遗址、笔架冲遗址和方田坝遗址清理出灰坑、灰沟、陶窑、陶灶和柱洞等遗迹，出土有大量的陶片和石制品，发掘者认为三处遗址的主体年代在西周至春秋时期。[①]

在春秋以前，该区域被称为"南蛮"或"荆蛮"之地，属牂柯国和楚国的黔中地，后分属夜郎国。秦时置黔中郡，汉时改秦黔中郡为武陵郡。区域大部属武陵郡所辖。三国时期属吴武陵郡。隋代，区域分属牂柯郡、明阳郡、黔安郡、巴东郡和沅陵郡。唐代改郡为"道"后，属黔中道思州、费州、锦州、奖州、巫州、黔州等所领。宋代为夔州路田氏、黔州所领羁縻州所属，部分为荆湖北路沅州、靖州所辖。元代在民族地区推行土司制度，分属四川播州宣慰司，湖广思州宣慰司，天柱等地属沅州路。明代"改土归流"、"开辟苗疆"，遂废思州宣慰司，置思南府、石阡府、铜仁府、思州府、镇远府、黎平府，隶属贵州布政司，天柱属湖广靖州所领。清代区划基本承袭明代，镇远府将黄平、天柱纳入管辖。

二、区域文化及建筑特色

区域自古为百濮、百越和苗瑶三大族系交融聚居之地，至今仍广泛分布着土家族、苗族、侗族、布依族等世居少数民族。土家族是中国历史悠久的少数民族，在贵州主要分布在黔东北沿河、印江、德江、思南、江口、铜仁等地。土家族与古巴人有着极深的渊源关系。《华阳国志》载，古巴国"其地东至鱼复（今奉节），西至僰道（今宜宾），北接汉中，南极黔、涪"。黔即贵州黔东北。楚灭巴后，巴人分五支流入今贵州、重庆、湖南交接地带，史称"五溪蛮"。唐宋时期，对土家族称呼较细，有"夔州蛮"、"彭水蛮"、"辰州蛮"等叫法。明代称"土人"、"土蛮"，明清"改土归流"后，大量汉人进入，土家族的称谓才开始出现。黔东北苗族分两大区域，一是铜仁市松桃、江口、思南等县，除松桃与湘、渝、鄂苗族聚居区连成一片外，其余多与土家、汉、侗杂居，与历史时期"五溪蛮"有渊源关系。二是黔东南黄平、施秉、镇远、岑巩、三穗、天柱、锦屏等县，由西向东、由南往北，与侗族、汉族杂居。黔东北侗族主要分布于区域南部，并由北向南逐步靠近黔、湘、桂侗族聚居区。石阡、江口、岑巩、天柱、锦屏等县的侗族，由于长期与外来文化交融，很多已经出现了相当程度的"汉化"现象。

黔东北地区的发展除政治、军事原因外，与区域内较贵州其他地区早且发达的水陆交通密切相关。近年于锦江、清水江发现的新石器至商周时期遗址，表明锦江、潕阳河、清水江等沅系水道很早就已经开发。春秋时期，楚与巴之间的战争多沿水道而发生。楚昭公十九年（公元前523年），"楚子为舟师以伐濮"，应为逆沅水而上进行的征伐。公元前4世纪，楚将庄蹻率军溯沅水而上取黔中，灭且兰，降夜郎，王滇池，走的即是沅江水系潕阳河水道。之后，沅江水系遂为黔东北、黔东地区与荆楚地区进行交流及商业往来的重要通道，许多重大的政治事件也在这条航运水道上发生。元至元三十年前后（1293年），由于潕阳河沿岸人口密集，设治地点较多，经济较为发达，中央政府遂设立潕阳河水驿，在今贵州境内有大田（今镇远）、清浪（今清溪）、平溪（今玉屏）三水站。元代水驿的开通，不仅使黔中、黔东北区域加深了与湖广的联系，还使元代新辟的昆明经贵阳到镇远的驿路交通与中原地区的联系更加紧密。明代，潕阳河水运已经可上至黄平（今黄平旧州），锦江、清水江的航运则进一步发展，铜仁、省溪（今江口）、新市（今天柱瓮洞）、铜鼓（今锦屏）、镇远、思州（今岑巩）等港埠兴起或进一步兴盛，大量的军粮运输、木材、食盐、土特产交易往来于湖广、贵州之间。清代，沅系水道更是进一步发展。镇远、思州已然"舟车辐辏，货物集聚"，黄平更是"楚米万石"可达城下。清雍正年间在苗疆"改土归流"的强力推进，使清水江航运进一步向西挺进，三门塘、远口、王寨、茅坪、挂治、清江（今剑河）、施秉（今施洞）、台拱（今台江）、下司、重安江、都匀等水运港埠兴起，成为木材交易黄金水道。清末民国，沅系航运发展到鼎盛时期。[②]

如果说沅系水道带来了湖广之风，那么西部的川系水道则带来巴蜀与荆楚文化的影响力。从近年的考古发现来看，乌江航运早在新石器至商周时期便已有所发展。秦楚争雄中，乌江水运扮演了重要角色。公元前316年，秦灭巴蜀后，秦将司马错率军"从积（今涪陵）南入，沂舟涪水（乌江）"，再越过武陵分水岭，顺沅水东进，取楚地黔中，置黔中郡。隋开皇五年（公元585年），于乌江置涪川县（今思南、德江间），十九年又置务川县（今沿河），是乌江通航河道设县治的开端。唐代，乌江航运进一步向上延伸，到达费州境（今思南、德江）。明代，乌江水运进入了新的历史时期，龚滩、思南、石阡的港埠的兴盛，不仅是乌江航运发展的标志，而且使沅江水道与乌江水道通过石阡水陆码头联系在一起，直接促使石阡于明永乐十一年（1413年）建府。明代，由涪陵溯乌江而上的川盐运输也促进了乌江航运的发展。清代，川盐运输成为乌江航运的大宗，同时，粮食、桐油、土药、麻布、木材、五倍子等交易也促进了黔中文化与巴蜀、荆楚文化的交融。

文化上的交融，经贸上的往来，也对建筑文化带来了深刻的影响。由于长期受巴蜀、荆楚、湖广文化的影响，黔东北建筑也体现出这些文化所留下的种种基因，造就了该区域建筑与贵州其他地方的差异。从总体上看，黔东北乌江水系区域内的建筑多呈巴蜀和荆楚之风，沅江水系区域内建筑则浸淫着湖广之气，当然，在这些明显的外来风格下面，也阻止不了当地建筑应有的地位。

从该区域现存的古建筑来看，它们都有一个共同的特征，就是砖墙的大量使用，除了山墙做成各式马头墙之外，有的重要建筑还用高封火山墙围成封闭的院落式建筑，成为被当地人习称的"印子屋"。对于墙体的形制和砌筑方式，乌江水系的洪滩、沿河、思南、印江，与沅江水系的黄平旧州、镇远、铜仁，再与清水江水系的天柱、锦屏都略有区别，这是不同地域间文化微小差异的体现。同时，该区域也是贵州古建筑类型最为丰富的地区，其中以宣导文教的文庙、书院、文昌阁塔，凝聚宗族力量的各姓宗祠和反映地域商帮实力的会馆建筑最具代表性。在民居建筑上，地域文化之间交流痕迹十分明显，乌江水系的印江、沿河等地土家族民居，显然与重庆彭水、酉阳、秀山，湖北咸丰，湖南永顺等地土家族民居有共通之处，松桃寨英、铜仁中南门历史街区中的建筑与湖南凤凰古城的建筑也多有相似性，镇远的建筑与湖南洪江的建筑也几乎难以区别，这体现了该区域民居与周边区域的关联性。同时，松桃德高现村的石头墙体苗族民居个性非常强烈，铜仁客来寨的土砖墙民居在贵州十分少见，石阡楼上村的汉式民居与尾坪村的侗族居民的差异性也非常大，这些都体现了区域建筑的丰富性。

第二节 古城古镇

一、镇远

（一）古城概况

镇远处于峡谷交错，山水纵横的㵲水中上游的汉、苗、侗等各民族杂居区的中心。镇远城四面环山，中间夹水。这里不但"群山夹峙"，而且"诸溪汇流"。自西向东奔流的㵲阳河穿城而过，将城区一分为二。㵲阳河原名㵲溪、㵲水、镇阳江或镇南江，是历史上所称的"武陵五溪"之一。清嘉庆二十四年（1819年），林则徐第一次路过镇远时曾写道："府治依山为城，山隙处补以睥睨，望之着无城。然府前大石桥临镇阳江，江即㵲溪，合西来诸水入沅。由此泛舟下水，可直达常德"（图3-2-1、图3-2-2）。

镇远建置较早，秦属黔中郡，汉高祖五年（公元前202年）置无阳县，属武陵郡。隋、唐置梓姜县，属清江郡。南宋宝祐六年（1258年）赐名镇远州，筑思州三隘，筑黄平城，防元军入侵。元至元十四年（1277年）置镇远沿边溪洞招讨使司，后改为镇远军民总管府。明洪武五年（1372年）改置镇远州，隶湖广。明洪武二十二年（1389年）在此设镇远卫，"筑城五老山下，周围九百三十丈，门六，水门二……"③明永乐十一年（1413年）置镇远府隶贵州，清代沿袭明制。辛亥革命后，于民国3年（1914年）置镇远道。1920年废道，县直属省。1935年起为镇远督察专号公署治所。1949年11月8日镇远解放，为镇远专员公署住地。1956年7月建立黔东南苗族侗族自治州，镇远为自治州首府。1958年州府迁凯里，为镇远县迄今。

历史上，镇远经济与社会出现较为显著的变革是从外来人口的迁入而起步的。元末明初由于外来人口迁入，促进了商品经济的发展，于是镇远才由几个特大型苗寨向军事城堡和商业集市转变。军队靠商贾得益，商业因军队发达。从明初开始，镇远便成为贵州东路通道上的重要口岸。驿舍骡马列队，码头舟船云集，前人因之称"西南一大都会"。

图3-2-1 镇远城山水格局

图3-2-2 穿城而过的㵲阳河

辛亥革命后，这里一直是黔东少数民族地区的政治、经济、文化中心。

潕阳河纵贯镇远东西，将城区一分为二。明清时这里曾先后设置"镇远府"和"镇远卫"，北岸为府城，南岸为卫城。一府、一卫、一江形成了一幅太极图像。镇远古城呈现明显的一河两街的格局，虽然水运发达形成的城市多为此格局，但镇远受到两边山体的影响，用地形态更趋于沿河发展的狭长格局。支路巷道则与主路垂直，沿山势而上，形成半"鱼骨状"路网。（图3-2-3）

镇远的民居建筑有两个最显著的特点，即依山而建或临水而居。民居依山者外砌封火墙，以宅院居多，临水者多为吊脚楼，以商用居多。大院旧时为富贵人家居所，四周以砖石围砌砖墙，石库台门，内设天井，前后两院，个别为四檐齐的走马楼。商业住宅临街，排门街面，内为住宅，两端高耸封火墙，有石阶通河。建筑营造时，要选择地基定向，一般以所向山形为主，沿潕阳河层层叠建，依山傍岩，依次升高，直抵山半。（图3-2-4～图3-2-6）河旁建筑原本为吊脚楼，由于城镇建设已拆除重建，失去了历史真实性。

（二）古城古建筑

1. 卫城垣

始建于明洪武二十二年（1389年）。西起老西门，东至龙头溪往金堡路口，围成一圈筑成。墙周长3090米，墙高4.3米，顶面宽2.6米。城墙外沿，修筑有1872个垛口，筑有城楼和城门5座：即东、西、南、上北、下北门。为加固城墙，防止洪水对墙体的冲击，从上北门以上100米处，紧贴城墙北部修有比城墙矮的副城墙一段。副城墙高2米，宽1.5米。官民集资，在城西门和上北门外码头上侧，修筑垒石半弧形的防洪堤三堵，名曰"护城堤"。

图3-2-3 街景

图3-2-4 民居屋面

图3-2-5 典型民居大门之一

护城堤半弧形，分别长22～26米，最宽处4～6米，高4米。城墙及副城墙、护城墙均用细凿大块方整青石垒砌，黏合剂为糯米石灰砂浆，多年风雨侵蚀暴露部分呈青色。20世纪80年代维修后保存基本完好（图3-2-7）。

2. 府城垣

始建于明正德年间（1506～1521年），位于县城北石屏山上。西至天后宫山头，东端"白米倒斗"景点山上，人称："屏山为城，潕水为池，金汤之固，其无逾于斯乎。"府城墙全长2030米，高5米，顶面宽2.78米，沿北侧砌成垛口，每个垛口0.7米见方。城墙中段有方形烽火台一座，有士兵指挥堡一间。府城墙全部用方正青石砌筑。据《新楼三永记》载，曾在城南道大码头渡口建有城门，称"永安通济"楼；一在木家湾西通滇黔古驿道，称"永固通衢"楼；一在城北沙湾渡通铁溪古驿道，称"永固通津"楼。城楼均被毁，城墙尚存1500米（图3-2-8）。

3. 青龙洞古建筑群

青龙洞古建筑群位于县城东中河山麓，由青龙洞寺、中元洞、万寿宫、紫阳书院、香岩炉、祝圣桥6部分组成。始建于明代初叶，占地万余平方米，大小建筑30余处，建筑面积6156平方米（图3-2-9）。

青龙洞：在中河山南麓石崖上，始建于明永乐十五年（1417年）。山下有15级台阶入寺。山门为石柱砖墙牌楼式，上楣嵌字碑，草书阴刻"青龙洞"三字。两侧石柱楷书阴刻对联一副："文笔临溪二水潆洄环古刹；香炉鼎峙万家烟火接丛林。"内有正乙宫、观音殿、吕祖殿、玉皇阁、望江楼等建筑，贴崖而建。

图3-2-6 典型民居大门之二

图3-2-7 卫城垣及上北门城楼

图3-2-8 府城垣

图3-2-9　青龙洞古建筑群全景

中元禅院：又称中元洞，位于中河山北麓石崖上。始建于明嘉靖初年。中元洞山门正对祝圣桥，门楣上篆书横刻"入黔第一洞天"。山门后洞内拐角处有灵官庙，折回山门顶有石拱桥，上到大佛殿，依次而上有藏经楼、望星楼、独柱亭等建筑（图3-2-10、图3-2-11）。

万寿宫：即江西会馆，建在中河山麓中段梯级平台上，位于紫阳书院下方、青龙洞与中元禅院之间。始建于清代中叶。大小建筑9栋，有山门牌楼、戏楼、两侧厢楼、杨泗将军殿、内戏台、客房、许真君殿、文公祠等。由高封火墙围成长方形封闭式整体。大门为砖砌牌楼式，顶部竖刻"万寿宫"。门楣上方两侧刻有两幅长方形砖雕青龙洞建筑全景。入大门左转达戏楼。内戏台高2.4米，宽5.25米。台面枋上，有木雕杨家将故事图10幅；上端穿枋有50厘米木雕"二龙抢宝"；两柱有倒立狮子斜撑，顶部是中饰"飞腾云雾"的四层六角形藻井。戏台中堂有福禄寿星图，飞檐置如意斗栱。与戏楼相对的建筑为杨泗殿，两侧为客房。穿杨泗殿后为许真君殿，惜该殿已毁，高墙及基址尚在（图3-2-12~图3-2-16）。

图3-2-11　大佛殿屋面

图3-2-10　望星楼及中元禅院

图3-2-12　万寿宫牌楼大门上部

图3-2-13 万寿宫戏楼入口

图3-2-14 依山贴崖的古建筑群图

图3-2-15 万寿宫俯瞰

图3-2-16 错落有致的墙体组合

图3-2-17 魁星阁

紫阳书院：又称紫阳洞，位于万寿宫上方。明嘉靖九年（1530年）为崇奉宋代理学大师紫阳先生朱熹而建。为底座架空的重檐歇山顶式三层阁楼。北侧有二层阁楼的圣人殿，南侧有考亭祠和三官殿，东侧有供奉酒神杜康殿。大门为砖砌牌坊，楣上横书"紫阳洞"，两侧对联是："㵲水无双福地；黔山第一洞天。"门前北侧石壁上有一摩崖，阴刻"蓬莱仙境"四字。

祝圣桥：又称㵲溪桥、状元桥、迎圣桥。始建于明代初年。《贵山联语·胜迹》载："状元桥原名迎圣桥，在镇远城东，跨㵲阳江上。"祝圣桥西连镇远府城，东连青龙洞，是湘黔驿道上的重要交通要道。据传，清康熙年间，为康熙（玄烨）皇帝六十寿辰而改名"祝圣桥"。桥长35米，宽度8.5米，高17米，是五孔石拱桥。桥上建三层阁楼一栋，名"魁星阁"，又称"状元楼"（图3-2-17、图3-2-18）。

香炉岩：又称疑岘亭，位于青龙洞石崖前㵲阳

图3-2-18 山、水和建筑

河畔一个突起的巨石上。《镇远府志·山川》载："在中河山畔，巨石立当水岸，上丰下削，形若香炉。"明代在此建亭，名疑岘亭。明代理学家周瑛任镇远知府时，写有《香炉岩》诗赞："一石盘空起，香炉旧有名，山连水与共，星与月之精。翠色余烟袅，悲风逐浪生。寰军多代谢，万古此犹横。"新中国成立后重建，更名莲花亭。

4. 四官殿

四官殿位于县城北石屏山悬崖之巅，始建于明代晚期。分大殿和偏殿。建筑凿岩为基，依山而立，重檐歇山顶。因殿内供奉战国时期的王翦、廉颇、白起、李牧四大将军塑像而得名。大殿西侧有一偏殿，亦为重檐歇山顶吊脚楼穿斗式建筑。自清乾隆二十七年（1762年）起，内供"龙虎玄坛赵元帅之神像"。后曾作钟楼，悬挂巨钟一口，每当晨、昏、正午，人撞钟鸣，声音响彻府城。抗日战争时期，巨钟曾一度用作防空报警。近年曾作多次维修（图3-2-19～图3-2-21）。

5. 天后宫

天后宫又称福建会馆，位于府城西，背依石屏山，西向潕阳河，始建于清代中叶，占地面积1320平方米，为供奉海神天后的庙宇，同时兼为福建同乡会馆。天后宫由山门、正殿、戏楼、东西两厢、西院、东院（膳房）、梳妆楼等建筑组成，各单体建筑均为小青瓦顶穿斗式木结构。现存的天后宫，是经过清咸同年间的战火之后，镇远知县林品南率福建籍商人捐资于同治十二年（1873年）至光绪二年（1876年）间重建。正殿面阔三间11.4米，进深四间8.35米，东西两侧各带耳房一间，面阔4.2米，进深两间4.6米，正殿前为抱厦，与正殿、两耳房、

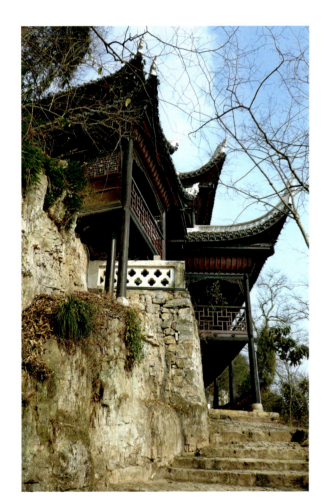

图3-2-19 四官殿侧面

图3-2-20 四官殿正面全貌

图3-2-21 四官塑像

四天井有机组合在同一围合院内,布局精巧,为贵州仅见。抱厦为重檐歇山顶,面阔三间6.4米,进深三间6.1米,双层飞檐,檐下为如意斗栱,正脊灰塑二龙抢宝。正面为细格镂花隔扇门。门前有石阶下至潕阳河码头(图3-2-22~图3-2-25)。

6. 文笔塔

文笔塔位于城东笔岫山,用以培补古城文风。塔身如笔锋,腰处略宽,用方整料石镶筑而成,黏合剂为桐油、石灰加糯米浆,至今仍密结完好。塔通高7.93米,由塔身和塔基两部分组成,塔基高2.2米,呈不规则六角形,底边长2~2.5米不等。塔身为圆锥形,下部直径5.82米。明弘治二年(1489年),石阡知府祁顺海游镇远时,曾写有文笔山诗一首:"巨笔卓晴峰,天然制度工。云霞壮五色,风物助三红。脱颖非囊底,生花似梦中。流年

图3-2-22　天后宫牌楼大门

图3-2-23　天后宫正殿

图3-2-24 正殿如意斗栱

图3-2-26 文笔塔远眺

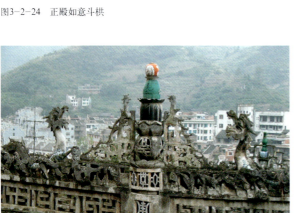

图3-2-25 正殿脊饰

图3-2-27 谭公馆全景及入口

多少恨，终日漫书空。"可知文笔塔始建年代当在明弘治之前（图3-2-26）。

7. 谭公馆

谭公馆位于镇远城西平冒园（今大菜园），清光绪年间建筑，为谭钧培私人宅邸。整座公馆建筑为长方形高封火墙四合院结构。院外墙其南北长42.4米，东西宽29.5米，四围墙高9米，东南切角斜边5.8米，显然是出于风水的考虑。大门为垂花石库门，门楣上石碑竖书"中丞第"三字。前厅三间，通面阔12.4米，进深6米。中厅五间，为单檐悬山顶穿斗式结构，通面阔26.2米，进深13.5米，次间、梢间为双层，前后壁均为半壁花窗装饰。公馆后院两侧有东、西厢房，两厢结构规模一样，面阔均为10.5米，进深5.6米。每间前壁各装有大型花窗一方。公馆总建筑面积1315平方米，是镇远城众多高封火墙四合院中规模宏大、结构巧妙、装饰精美的一幢（图3-2-27～图3-2-29）。

谭钧培（1828－1894年），镇远人，清同治元年（1862年）进士，曾历任江西监察御史、江苏常州、苏州知府，山东、湖南按察使，江苏布政使，漕运总督，江苏巡抚并充任对巴西国换约大臣。后复任漕运总督及江苏巡抚，再后调湖北、广东、云南巡抚并两度兼署云贵总督。清光绪二十年（1894年）卒，其遗体葬于镇远城西沿河村岩。谭公馆是清廷为表彰谭钧培"宣力边疆，克勤厥职，命视巡抚例赐恤"而建，并以"德宗"名义赐金，待其告老还乡后享用。惜谭均培卒于任上，未能在公馆住过。

图3-2-28　屋面

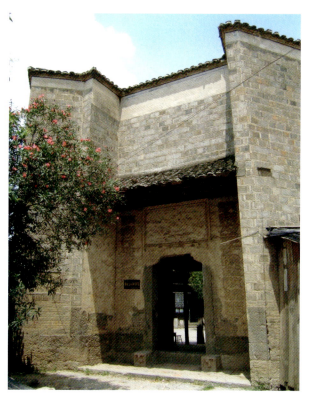

图3-2-29　大门

二、铜仁

（一）古城概况

铜仁之城，一面依山，三面临水，山势雄踞，连于巴蜀；两江汇流，达于楚湘。扼其险而守其隘，史称"辰沅要隘"、"思石门户"和"黔东重镇"。铜仁原名铜人，相传元朝时有渔人在锦江铜岩处潜入江底，得儒、释、道铜人三尊。元代设置"铜人大小江蛮夷军民长官司"，隶思南宣慰司。明永乐十一年（1413年）撤思州、思南宣慰司，于今境地设铜仁、思南、石阡、乌罗4府，均隶属于由此而设置的贵州布政使司。明正统三年（1438年）废乌罗府，其大部并入铜仁府。铜仁由此得名。

铜仁自明景泰初年始建土城，迄今已有500多年。尤以嘉靖、万历年间改建石城、扩建县城后，已具城池规模，后虽经历次改建完固，大抵如昔。直到新中国成立前夕，城墙、城楼基本保存完好。

图3-2-30 中南门古城区一角

图3-2-31 中南门古城区屋面

新中国成立后由于城墙、城楼已失去其历史作用，没有修缮，除自然倾圮外，还随着城市发展、扩建的需要，逐步有所拆除。目前还尚有中南门至江宗门一段较为完整坚固。

铜仁古有九门，现只有八门。据考，老东门因涉水行路不便，后又开启新东门，并成为水陆通衢。老东门渐废。清光绪十七年（1891年）辛卯仲冬八日，知府冯燊鹏重开老东门，铜仁复有九门。后因防止匪患，遂又关闭老东门。铜仁城墙多为双层石墙，外墙用料石浆砌，内层用毛石干砌。外墙砌筑大部分地段属料石灰浆实砌。城墙基宽一般为2~3米不等，收分为5%。墙石均为青石料石，每块大多在100~200公斤之间。灰浆为纯石灰浆。由于用料考究、砌工精湛，所以，历四五百年而坚固如初。

明、清时，铜仁街巷，长不足里，宽不盈丈，多坡梯，少平直，均用青石板铺砌而成。据明万历《铜仁府志》载：明万历年间，铜仁府城内，共有街22条，巷10条。又据清光绪《铜仁府志》载，清光绪年间，铜仁城内有街7条，巷11条。明清时期作水陆枢纽的铜仁，商铺云集，码头众多，中南门、西门、江宗门等码头都是当时商旅往来的必经之地。至今，在东山脚下，还留下一大片中南门历史街区和东山寺、飞山宫、川主宫等古建筑（图3-2-30~图3-2-33）。

图3-2-32 中南门古城区巷道之一

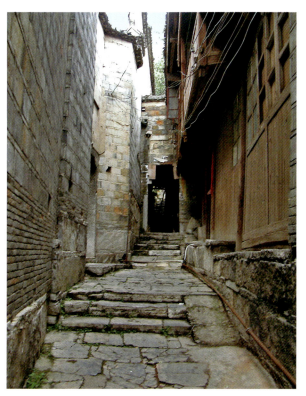

图3-2-33 中南门古城区巷道之二

（二）古城古建筑

1. 川主庙

川主庙，又名川主宫、川主祠，位于铜仁市内大江北路中段东侧，始建明洪武八年（1375年），铜仁大小两江长官司李渊建，时名川主祠。明万历十九年（1591年）重修。清光绪十一年（1885年）由四川客民重建，更名川主宫，又名四川会馆。祀蜀太守李冰及子二郎。川主庙坐西北向东南，中轴对称。自东南而西北依次为码头、牌楼大门、戏楼、正殿、两厢、观音殿等。现存牌楼大门、戏楼、正殿、两厢。建筑群背山面水，占地面积5000平方米，建筑面积1200平方米。2007年，川主庙毁于火，之后按原样重建。（图3-2-34）。

牌楼大门为四柱三间三层两重檐砖石牌楼式，通高10米。呈外"八"字形。石库门宽1.7米，高3米。二层上部竖向楷书阴刻"川主宫"三字。正面遍施灰塑、泥塑、彩绘。门两侧为围护高墙，中上

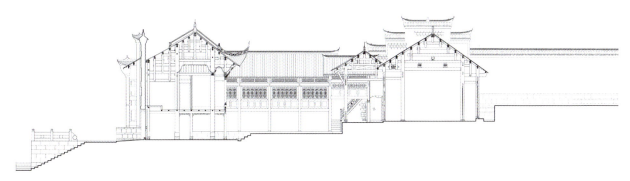

图3-2-34 川主庙总剖面图

图3-2-35 修缮中的戏楼

部置吊脚短檐眺窗各1个。

戏楼坐东南向西北，二层，穿斗式歇山青瓦顶。底层面阔三间，通面阔6.8米，进深三间，通进深7.3米。上层金柱间设"八"字形屏风，彩绘福禄寿三星图。翼角起翘，高1.9米，下置龙云纹饰拱形斜撑。鹤颈橼卷棚天花，长方形藻井，正中绘八卦图，四周彩绘8幅戏剧故事图案。戏楼两侧为二层穿斗式单坡青瓦顶耳房（图3-3-35、图3-3-36）。

图3-2-36 戏楼木雕

图3-2-37 修缮中的正殿披厦

正殿面阔五间,通面阔21.7米,进深三间,通进深8.9米。前带抱厦,面阔三间,通面阔13.5米,进深一间3.6米,穿斗式封火山墙青瓦顶。梁架上用驼峰及象头形穿插枋。脊瓜柱两侧用云纹饰叉手支撑。隔扇门窗。大梁题记隐约可见。左厢围护墙上嵌清咸丰、同治年间记事及告示碑5通(图3-2-37)。

2. 飞山庙

飞山庙位于铜仁市内中山路南段东侧,始建于宋代,清康熙、乾隆年间重修。坐东向西。三进院落,依山就势梯级上升。现存山门、戏楼、正殿、配殿。四周封砖墙高3米,前后开门。占地面积1800平方米,建筑面积1000平方米。正殿面阔三间,通面阔11米,进深三间,通进深8米,穿斗式封火山墙青瓦顶。大门为石库门,宽1.6米,高2.9米。门两侧为围护高墙,上盖小青瓦,檐下饰花草图。戏楼坐东向西。二层,穿斗式歇山青瓦顶。面阔三间,通面阔7.2米,进深二间,通进深6.2米。一层为过道。楼面翼角起翘,高1.7米。内置八角形藻井(图3-2-38~图3-2-40)。

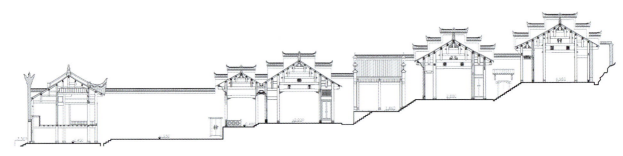

图3-2-38 飞山庙总剖面图

图3-2-39 飞山庙正门

图3-2-40 牌楼大门墙头装饰

3. 东山

铜仁东山为铜仁重要的风景名胜，历史悠久，人文遗迹丰富，位于铜仁市内中山路中段东侧。明正德十一年（1516年）于山巅建澄江楼。其后依山错落建有大观楼、崇真观、观音阁、魁星楼等10余处建筑。主体建筑坐北向南。后屡有改扩、损毁，现存望江亭、雷神殿、真武殿、大雄宝殿、东西配殿等。占地面积3万余平方米，建筑面积1400平方米。大雄宝殿面阔五间，通面阔15.3米，进深四间，通进深9米，穿斗抬梁式硬山顶，隔扇门窗。临江石壁上有明代和1921年摩崖石刻。

川上亭又名澄江楼。明正德十一年（1516年），于临江峭壁上建川上亭，题匾"舞雩遐思"。明清以来，屡有修葺，为六角重檐攒尖顶，建筑面积60平方米。雷神殿建于清道光年间。坐北向南。占地面积200平方米，建筑面积86平方米。面阔五间，通面阔10.9米，进深四间，通进深7.1米。穿斗式木结构，封火山墙青瓦顶，隔扇门窗。真武殿建于清道光年间。坐北向南。占地面积300平方米。建筑面积180平方米。面阔五间，通面阔15.3米，进深四间，通进深10.3米，穿斗式木结构，封火山墙青瓦顶，隔扇门窗（图3-2-41～图3-2-44）。

图3-2-43　大雄宝殿

图3-2-41　雷神殿木狮斜撑

图3-2-42　真武殿

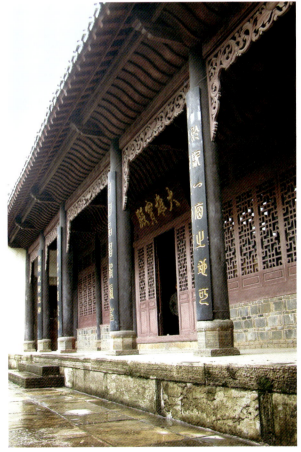

图3-2-44　大雄宝殿前廊

三、黄平旧州古镇

（一）古镇概况

旧州古镇历史悠久，文化发达，遗存丰富，是贵州历史文化名镇之一。有专家据《华阳国志·南中志》，认为汉且兰国邑即在旧州。也有历史学家认为，公元前298年，楚顷襄王使庄蹻率卒循沅水而上所灭掉的且兰即在旧州。

旧州是否为且兰国都虽然至今尚无考古学上的支撑，但旧州却是贵州见诸史料较早筑城、设府的地方。南宋理宗宝祐六年（1258年），"黄平"之名见于史，同年筑黄平城（今旧州）。南宋开庆元年（1259年），吕文德筑黄平城竣工。元至元二十八年（1291年），旧州置黄平府。明洪武七年（1374年），改黄平府为黄平安抚司，隶播州11年后另置黄平守御千户所，洪武十五年改千户所为黄平卫，旋复为所，隶平越卫。明万历二十八年（1600年）平播之后，裁黄平安抚司置黄平州，与所同城，均隶平越军民府。清康熙十一年（1672年）裁所入州。康熙二十六年（1687年）移黄平州治于兴隆卫（今黄平县驻地），另于旧州设巡检司，隶黄平州。之后，旧州淡出政治中心，却因水陆交汇的地理优势而在经济、文化上得到更为自由的发展。

旧州坐落于沅水支源的㵲阳河畔。㵲阳河自旧州流经施秉、镇远达湖南、湖北。同时，旧州陆路交通四通八达，由西南至平越达贵阳，由北至余庆通四川，由东北至施秉与滇楚驿道相连。因此，旧州坐拥㵲水之利和滇楚交通要津，成为重要的货物集散地也就不足为奇了。据《黄平州志》记载："每天往返商船不下500只，日停泊100余只。"由两湖等地运来的货物，经马帮分运全省各地，本省的土特产又由水路运至湖南、湖北、武汉、上海及国外。当时的旧州城商贾云集，生意兴隆，省外商人纷纷在旧州修建同乡会馆。如：福建商人修建福建会馆天后宫；江西商人修建江西会馆万寿宫、仁寿宫；四川商人修建四川会馆崇福宫、万天宫；两湖会馆禹王宫；江南会馆江南阁等。本地商人也在旧州城街面建起自己独特的"多进印子房及经商柜台"，即前店后宅式商住一体化民居。除此之外，还有修建于其间的寺、观、庙、祠等建筑。在仅1.4平方公里的城区内就有"九宫、八庙、三庵、四堂"。鼎盛时期，旧州寺庙馆祠有文庙、武庙、城隍庙、轩辕庙、财神庙、火神庙、土主庙、祖师庙、黑神庙、二郎庙、老君庙、五显庙、孙膑庙、杨泗庙、梅葛庙、张爷庙、鲁班庙、万天宫、文昌宫、万寿宫、禹王宫、天后宫、仁寿宫、鼓台山寺、宝相寺、宝珠寺、长庚阁、玉皇阁、观音阁、指归庵、广长庵、归元庵等。现今大多无存，仅余文昌宫、仁寿宫、天后宫等建筑。

旧州古建筑技艺精湛，一般民居建筑都有精美的雕饰。最为深邃的民居，当推西门外长庚街的韩永记，该宅共有24个天井，且建造精致，时有民谣云："远看像座庙，近看永记号，整的买不起，拆散有人要。"城内卢晴川氏居宅，前临西中街，后抵背后街，规模极大。旧州古建筑群不但寺观、馆祠数量多，规模大，而且建造设计颇具匠心。位于西下街北侧的朱氏居宅，上房的"吞口"间，精湛的木雕工艺集中在此体现。大门门楣饰以"双凤朝阳"雕骑马花牙子，两旁方窗雕有"琴棋书画"、"渔樵耕读"、"天官赐福"、"福在眼前"等内容的花饰，"吞口"两侧次间长窗，也雕有"五福捧寿"图案。这些雕刻造型优美，技术精湛，刀法娴熟，线条流畅，实属古建筑雕刻中的上乘之作。"古镇一条街"的两侧临街民宅，共18幢，其后为印子屋，进深数不一。印子屋四周围以封火墙，对防火、防盗有一定作用（图3-2-45~图3-2-50）。

（二）古镇古建筑

1. 仁寿宫

仁寿宫又称江西临江会馆，位于旧州镇中街，始建于清乾隆五十一年（1786年），光绪十四年（1888年）重建。仁寿宫坐北向南四周封火墙围护，通面阔17.6米，通进深51米，占地面积897.6平方

图3-2-45　旧州古镇街道及临街民居店铺

图3-2-46　街道及临街民居店铺之一

图3-2-48　旧时旧州通向码头的必经之路

图3-2-47　街道及临街民居店铺之二

图3-2-49　典型民居内院

图3-2-50 民居装饰

图3-2-51 仁寿宫戏楼

图3-2-52 仁寿宫正殿

图3-2-53 仁寿宫正殿室内空间

米,有戏楼、耳房、两厢、正殿、后两厢、后房等建筑,其雕刻精美,工艺精湛,是旧时保存较好古建筑之一(图3-2-51~图3-2-54)。

2. 文昌宫

文昌宫始建于清乾隆年间。清光绪十九年(1893年)重建。民国后改建为学校。1989年曾进行维修。坐南向北。原有牌坊、头门、前厅、厢房及正殿等,占地面积1656平方米。现仅存正殿,面阔五间,通面阔19.2米,进深三间,通进深11.9米,穿斗抬柱式木结构,歇山小青瓦顶。隔扇门窗。文昌宫原祀"七曲文昌帝君"张亚子。据《明史·礼志》载,亚子为晋人,"居蜀(梓潼)七曲山,仕晋战殁,人为立庙,唐、宋屡封至英显王。道家谓天帝命亚子掌文昌府事及人间禄籍,故元代加号为帝君"(图3-2-55~图3-2-57)。

图3-2-54 仁寿宫内部梁架及塑像

图3-2-55 文昌宫正殿

图3-2-56 文昌宫正殿背面

3. 天后宫

天后宫位于旧州古镇西下街，始建于清道光十七年（1837年），咸丰五年（1855年）毁于兵火，光绪九年（1883年）重建，光绪二十七年（1901年）扩建。在天后宫坐南向北，周围砌高封风墙，占地1220平方米，今有正殿、后殿及两厢，正殿面阔三间，通面阔16.4米，进深三间，通进深6.9米，卷棚前廊，左右次间顶棚置八角叠涩藻井，穿斗式硬山青瓦顶。天后宫为福建会馆，主祀海神天后。也是古镇保存较好的古建筑之一（图3-2-58～图3-2-60）。

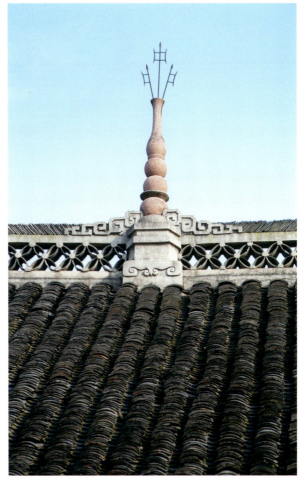

图3-2-57 正殿脊饰及宝顶

图3-2-58 天后宫正殿

图3-2-59 天后宫正殿马头墙

图3-2-60 正殿脊饰及宝顶

四、松桃寨英古镇

（一）古镇概况

寨英古镇始建于明初，明洪武十四年（1381年）朝廷派颖川侯傅友德为征南将军，率军入黔，平定西南少数民族。傅命其手下沐英溯辰河支流小江而上，至寨英镇压苗民起义，平定后圈占苗民土地，实行军屯。寨英属龙门营地佃屯。由于寨英地处两条河汇合处，水运方便，官军以此作为军需物资转运站，开始筑城墙、建民舍、开商埠，驻军家属随营而至，湖广客商纷至沓来。明万历年间以后，寨英由军屯转为梵净山区域内重要的商贸集散地，商业从此日趋兴旺。到清乾隆期间，商埠贸易达到鼎盛期，成为川盐湘货的重要转运地。湖南、江西的商人们，凭借沅江上游的寨英河，将大宗食盐以及木材、桐油、生漆、棕片、蓝靛、药材、兽皮、朱砂等土特产品源源不断运到铜仁和湖南的麻阳、辰溪、沅陵、常德，再由洞庭湖畔的常德运往湖北武汉、江西九江等地，复将陶瓷、铁器、棉纱等"南货"运回寨英，销往梵净山麓各村镇。鼎盛时期，寨英河上，日行木船不下百只，故有"小南京"之称。明末寨英便属镇级建置，新中国成立后，改为第五区区公所，后改乡，1958年改为公社，后又改为管理区，1961年复称公社，1984年恢复建镇。

寨英城墙环绕，连接4座城门、两座水门、一座卡子门，全长673米，悉以粗大料石砌成。现东北段、东南段、西南段保存完好。4座城门至今亦基本完好。城墙西南段兼作防洪堤用。城内主要街道有6条：东门街、南门街、中街、何家坝巷子街、北门街、巷子口街。此外，还有水门和码头。数百年来，溯沅江而上辗转深入武陵腹地的湘、赣客商与当地苗族村民一道，苦心经营，将寨英建成梵净山麓头号码头。街道两侧，店铺林立，著名的有天字号、地字号、何裕商号，以及盛极一时的八大商号——富华、吴祥泰、同兴昌、曹易和、易和兴、同德祥、聚泰长、协裕祥。此外，还有专卖川盐的冉家盐号、专营棉布的黄家布屋和销售盖世茶食、三鲜大面的松江楼。这在内地，不足为奇，但在苗疆，实为奇观（图3-2-61～图3-2-67）。

镇内建筑装修，深受苗族影响，即使富商捐资修建的会馆，照样利用鹅卵石垒砌墙裙，且上下两层反向垒砌，呈"人"字形。可当地苗胞不称人字形，而叫鱼骨头。母鱼多子，繁殖迅速，对于历史上屡遭屠戮的苗族人民来说是备受青睐的。鱼文化是具有悠久历史的苗文化的重要组成部分，实为渔猎生活、农耕生活在传统理念中的生动反映。

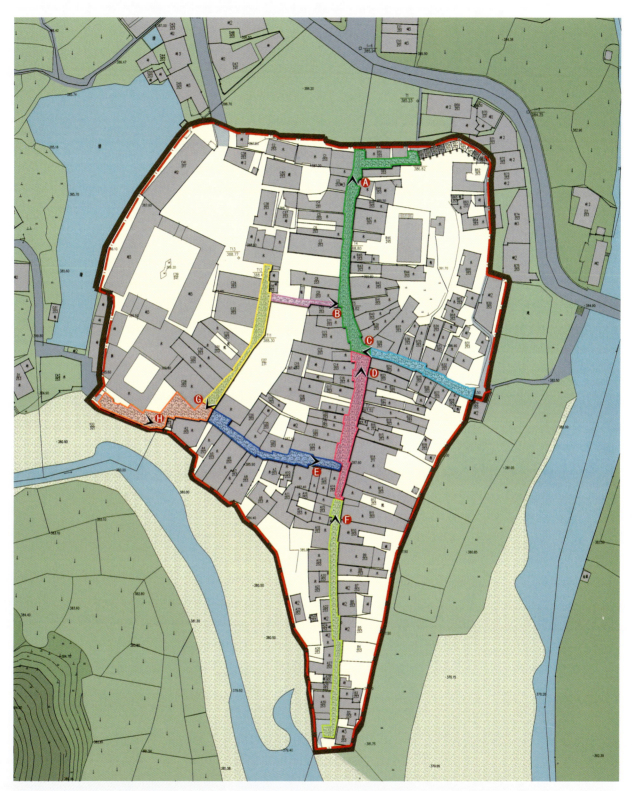

图3-2-61 寨英古镇格局④

图3-2-62 古镇建筑群

图3-2-63 何家水门码头

图3-2-64 北门

图3-2-65 古镇街巷之一

图3-2-66 古镇街巷之二

图3-2-67 典型商号大门

(二) 古镇古建筑

1. 万寿宫

万寿宫，又称"江西会馆"。始建于清代中期。坐东向西。占地面积986平方米，建筑面积约840平方米。由大门、戏楼、左右耳房、南北厢房、正殿、后厅组成三进二天井四合院。

正殿面阔三间，通面阔15米，进深22檩，通进深21米，通高10米，穿斗式木结构（图3-2-68）。前檐廊间地面以青石横向对齐，纵向错缝铺墁，竖宽不等，室内地面为三合土地坪。明间梁架采用圆材长跨梁结构，减柱两根，共用40柱，其中12柱落地。明间前檐带廊，廊柱与檐柱在一条水平线上，檐柱与老檐柱呈"八"字形，廊柱与檐柱间装简易"扇形"月梁，无任何雕刻图案，檐柱与老檐柱间装戏文故事图案月梁。老檐柱间额枋为"三国演义"故事雕刻图案，额枋上部另一雕刻枋现已无存，无从考证其雕刻内容，其上部装板至屋顶，金柱与老檐柱间装鹤颈椽及板；后檐额枋上装走马板，檐柱间额枋下无任何装修，两柱间原为供奉万寿宫主神"许逊真君"，额枋上装走马板及鹤颈椽及板至檐口。梁架为抬梁与穿枋混合使用，又手为"象鼻"纹饰图案，穿枋头为"龙头"纹饰雕刻。

2. 福寿宫

福寿宫，又称"湖广会馆"，位于何家坝巷子与巷子口交接处。建筑平面呈长方形，坐北向南，北高南低。建筑由南向北依次为牌楼式大门、戏楼、正殿、两厢、后殿。现仅存牌楼式大门、戏楼。戏楼坐东向西，面阔三间，穿斗抬柱混合结构歇山青瓦顶。据专家研究，福寿宫已有200多年历史，曾经毁于清同治三年（1865年）的苗民起义。现存建筑应同治年间重新修建（图3-2-69）。

3. "裕国通商"商号

寨英古镇商号众多，现存建筑大都建于清光绪年间。清同治三年的苗民起义被镇压后，客观上促进了经贸往来，因此，寨英古镇在同治、光绪时期曾经历了一段持久的繁荣期，也催生了众多商号建筑的诞生。商号建筑一般均为三进二天井合院式建筑，外围以高大的马头墙和院墙，一般由大门、两厢、正厅等建筑组成，兼住宿和商业的功能。

"裕国通商"商号为寨英古镇商贸建筑的典型代表之一。建筑由南向北依次为大门、倒座、两厢、正屋、两厢、后屋。正屋面阔三间，通面阔11.4米，进深8.12米，一楼一底，穿斗式木构建筑硬山顶小青瓦屋面。共用52柱，其中28柱落地，明间地面为东西向对齐，南北向错缝铺墁青石板，明间东西两缝梁架上一层前檐柱与金柱间装板门进入次间，金柱至中柱间装呆窗。后檐金柱间装神龛，两侧装板门通往后院。明间神龛两侧置0.78米×1.8米门洞通往后檐吞口，额枋上装板至屋顶。两次间前后檐柱间均装板至屋顶（图3-2-70、图3-2-71）。

五、锦屏隆里古城[⑤]

(一) 古城概况

隆里古城位于黔东南州锦屏县隆里乡。明洪武十一年（1378年）湖广上里司坪（今黎平）吴勉领导侗、苗农民起义，众达20万，攻克黎平、锦屏及湖南通道一带。明太祖朱元璋派第六子楚王朱桢率30万大军征剿义军，十八年（1385年）剿平，留兵弹压，实行"军屯"，置隆里守御千户所，隶属湖广都司五开卫（今黎平），是为所城之始。明天顺元年（1457年）重修城墙，用毛石框边，中间用泥土夯实，设东、西、南、北四道城门，其上建成

图3-2-68 万寿宫正殿

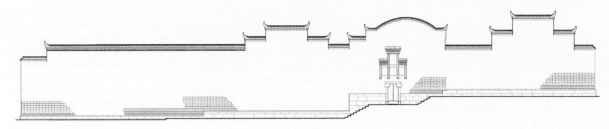

图3-2-69 福寿宫侧立面图

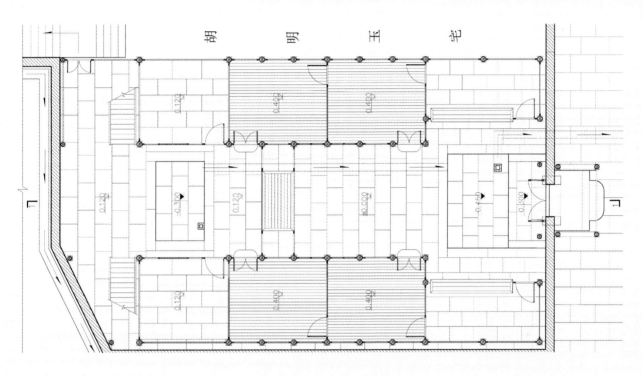

图3-2-70 "裕固通商"商号平面图

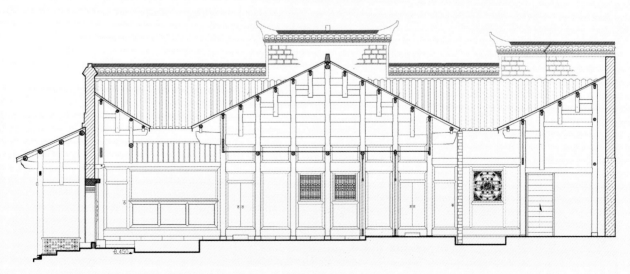

图3-2-71 总剖面图

图3-2-72 隆里古城南隅

楼,清代改为鼓楼,祀神,城墙上有跑马道,设有垛口,城墙外挖掘护城河(池沼),作防御屏障。据当地史料记载,明清两代古城曾遭受7次战火,城墙历经多次的维修和加固,在抵御兵祸和盗匪骚扰中发挥过重要作用。清顺治十五年(1685年)废除卫所制度,变"军户"为"民户",平西王吴三桂派员到隆里收缴千户所官印,裁隆里守御千户所,更名为"隆里所",其军事职能有所削弱,逐渐演变为一个汉族聚居的传统村落,但由于地处少数民族腹地的边缘,所处社会环境特殊,军备一直未予废除,直至清末民初仍驻有少量军队,一直为黔东南重要边防城镇。

隆里古城在其选址、筑城,进而包括其内部空间结构的布局方式上,传承了中国传统城市空间布局中尊重自然环境的"相土和形胜"观的基本思想,将山川形貌与城联系,以山为刚、以水为柔,形成了"以形示气、道在气先"的独特价值取向,故有"城于山,则寇不入,可常保安逸"的记载。反映在城市布局上,形成了城市北据山、南面水、四周山水环绕,同时确保有足够农业生产用地的格局,由于处于黎平与锦屏的咽喉要道上,就更要求具有明确的军事防御的功能(图3-2-72~图3-2-75)。

城内以千户所街门旧址为中心,往东、西、南开三条主街,为古城的主要骨架,以东西大街为主干。三条大街又分出六条巷道,街巷又把整个城区划分为相对独立的九个居住区域,形成三、六、九的有趣系列,此即当地俗称的"三街六巷九院子"。古城内部街道皆以"丁"字布局,从风水思想及军事防御角度考虑,具有"固气"、"避灾去邪"和利于防御的意义,城中不开"十"字缘由还因"十"与"失"谐音,作为军事城堡,其为城的禁忌,三条主街又分出六条街道,此正为当地称的"三街六巷"格局(图3-2-76~图3-2-79)。

隆里古城内原有观音堂、城隍庙、文庙、武庙、玉皇阁、二郎庙、五显庙、飞山庙、云霄庙等庙宇。街头巷尾、吊水井边都立有土地宫。但是经过漫长的岁月,或是年久坍塌、或是战火、或是毁于火灾,现今基本不复存在。目前,隆里古城保存

图3-2-73 隆里古城东隅

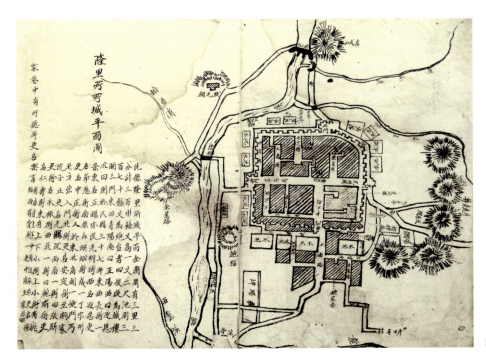

图3-2-74 清代隆里所城平面布局

图3-2-75 隆里古城山水格局

图3-2-76 古城街道蜈蚣街

图3-2-77 节愍街

图3-2-79 西门内眺

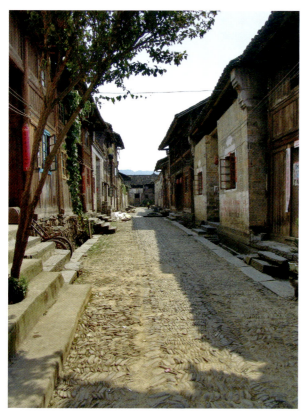

图3-2-78 张所街

有清末民初同时期典型民居30余栋、祠堂5座、书院1座、庙宇3座、城门楼4座、石桥3座、青石吊井12眼，大街小巷20余条。古城70%民居建筑为新中国成立前所建古色古香的无封火墙的燕窝式木构建筑。近年来，由于古城内居民逐渐增多，居民建房对古城历史风貌造成了一定影响。

（二）古城古建筑

1. 城墙及城门

隆里城墙始建于明洪武十九年（1386年），原为夯土泥墙，后经明永乐二年（1404年）加固，明天顺元年（1457年）复筑，全部使用卵石砌筑城墙两边，高一丈二尺，底部厚一丈二尺，上部收顶一丈。据《隆里所志》记载，最初城周三里三分，近1500米，总体近似长方形，现存的南边城墙比最初建时有所退进，故而现在的隆里城总平面是个东北角呈弧状的方形。城墙外是城壕，深一丈，原有吊桥。如今护城河已难以寻觅，仅存的几个水塘和一座石桥，大约可以证明此河的存在。护城河、城壕和城墙层层环绕，起到了防卫的作用。不过历史上隆里城曾经被攻破三次，或许说明了这一防御体系并不像村民们说的那样完善。新中国成立后随着隆里人口的增长，城内住房越来越紧张，便逐渐有居民把房子建在城墙的墙基上，原来城外的池塘和菜园也逐渐被民居所占领。近年修复了部分南面和东面的城墙。

城门：设有东、南、西、北四门，明朝时四门分别是东屏巩固、南厢重镇、西溪金池和北方锁钥，其军事地位可见一斑。四门在清代改名，分别为青阳门（古城东门写的是"清阳门"）、正阳门、迎恩门和安定门。北门又名"闭门"，闭而不开，而在东北角开一便门以进出。古城东、西、南三道门设有内外两道城门，即在内城门前筑有一堵围墙，需要转90度弯再经过一道门才可以进出城门，结构类似于瓮城，俗称"勒马回头"，起到限制攻城、迷惑入城者路径的作用。明代在城门上设有戍楼，设岗哨。清代，随着战事的消停，隆里作为军屯及城堡的作用逐渐削弱，隆里的功能改以居住为主，原有的城防体系亦相应转化为民用，东门改建鼓楼，祭祀神灵。现在仅西门尚存勒马回头布局。城门洞成了老百姓的休闲场所，是摆龙门阵的好地方（图3-2-80～图3-2-85）。

图3-2-80 东门

图3-2-81 东门内侧

图3-2-82 西门（迎恩门）

图3-2-83 南门

图3-2-84 北门

图3-2-85 北便门

图3-2-86 西王宗祠

2. 西王宗祠

西王宗祠位于城内王家巷左侧，始建于清末，占地面积410平方米，建筑面积230平方米，由大门、门厅、天井、正堂、后院组成，高封火墙围护，两侧砌观音兜凸弧状山墙，为穿斗式建筑，梁架硕大，祠堂前为青石台阶，建筑外观精美。该祠堂为黎平府开科举人王大臣本家祠堂（图3-2-86）。

3. 陈氏宗祠

陈氏宗祠位于城内西大街左侧，始建于清代乾隆年间，占地面积354平方米，建筑面积274平方米，通面阔13米，通进深24米，由牌楼大门、门厅、天井、正堂组成，高封火墙围护，坐南朝北，面向大街，祠内厅堂则坐东朝西。从大门而入，依次是耳房、天井，再转才是正屋。如此构造，在清水江下游家祠中绝无仅有。是否为后来人为改造，尚需研究。（图3-2-87）。

4. 状元桥

状元桥位于城北500米的龙溪河水口处，始建

图3-2-87 陈氏宗祠牌楼大门

于明万历二十二年（1594年），是为纪念唐朝诗人王昌龄贬谪隆里而建，因王昌龄曾中博学鸿词科第一，故冠以状元桥之名。现存石拱桥为明崇祯二年（1629年）重建，桥呈东西走向，三拱四墩，以巨大青石砌成。桥面铺青石板，桥西头有21级石阶，桥东头有18级石阶与路面相接。桥墩、桥身比例适当，造型宏伟壮丽、稳重大方。该景旧时为黎平府的八景之一，是隆里独特优美的水口人文景观，现保存完好（图3-2-88、图3-2-89）。

5. 龙标书院

龙标书院位于所厅街街头，传说创自唐代诗人王昌龄，后毁于战火，清雍正三年（1725年）隆里人张应诏捐资依旧重建，并扩大其建筑规模。书院由牌楼大门、荷花池、过厅、教馆、菜地、橘园组成，占地面积1100平方米，建筑面积1200平方米，历代曾有修葺，民国16年（1927年）修复。书院在明清两代曾考中3个进士，16个举人，60个贡生（图3-2-90、图3-2-91）。

6. 典型民居建筑

隆里典型民居主要分两类，一类为封火墙围护式民居，一类为无围护的木构民居。带封火墙式民居多为古城常见民居形式，装修比较精美，天井用青石铺地，外围砖墙、泥土墙或泥坯砖墙，底部用当地青条石做基础，顶部做成迭落形，端部做成马头状，俗称"马头墙"。堂屋正面上下两层窗格细雕鸟兽或花卉；有的民居还在堂屋的两扇花窗雕有牛角、马鞭刷子、芦笙、葫芦、刀剑等林区日常生活用具，极富民族特色。榫头、梁等木质构件雕有各式各样图案，以象鼻最为普遍。另一类为与当地侗族民居类似的穿斗式木构建筑，在隆里古城出现的时期相对较晚、应为所城废置、军事防御功能减弱后文化交融的结果（图3-2-92～图3-2-95）。

图3-2-88 状元桥远眺

图3-2-89 状元桥近景

图3-2-90 龙标书院牌楼大门

图3-2-91 荷花池及过厅

图3-2-92 书香第

图3-2-93 关西第

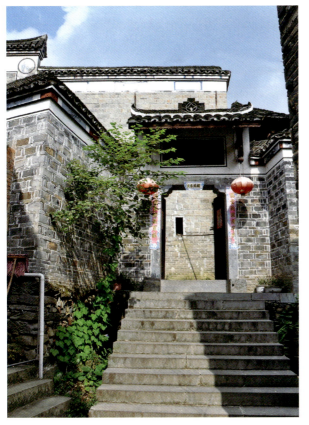

图3-2-94 陶家大院

图3-2-95 使用土砖为隆里民居一大特色，图为雁门第

第三节 古村落

一、石阡楼上村⑥

楼上村位于石阡县国荣乡佛顶山脚下。楼上，古称"寨纪"，后称"楼巷"，因"上"与"巷"谐音，久而久之便喊"楼上"，一直沿用至今。

楼上村中人都姓周，是以家族血缘关系为纽带的寨子，有家族族长及成员，这些人分别是族中的长者或德高望重之人。据《周氏家谱》载：古寨始建于明弘治六年（1494年）。周姓为汝南巨族，原系姬姓，原籍江西南昌府丰城县桥东珠市巷，祠名大本堂。明进士周国照出仕四川威远县，修建江西会馆，于该县洛阳乡大坡里晒金坡居住，后移西蜀潼川乐治县天井坝仁义乡，明弘治六年（1494年），始祖周伯泉避难图存，贸易入黔。行至寨纪，安家乐业，发展至今，形成现有村落规模。至今古寨中仍存周氏宗祠、四方碑古墓、九子十秀才墓、文林郎墓、屯堡遗址等遗迹作为见证。

古寨坐东北面西南，依山而建，古巷呈"斗"字形分布，各巷道均以青石板铺路，斑驳凹凸，巷宽2～3.5米，并有0.3～0.4米宽的排水沟与之平行。村中民居坐北面南，依山而建，鳞次栉比。民居多为四合院、三合院。四合院正房三间，两边各配厢房两间。龙门呈八字形状，龙门不正对堂屋，都是歪着开，青石板古巷斜着走"歪门斜道"。民居正房中堂多挂牌匾，窗棂间镶嵌精雕细刻的人物、鸟兽、虫鱼、神鹿、卷草等图案（图3-3-1～图3-3-5）。

梓潼宫是村中重要的公共建筑，位于楼上村头龟山的顶部。现存戏楼、正殿、两厢、后殿。梓潼宫正殿为穿斗抬柱混合式悬山小青瓦顶建筑，坐东向西，面阔五间，通面阔17.2米，进深15檩，通进深8.3米，建筑面积142.76平方米。正殿较之后殿地坪高出2.5米。梁架明间为抬柱式，采用26柱，其中14柱落地。前檐带廊。明间老檐柱间装隔扇门，两次间老檐柱间正中为对开板门，两侧为槛窗。两梢间廊柱间装板，正中开直棂窗。明间后檐正中对开板门，两侧为槛窗。两次间及两梢间后檐均装板。前檐廊间铺墁青石，室内为三合土地坪。两梢间后檐处分别有石梯下至后殿。北次间廊间立有《重修梓潼宫序》石碑一通。屋盖部分在板椽上直接干摆小青瓦，铜钱如意卷草纹饰脊刹。

梓潼宫戏楼为歇山、硬山混合青瓦顶建筑，坐东向西，结构为左右厢楼带廊，居中突出戏台，面

图3-3-1 楼上村俯瞰

图3-3-2 依山而建的民居大门

图3-3-3 典型民居内院

图3-3-4 典型民居正房门窗

图3-3-5 天福古井

阔三间，通面阔12米，明间进深6.35米，耳房进深2.9米。明间共用16柱，其中8柱落地。两耳房共用8柱，其中6柱落地。二层明间前部为戏台，正面置屏风，两侧各置门洞一个，正面及两侧梁枋下饰卷草纹挂落，檐下装鹤颈椽板。两耳房一层置楼梯上二层。二层前檐、两山及后檐均装板。两山后檐置围墙。一层地面为三合土，有石质柱础。二层置楼板。2004年进行了修缮，保存现状较好（图3-3-6~图3-3-9）。

图3-3-6 大门

图3-3-7 正殿

图3-3-8 后殿

图3-3-9 戏楼

二、铜仁客兰寨[7]

客兰寨，原名客来寨，位于铜仁市瓦屋乡六龙山山麓，前临瓦屋河，背靠六龙山，占地面积150000平方米。瓦屋河自南向北流过。村寨坐东向西，村民均为刘姓。明洪武五年（1372年），刘氏先祖刘贵奉诏随军由江西吉水赴黔，因功授职思州宣慰司同知。明洪武六年（1373年），思州宣慰司设立施溪长官司，刘贵之子刘道忠任第一任长官。之后，其家族世袭二十七任、二十四世至民国初年，刘氏一姓，在此繁衍生息600余年。客兰寨至今仍较好地保存"三合院"、"四合院"建筑12座，宗祠3座。除此之外还有手工作坊、码头、古井、学馆、庙宇、营盘、神道碑、司前屯堡、保寨楼（碉堡）、公墓等遗迹及井边龙巷、三房龙巷、绍文龙巷、庙宇龙巷、大房龙巷、满房龙巷等6条巷道。

客兰寨民居建筑沿山势、水势，布局灵活多样，利用天然的地形地貌进行规划设计，通过适量采用花墙、漏窗、楼阁、天井等建筑手法，沟通内外的空间，使建筑群落达成与自然环境的巧妙结合。形成一相对封闭的环境，既可靠山遮挡冷风，又可面水迎风纳气，还能获得良好的景观效果。其建筑随山势的起伏，巧妙地融入青松翠柏之间，建筑物与山、水、泉、林、田园有机结合，形成一幅入村不见山、进山不见寨的"天人合一"山野村居图，构成了优美、宜人、质朴的人居环境。

客兰寨村民对民居朝向非常讲究。为了祈求理想的居住环境，村民们对建房选择时辰，确定吉时吉向十分重视。当主人选择好自己喜欢的地基后，才请择字先生择动土时辰，动土前，还要放线。放线非常讲究，要使房子的主轴线后端正对着山的凸起处。因此就有了一种迷信的说法："正房要有靠山，才坐得起人家。"最忌对着山箐、山沟或空旷之处。正房一般向东，大门朝东偏南方向，以求达到聚财、平安吉祥、幸福安康。墙体方向则随靠山位置而定。

客兰寨建筑在布局、用材、尺度、风格上与周边环境均浑然天成，建筑古朴、自然得趣。墙基至了米余高的条石、大鹅卵石，可谓就地取材。斑驳的夯土墙、土砖墙风骨犹在。部分外露的木构架，屋面的小青瓦，简洁、朴实。寨中道路多以小卵石、石板铺设，精心有致，更是古风古韵，其建筑技术、装饰技艺、雕刻技巧鬼斧神工，超凡脱俗，别具一格。院内屋外，随处可见精雕细刻的建筑艺术品。民居建筑群从屋檐、柱础、石鼓、门窗到神龛、寝具、屏风等生活用具，造型逼真，构思奇特，精雕细刻，匠心独具，既具有公共建筑的大气，又具有南方建筑的秀雅风格。这里的民居建筑群以及宗祠中将木雕、砖雕、石雕陈于一院，绘画（宗祠内壁画）、书法、诗文熔为一炉，人物、禽兽、花木汇成一体，姿态纷呈，各具特色，称得

图3-3-10 客兰寨山水环境

上西南民居建筑艺苑中的一颗璀璨明珠。客兰寨民居作为锦江流域民居建筑的组成部分，既具备汉族民居建筑的一般特征，也反映客兰寨这一特定村落由军屯转为民屯的许多特征和内涵（图3-3-10～图3-3-18）。

客兰寨的宗族观念、祖先崇拜、自然崇拜等特别浓厚，因此客兰寨至今仍保留和传承着典型的衣、食、住、行和伦理制度以及婚丧、节日、宗教信仰等习俗。如节日有"祀贵公"、"祠堂会"、"清明会"等，民间文化有"傩堂戏"、"阳戏"、"龙船会"、"庙会"等。

图3-3-11 客兰寨俯瞰

图3-3-12 寨内街巷——三房龙巷

图3-3-13 典型民居均大量使用土砖砌筑，不同民居的大门做法不一

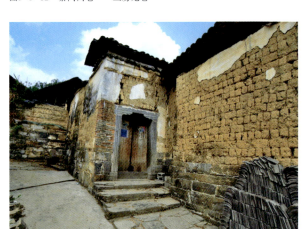

图3-3-14 民居大门之一

图3-3-15 民居大门之二

图3-3-16 "忠顺第"八字朝门

图3-3-17 村寨临水面居

图3-3-18 刘氏宗谱

三、天柱三门塘村⑧

三门塘村位于天柱县东南坌处镇清水江畔。清水江发源于黔南布依族苗族自治州都匀市境内,贯穿黔东南苗族侗族自治州大部分地区,下通湖南洪江、黔阳,汇洞庭、入长江。三门塘倚清水江而建,水运交通十分便利。三门塘就是这样一个以清水航运而兴的古村落。

三门塘村形象极像一艘停靠于江边的大船。村落所在之处江面宽阔,水流平缓,加之江岸有一岩滩,为天然的舟楫停靠码头,这是三门塘于此落寨并兴旺发达的根本原因所在。三门塘村江对面为三门溪,亦为一重要古村落,与三门塘互为犄角。三门塘村背山面水,地处古道要津,优越的地理位置为当地经济的发展,提供了良好的自然条件,故能成为"总三江九溪之门户,扼内江外埠之咽喉,踞千年古道之要津,为木材外销之口岸",最盛时期形成了由5条主街巷和众多民居、商号、店铺、庙宇、桥梁、码头等组成的建筑群,包括了民间典型的水运商贸集镇的大部分类型(图3-3-19、图3-3-20)。

三门塘村民以侗族为主,也有少量苗族。村民讲侗语,也讲汉语,部分村民还讲苗语。全村有王、吴、刘、谢、蒋、李、彭、袁、印等19个姓氏。明清以来的民族文化交融,使三门塘呈现了丰富多彩的多元文化。清雍正年间,三门塘开辟为清水江水运码头,大批汉族商人从江西、湖北、湖南

图3-3-19 三门塘村远眺

图3-3-20 与三门塘隔江相望的三门溪

等地溯江而至。清乾隆年间,商贾云集,三门塘成为盛极一时的水运商贸集镇。碑刻记载了当时的情境:"诸峰来朝,势若星拱,清河环下,碧浪排空,昼则舟楫上下,夜则渔火辉煌,天地之灵秀,无处

不钟矣!"各色买办人员、商品包装人员,频繁接触外地客商,使三门塘人学会了汉语和汉文,同时也在待人接物、饮食、服饰、风俗习惯等方面受到了汉文化,尤其是湖广文化的影响。三门塘村的村落选址、建筑营建更是这种文化交融的具体体现。

三门塘村选址十分重视风水观念,村落营建莫不以风水理论进行完善。据兴隆庵《修庵碑记》载:"兴隆庵,古永福寺旧迹也。明万历年间,建于亥把冲口,梵宇森严然,立庵以尊佛,兼培风水焉。余村自钟灵山发脉,蜿蜒奔赴,凝结与东北中者,后龙未续,缺陷颇多。及我朝康熙十有二年,爰历坤舆,卜宅于斯而迁之,以补元气,以培风水。"表明兴隆庵修建有很大原因就是为了培补三门塘的风水。复兴桥为三门塘水口锁水之桥。据道光三年《复兴桥》碑记载:"斯桥,水自右旋,抱树而下。而世业风水之术也,金以桥足固一村水口,且外森立二石,名曰傍浦岩,又有古木左右映带,每谓坚如铁券,固若金汤,可卜。"

三门塘民居建筑选宅基地时,要求前有案山,后有来龙(山脉),左青龙,右白虎,最理想的宅基地是青龙高过白虎,靠近水源,便于就近取水。正因为如此,三门塘至今仍保存有"妇女井"、"博溥渊泉"等古井20余眼。其目的就是想通过选择好的地址,即能给主人带来幸福的地理环境,然后把住房建在上面,从而使好的地址通过建造的房屋给房主人带来幸福。房屋样式有平屋、开口屋和吊脚楼。高度(以中柱为准)一般起一丈六八、一丈八八,最高起二丈一尺八寸,尾数须带"八",民间认为八是吉祥数,取之则大吉大利。木匠师傅只需要一根丈杆、一只墨斗和一片篾笔即可把房子设计建造起来。

三门塘既有侗汉结合的王氏宗祠,又有中西合璧的刘氏宗祠,这两幢白墙青瓦古色古香的建筑镶嵌在鳞次栉比的木楼之间,使三门塘的景色更加绚丽,气势更加磅礴。同时,三门塘民居建筑又吸收了当地干阑式侗族民居的一些建筑元素,如吊脚楼。此外,三门塘还有不少印子屋、石库门

图3-3-21 王氏宗祠

图3-3-22 刘氏宗祠

四合院。印子屋因其四四方方像一颗大印而得名，与长江流域的南方合院式建筑同出一脉。合院外设石库门，进门为庭院，居中为正房，左右为厢房，设天井采光，院内置消防池，四周砌封火墙（图3-3-21～图3-3-27）。

在侗族文化的影响下，三门塘在清乾隆初年建有鼓楼一座，时称乘凉楼，清嘉庆六年（1801年）重修。据谱碟记载，此楼"层瓦辉碧，迭檐流苏，典雅古朴。俯瞰商船出进，环顾木排横江，风清月朗，笑语飞歌，山川灵秀，独钟此楼"。惜清同治四年（1865年）三月，毁于战火。

三门塘的刘氏宗祠、王氏宗祠和四合院的墙壁，或塑浮雕、或绘彩画，构思奇巧，是集建筑、绘画、雕塑艺术于一身的艺术瑰宝，形象生动，寓意深刻。多数木雕、石雕、彩塑、彩画作品，题材广泛，内容健康向上，对社会、对子孙后代具有积极的教育意义，其中不乏艺术珍品。刘氏宗祠的灰塑还受到了西方建筑文化的影响。

图3-3-23 南岳庙

图3-3-24 灵动错落的民居外墙

图3-3-25 村寨内街巷及建筑通道之一

图3-3-26 村寨内街巷及建筑通道之二

图3-3-27 村寨内街巷及建筑通道之三

第四节 古建筑

一、坛庙寺观

（一）思南府文庙

思南府文庙位于思南县城，始建于元代，具体年代无考，原为思南宣慰使田氏住宅。明成化二十二年（1486年）重建，后经12次维修、扩建。清嘉庆二年（1797年）知府袁纯德重修，嘉庆四年（1799年）颁御书"圣集大成"匾额，嘉庆十二年（1807年）知府项应莲重修。清道光元年（1821年）维修。清末、民国期间为思南凤仪校舍。

府文庙坐西向东，东低西高，利用自然地形而建。现存礼门、义路、泮池、棂星门、大成门、两厢、大成殿、崇圣祠、追封殿等。占地面积约6000平方米，建筑面积1600平方米。大成殿面阔五间，通面阔24.9米，进深五间，通进深17.2米，穿斗抬柱混合式歇山青瓦顶。廊间装卷棚顶。廊柱间装挂落，明间、次间装隔扇门，两梢间装槛窗，前檐檐下装鹤颈椽及板，廊柱装狮子倒立撑栱。露明造。正、垂、戗脊均为卷草镂空图案，狮子垂兽。正脊中置五级葫芦宝顶，歇山翘角龙鱼吻饰。卷草、动物纹饰沟头、滴水。大成门面阔五间，通面阔22米，进深四间，通进深7米，穿斗式悬山青瓦顶。崇圣祠面阔三间，通面阔13米，进深三间，通进深8米，穿斗式悬山青瓦顶。追封殿面阔三间，通面阔15米，进深三间。通进深9米，穿斗式悬山青瓦顶（图3-4-1～图3-4-3）。

图3-4-1 府文庙棂星门

图3-4-2 大成殿

图3-4-3 府文庙总剖面图

（二）石阡府文庙

石阡府文庙位于石阡县城汤山镇城东。明永乐十一年（1413年）建石阡府，石阡府文庙于同年由时任知府李鉴始建。后，府文庙历经战火，多次重修。至清乾隆五十一年（1786年）知府董醇重修后，庙制基本稳定。清道光年间重修。坐东向西。现存大成殿、两庑、大成门、乡贤祠、名宦祠、状元桥、泮池、礼门、义路等建筑。占地面积2049平方米，建筑面积1101平方米（图3-4-4、图3-4-5）。

大成殿面阔五间，通面阔22米，进深四间，通进深14.18米，隔扇门窗，穿斗抬柱混合式歇山青筒瓦顶。大成门坐东向西。面阔五间，通面阔24.91米，进深二间，通进深5.49米。穿斗抬柱混合结构硬山青瓦顶。建筑面积352.2平方米。泮池位于文庙大成门院落前，半圆形，直径4米。周围望柱嵌栏板16块，镂雕"暗八仙"图案。状元桥位于泮池上，东西向，长5.14米，宽2米，通高2.06米，拱矢高1.6米，净跨4米（图3-4-6～图3-2-12）。

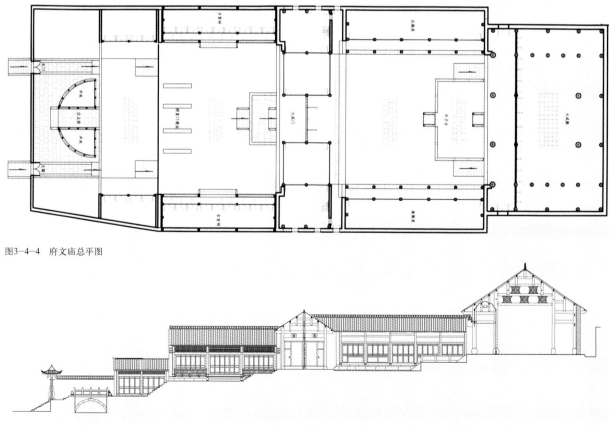

图3-4-4 府文庙总平图

图3-4-5 府文庙总剖图

图3-4-6 府文庙俯瞰

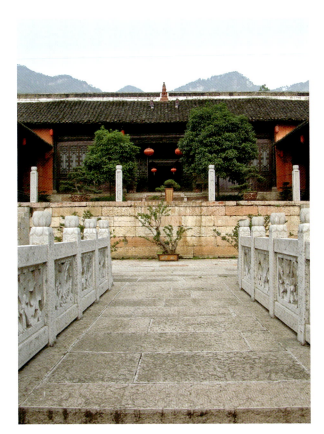

图3-4-7 大成门

图3-4-8 从大成殿观大成门

图3-4-9 大成殿及天子台

图3-4-10 府文庙御路石雕

图3-4-11 柱础

图3-4-12 栏杆望柱石狮

(三)黄平飞云崖

黄平飞云崖位于黄平县新州镇东坡村湘黔公路北侧。明正统八年(1443年)首建月潭寺,其后多次续修。清乾隆、道光年间扩建,咸丰五年(1855年)局部毁,光绪二十三年(1897年)修复。现存大部分为清代建筑。主要建筑有飞云崖牌坊、藏经楼、长廊、滴翠亭、碑亭、接引阁、接官厅、观音殿、圣果亭、童子亭和月潭寺牌坊、云在堂、养云阁及大雄宝殿等,建筑面积4274平方米。另保存历史名人摩崖题刻数十通。飞云崖古建筑群依山就势而建,充分利用自然地形合理布局,集亭台楼阁及合院式、殿式建筑于一隅,堪称贵州山地建筑的百花园。接官厅更是将屋脊做成中间高、两边低的弧形,以喻官帽,为贵州建筑中的孤例。大雄宝殿原为旧州文庙大成殿,后迁至此处。大成殿建于清道光八年(1828年),面阔五间,通面阔23.2米,进深四间,通进深13.7米,穿斗抬柱式歇山青筒瓦顶,台基高耸,高1.7米,卷棚前廊,额枋雕龙刻凤,檐柱间置花牙子雀替,檐柱与挑檐枋间置狮撑栱,雕刻十分精美(图3-4-13~图3-4-22)。

图3-4-13 牌楼大门

图3-4-14 藏经楼

图3-4-15 大殿

图3-4-16 接官厅

图3-4-17 接官厅侧面山墙

图3-4-18 碑亭

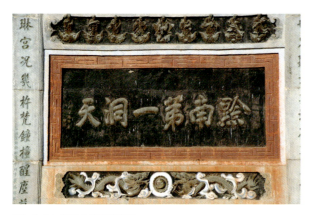
图3-4-19 牌楼大门石雕匾额

图3-4-20 牌楼大门石雕狮子

图3-4-21 大殿及接官厅正脊宝顶之一

图3-4-22 大殿及接官厅正脊宝顶之二

图3-4-23 观音殿

（四）思南华严寺

思南华严寺位于思南县城，始建于宋代。明嘉靖三十七年（1558年）、万历十年（1582年）、万历十九年（1591年）、万历四十二年（1614年）、崇祯十二年（1639年）和清康熙三十五年（1696年）、乾隆五十三年（1788年）、乾隆五十六年（1791年）多次维修、重建。坐东向西。中轴对称。由牌楼山门、藏经楼、观音阁、六佛堂、准提殿、寿佛殿、三元殿、玉皇楼、关帝殿、文昌宫、中和书院等组成。占地面积8835平方米。现存观音阁、寿佛殿、三元殿等，建筑面积1355平方米。观音阁面阔三间，通面阔10米，进深三间，通进深8米，穿斗式歇山青瓦顶。阁壁镶有明代碑刻3通。寿佛殿面阔三间，通面阔10米，进深三间，通进深8米，穿斗式歇山青瓦顶。三元殿面阔三间，通面阔10米，进深三间，通进深8米，穿斗式歇山青瓦顶。现除观音殿为原构外，其余建筑均为后期所建仿古建筑（图3-4-23、图3-4-24）。

图3-4-24 观音殿背面

二、会馆祠堂

（一）石阡万寿宫

石阡万寿宫又称豫章合省会馆，位于石阡县城，由旅居石阡的江西人始建于明代。清康熙五十八年（1719年）、雍正十三年（1735年）、乾隆三年（1758年）相继维修扩建。清乾隆三十二年

（1767年），江西南昌等五府商贾捐资再建。清道光年间改建。

万寿宫坐北朝南，分别由左、中、右三条轴线组成三进院落，左为圣帝宫，右为紫云宫，中为万寿宫及戏楼，周围封高约14米砖墙。占地面积2300平方米，建筑面积1620平方米。石阡万寿宫规模宏大，是贵州为数不多的由三条轴线组成的大型院落式建筑群，同时，其雕饰精美、内容丰富的砖雕，是贵州古建筑砖雕的代表之作（图3-4-25～图3-4-29）。

万寿宫正门开于东侧，为六柱三间三层三重檐砖石牌楼式大门，通高11.98米。石质拱券门宽2.28米，高3.87米。二层中部竖向楷书阳刻"万寿宫"3字，两侧砖雕"八仙"人物图。大门两侧砖

图3-4-25 石阡万寿宫俯瞰

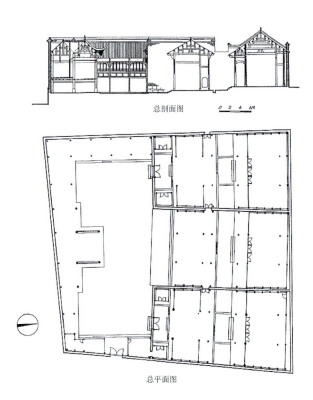

总剖面图

总平面图

图3-4-26 万寿宫总剖面图及总平面图

图3-4-27 万寿宫字碑砖雕

图3-4-28 福禄寿砖雕

图3-4-29 丹凤朝阳砖雕

雕"龙"、"凤"图案。正面遍施泥塑、彩绘。大门之后为门房，一楼一底，明间为门廊，屋面凸出为歇山屋顶。进门院落左侧为戏楼。戏楼二层，穿斗抬柱式歇山青筒瓦顶，三面台枋雕刻有16幅三国故事图案，檐口置装饰性如意斗栱，戏台顶设正方形藻井，正中为"丹凤朝阳"木雕，四周绘山水图画。戏楼两侧为单坡悬山青瓦顶耳房。正殿面阔三间，通面阔14.08米，进深三间，通进深9.61米，穿斗抬柱混合结构硬山青瓦顶。正殿南侧山墙上嵌清代重修万寿宫石碑2通（图3-4-30～图3-4-35）。

圣帝宫坐东向西。由牌楼大门、钟鼓楼、过厅、正殿等组成。牌楼大门为砖石仿木结构牌楼，通高11.26米，四柱三间三楼，下半部分为石拱券门。石拱券门洞宽2.38米，高3.08米。上半部分明间字匾横向楷书阳刻"圣帝宫"3字，上部砖雕"双凤朝阳"图。正面施砖雕神话故事图5幅。过厅面阔三间，通面阔12.6米，进深二间，通进深8.7米。正殿面阔三间，通面阔13.53米，进深三间，通进深9.72米。

紫云宫坐东向西。由牌楼大门、钟鼓楼、过厅、正殿等组成。牌楼大门形制与圣帝宫基本相同。过厅面阔三间，通面阔12.8米，进深二间，通

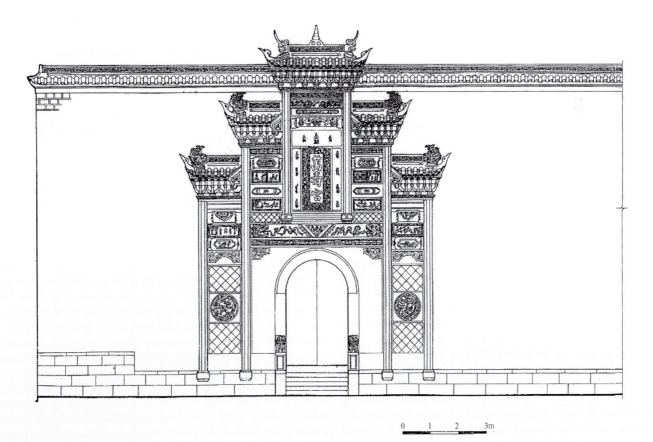

图3-4-30 万寿宫大门正立面图

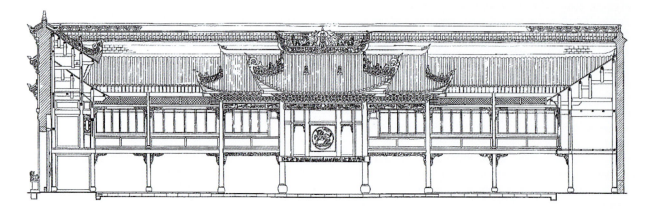

图3-4-31 万寿宫戏楼正立面图

图3-4-32 万寿宫大门

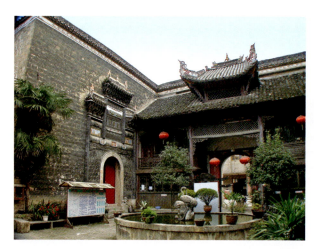

图3-4-33 大门内侧

图3-4-34 戏楼

图3-4-35 过厅

图3-4-36 紫云宫总剖面、总平图面

进深7米。正殿面阔三间，通面阔13.51米，进深三间，通进深9.38米（图3-4-36～图3-4-39）。

（二）石阡禹王宫

禹王宫为湖广会馆，又称水府阁，位于石阡县城。始建于明万历十六年（1588年）。清康熙五十五年（1716年）、乾隆四十五年（1780年）、嘉庆二十年（1815年）相继维修增建。坐北向南。有牌楼式大门、戏楼、过殿、正殿等建筑。占地面积约1540平方米。建筑面积1428平方米。内有石、砖、木雕刻图案多种。

牌楼大门坐北向南。砖石质，四柱三间三层二重檐牌楼式，通高10米。石库门宽1.78米，高3.4

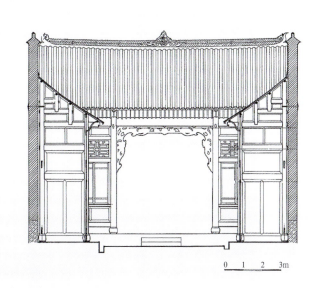

图3-4-37 紫云宫过厅正立面图

图3-4-38 紫云宫大门

图3-4-39 紫云宫大门牌楼

图3-4-40 禹王宫大门

米。二层中部竖向楷书阴刻"禹王宫"3字，两侧为砖雕"龙柱"图。大门两侧正面墙上有砖雕人物、动物等图案。过殿坐北朝南。面阔五间，通面阔21.4米，进深五间，通进深11.2米，穿斗抬柱木结构硬山青瓦顶。正殿面阔五间，通面阔21.4米，进深六间，通进深11.2米，穿斗抬柱木结构硬山青瓦顶（图3-4-40～图3-4-42）。

（三）思南万寿宫

思南万寿宫位于思南县城中山街，又名"江西会馆"、"豫章会馆"，原名"水府祠"，始建于明正德五年（1510年），重修于明万历二年（1574年）。清康熙二十三年（1684年）、嘉庆六年（1801年），实力不断壮大的江西商人捐募巨资，增其旧制，扩大规模，建筑雕梁画栋、富丽堂皇，以此作为江西人的会馆，并更名万寿宫，沿用至今。

万寿宫坐西向东，原由牌楼山门、戏楼、两厢、抱厦、正殿及观音堂等建筑组成，占地面积约2400平方米。现存牌楼山门、戏楼、右厢、抱

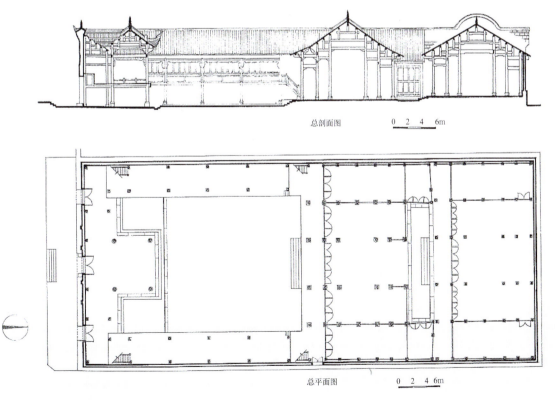

图3-4-41 禹王宫总平面、总剖面图

图3-4-42 禹王宫正立面图

厦、正殿等，建筑面积600平方米（图3-4-43～图3-4-45）。正殿面阔三间，通面阔16米，进深四间，通进深12米，穿斗式封火山墙青瓦顶，隔扇门窗。正殿前为抱厦，与正殿组合为一体，为黔东北区域典型的"殿堂带抱厦式"布局。戏楼二层，穿斗式歇山顶，翼角高耸。底层为通道，面阔五间，通面阔16米，进深二间，通进深9米。上层为戏台。置如意斗栱、八角藻井。

（四）印江严氏宗祠

严氏宗祠位于印江县峨岭镇，始建于清嘉庆

图3-4-43 万寿宫大门

图3-4-44 戏楼牌楼大门

二十一年（1816年）。坐南向北。共三进，中轴对称。原有门墙、八角亭、前天井、厢房、三星台、享堂、后天井、后堂、厢房、钟鼓楼、操场等。现存享堂、后殿、两厢、配殿等，占地面积2254平方米，建筑面积1298平方米（图3-4-46~图3-4-49）。享堂面阔五间，通面阔21.5米，进深三间，通进深10.6米，穿斗抬柱式悬山青瓦顶。雕花石栏板围护，刻"八仙过海"、"二十四孝"等。鼓形雕花石础。后堂面阔五间，通面阔21.5米，进深五间，通进深6米，穿斗式悬山青瓦顶。雕花石栏板围护。

（五）远口吴氏总祠

远口吴氏总祠位于天柱县远口镇远口村西老城墙街，清乾隆元年（1736年）始建"派祠"，后毁于兵燹。清光绪十五年（1889年）重修，次年竣工，称"总祠"。坐北向南，三进二天井，砖墙围护。有牌楼大门、过厅、前两厢、中厅、后两厢、享堂等，占地面积1169平方米，建

图3-4-45 戏楼

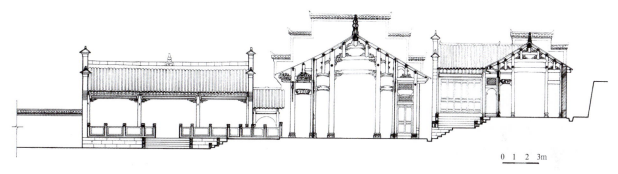

图3-4-46 严氏宗祠总剖面图

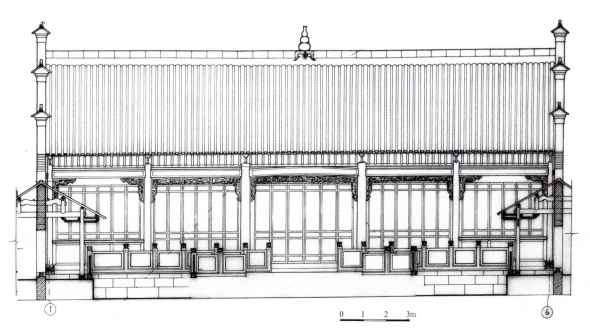

图3-4-47 正殿正立面图

图3-4-48　严氏宗祠俯瞰

图3-4-49　错落有致的山墙组合

筑面积980平方米。享堂面阔五间，通面阔18.6米，进深四间，通进深9.5米，穿斗抬柱式木结构，青瓦顶。隔扇门窗。台基高1.2米，7级踏步。大门为六柱五间五楼八字砖石牌楼式，通高11.61米。明间面阔3.92米，上竖书"泰伯流芳"4字。石库门宽1.72米，高3.28米，额上横刻楷书"吴氏总祠"4字。左右壁宽8.4米，高9.2米。有对联3副。过厅面阔三间，通面阔9.5米，进深二间，通进深5.8米，穿斗抬柱式木结构，青瓦顶。明间为通道（图3-4-50～图3-4-52）。

图3-4-50　吴氏总祠远眺

图3-4-51 吴氏总祠鸟瞰图

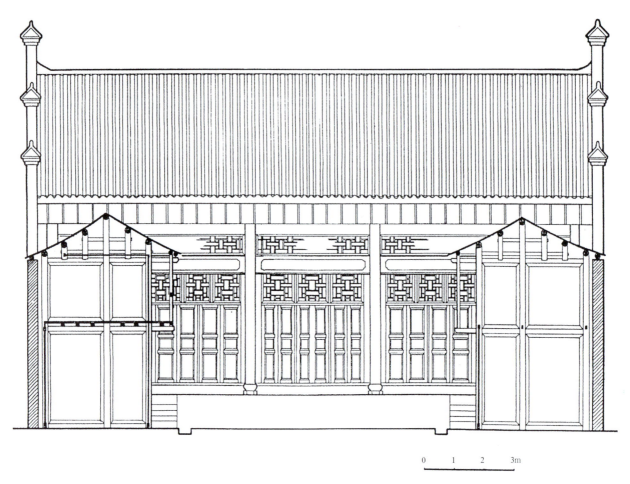

图3-4-52 吴氏总祠享堂立面图

(六) 建厂田氏宗祠

建厂田氏宗祠位于印江县木黄镇燕子岩村，1932年建。坐北向南。共三进。前有照壁，内有山门、戏楼、耳房、前后天井、厢房、享堂、后堂、花圃、燕翼亭等。占地面积2156平方米，建筑占地1200平方米。享堂面阔五间，通面阔25.5米，进深三间，通进深9.2米，穿斗式悬山青瓦顶。后堂面阔五间，通面阔25.5米，进深三间，通进深9.2米，穿斗抬柱式悬山青瓦顶。戏楼面阔三间，通面阔13.6米，进深四间，通进深8.6米，穿斗式歇山青筒瓦顶，檐下置如意斗栱，额枋浮雕双龙及5幅历史故事图案。建厂田氏宗祠虽建于民国年间，但其基本还是沿用当地传统建筑手法，对研究该地区传统古建筑向民国建筑的演变历程具有重要意义（图3-4-53～图3-4-56）。

图3-4-53 田氏宗祠大门

图3-4-54 戏楼

图3-4-55 宗祠建筑组合关系

图3-4-56 建筑墙体装饰细部，已经具有近代建筑的一些特征

三、楼阁桥梁

（一）印江文昌阁

印江文昌阁位于印江县峨岭镇甲山村中寨口（印江民族中学校园内），始建于明嘉靖十年（1530年），初名"澄清楼"，重建于清康熙十七年（1678年），更名文昌阁[9]，后毁于火。清道光十七年（1837年）再次重建。称其为阁，实为楼阁式砖塔。阁通高37.8米，占地面积300平方米，坐西向东，砖木结构，七层八角攒尖青筒瓦顶。阁建于巨大的岩石之上，基础稳固，阁石台基全由方整石垒砌，高1.5米，阁基座呈正八边形，边宽4.4米，9级台阶入石拱大门。门宽1.75米，进深2.2米，门额石匾题"江城砥柱"四字，第三层书阁名"文昌阁"三字，各层均飞檐翘角，设窗洞，题楹联，阁内各层采用木梯上下连通，阁每层均由8根木柱连接阁外翘角，结构严谨，顶层构架复杂，雷公柱与阁宝顶相连，主梁饰太极八卦图、题倡修人名及建筑年代（图3-4-57、图3-4-58）。

（二）印江武圣宫[10]

印江武圣宫位于印江县峨岭镇代家寨。始建于清嘉庆二年（1797年），是当地土家族民众为纪念武圣关羽而建，后毁于火。清光绪十八年（1892年）重建，坐东南向西北，占地面积120平方米，建筑面积44平方米，通高16.7米。阁基稳固，呈正六边形，边长3.3米，三层六角攒尖顶阁楼，飞檐翘角。正面石库式大门高2.4米，宽2米，两侧石刻门联一副，门额楷书"古今瞻仰"四字，两侧墙身各镶嵌石碑一块，阁内结构为6根大圆柱通其顶，沿梯可登顶层，外结构下部为空斗砖墙，上部为木结构。阁内供奉武圣关羽（图3-4-59）。

图3-4-57 文昌阁

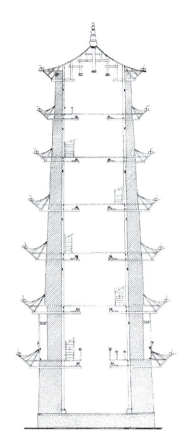

图3-4-58 文昌阁剖面图

图3-4-59 武圣宫正面

(三)新业文昌阁

新业文昌阁位于印江县新业乡文昌村新街木社河畔,始建于清光绪二十九年(1903年),坐北向南,占地面积400平方米,建筑面积41平方米。阁为八角七级楼阁式砖塔,通高37米。正面5级石台阶,塔基高1.36米,大青石拱券门。塔身有仿木结构翘角屋檐,翘角塑龙、蛇、鹤等7种动物,角端系风铃,檐口彩绘蝴蝶及卷枝叶纹、波涛纹。据碑载,该文昌阁由乡人招引湖南工匠修建,构件原材料中的基础石取自附近的五甲村,方砖取于向家寨,共烧制方砖40窑。文昌阁所处地势开阔,登临扶梯直上其顶,山峦沟壑、绿野平畴尽收眼底。阁东侧有一僧房,成为香客北上梵净山的小憩之所,也是乡民集会和举行各种民俗活动的场所(图3-4-60~图3-4-62)。

新业文昌阁按照印江县城的文昌阁形制修建,

图3-4-60 新业文昌阁

图3-4-61 文昌阁下部

图3-4-62 翼角檐口彩绘

同为七层八角阁体，功能相同，被当地人称为"母子阁"。

（四）玉屏钟鼓楼

玉屏钟鼓楼位于玉屏县城十字街，始建于明永乐年间（1403～1424年）。据《平溪卫志》记载：三层二十八柱，四角石基均高四尺，各层精雕龙凤花鸟，雄壮精美，四角均系铜铃。二三层四面各挂匾额，三层东书"控制"，南书"靖远"，西书"宁塞"，北书"绥柔"；二层东书"黔楚襟喉"，南书"四镇屏藩"，西书"一方观望"，北书"贵滇冲要"。后遭兵燹。清顺治七年（1650年）及康熙三十年（1691年）两次增修。清乾隆元年（1736年）毁于火，乾隆九年重建并增高五尺，同治三年（1864年）毁于战乱，光绪初年再建，底层改为南北通道的过街楼。1972年初被破四旧拆除。1984年照原样修复，现保存较好（图3-4-63、图3-4-64）。

钟鼓楼与其周边的老街区互为一体，是玉屏县城发展历史的见证，也是贵州现存不多的历史街区，具有重要的保护价值（图3-4-65）。

（五）新业兴隆桥

新业兴隆桥位于印江自治县新业乡芙蓉村陆家

图3-4-63 鹤立鸡群的钟鼓楼

图3-4-64　钟鼓楼仰视

图3-4-65　钟鼓楼与街区互相映衬，缺一不可

图3-4-66　跨河而建兴隆桥

寨和谢家寨两村之间，是北上梵净山的重要通道，又称谢家凉桥。系木结构风雨桥，东西横跨芙蓉河，全长33米，宽5.6米，凉桥高6米，桥墩高2.3米。

桥始建于清道光十四年（1834年），后被洪水冲毁，清光绪三年（1877年）重建，桥两端为六柱双檐牌楼式外八字形门楼，两端均额书"兴隆桥"三字，桥身为重檐穿斗式木结构，共8列，32柱落于桥面，悬山小青瓦顶。桥面于木梁上铺以木板，中为过道，两侧悬挑坐廊。桥中下壁置神龛供龙王。桥墩两个，由河中卵石垒砌。兴隆桥造型别致，美观大方，为黔东北地区简支木构廊桥的典型代表（图3-4-66～图3-4-69）。

图3-4-67 与山水田园融为一体的乡土建筑

图3-4-68 穿斗抬柱式廊桥梁架

图3-4-69 木梁结构细部

四、其他

（一）锦屏飞山庙

锦屏飞山庙位于锦屏县城清水江北岸，是纪念少数民族首领杨再思的祠庙，始建于清乾隆三十四年（1769年），坐北向南，占地面积2756平方米，建筑面积727平方米。建筑群由飞山阁和飞山庙组成。主体建筑飞山阁高24.8米，三层四角攒尖顶（图3-4-70～图3-4-72）。

杨再思，唐末五代靖州人，号十峒首领，人称"飞山太公"。唐代末期，王室衰微，天下纷争，藩镇割据，其时叙州（治所在今湖南洪江市西南黔城）南部一带苗、瑶、侗各民族在潘金盛、杨再思的领导下，逐渐兴旺繁盛，形成一个以飞山（距靖州县城5公里）为中心的民族集团——"飞山蛮"。唐昭宣帝天佑年间，杨再思临危受命镇守沅州，分镇黔湘，保境护唐，授左仆射尚书、江淮湖广都铃辖使、都统兵马。为忠诚于唐，后梁时改叙州为诚

图3-4-70 飞山庙大门

图3-4-71 飞山阁

图3-4-72 临江而建的楼阁建筑

州，军民誉再思为诚州刺史。杨再思一生老于边事，德泽湘黔，五代之乱，天下多遭涂炭，独诚州兵民屯集，商贾出入，社会安定，人民得以安居乐业。由于杨再思团结各州兄弟民族归顺朝廷，治国安邦功勋卓著，被宋王朝先后追封为威远将军、英惠公、英惠侯，湘、桂、黔三省边境人民感其恩德，奉若"神灵"，湘黔川桂各地修建"飞山庙"祭祀，缅怀杨再思功绩。铜仁至今仍存飞山宫。

（二）岩门司城垣

岩门长官司城位于贵州省黄平县谷陇镇东面的岩门司村。岩门设司始建于明成化六年（1470年），清顺治十五年（1658年）设长官司，土司何氏，世袭长官。据清嘉庆《黄平州志》记载，司址原在清水江南岸，筑有土城。后北迁今址，于清乾隆六年（1741年）建此石城。新址地势险要，后倚高山，前阻深江，上接重安、凯里，下达沅州、靖州，称清水江上流咽喉，是清政府"约束屯堡"、"弹压诸苗"的政治、军事要地，土司城构筑坚固。

城平面呈三角形，城垣青石精砌，周长1642米，高4.5米，厚2.67米，墙顶墁以料石，上下安砌墙垛。设有东、南、西3座城门，北面靠山，城墙顺山势延伸而上，于高险处构筑炮台3座，城门有楼，炮台有房，靠江还建有水关2座。清代岩门司设有土司衙门、岩门汛把总署和黄平卫千总署。咸丰、同治年间苗族农民大起义，曾将此城列为首批攻占的三城之一。

岩门司城历经200余年，城上木构建筑已倾圮。1972年拆取城石修整河道，毁城墙180米，其余1462米保存比较完好。土司城内现为苗汉村民居住，建筑多为穿斗式悬山青瓦顶（图3-4-73～图3-4-75）。

（三）印江依仁书院

印江依仁书院位于峨岭镇甲山村，紧临文昌阁。据《清道光思南府续志》载："乾隆七年，知县黄文则于去寺数步文昌阁左新建书院，嘉庆七年，知县张锡谷重修，颜其额曰：'近奎'，有记见艺文……更其名曰'依仁'……讲堂三楹、中为讲堂、楹左分斋四、楹右分斋四，为生童肄业所，后三中为尹珍、李谓二公祠，左右房各一、除山长住房外，余一间住生童，外为头门，缭以垣院，制毕备。"夫书院为造就人才之区，尤其中者大都温文尔雅力求上进之士。清光绪二十八年（1902年）奉令将依仁书院改为印江县官立高等小学堂。1940年

图3-4-74 城垣门洞可窥城与河流之间的关系

图3-4-73 残存城垣

图3-4-75 城内民居

4月成立印江国立初级中学。

现存书院应为光绪年间改造后的遗构。书院坐北朝南，占地面积678平方米，建筑面积556平方米。中轴线上有正厅、东、西厢房等建筑，正厅为穿斗抬柱式硬山小青瓦顶，面阔五间，通面阔19.6米，通进深10.5米。明间为书院讲堂，减柱造，三架梁，五架梁之间置梅、兰、竹等木雕驼墩。是贵州省保存较完整的书院建筑之一（图3-4-76～图3-4-78）。

注释

① 参考贵州省文物考古研究所相关资料。
② 参考夏鹤鸣，廖国平. 贵州航运史. 北京：人民交通出版社. 1993.
③ 清乾隆《镇远府志·城池》。
④ 图片来源：《寨英古建筑群文物保护规划》，松桃县文物局提供。
⑤ 参考贵州省文物局·隆里古建筑群第七批国保申报资料。
⑥ 参考贵州省文物局·楼上村古建筑群第七批国保申报资料。
⑦ 参考贵州省文物局·铜仁客兰寨古建筑群第七批国保申报资料。
⑧ 参考贵州省文物局·天柱三门塘古建筑群第七批国保申报资料。
⑨ 像印江文昌阁、新业文昌阁，这种建筑，实际上称为"文昌塔"更为准确。称其为阁，是延续了地方志书的记载和当地群众的习惯性称呼，故在录入时并未更名。
⑩ 与印江文昌阁一样，武圣宫名为"宫"，实为楼阁，也是延续了历史名称少当地的传统习惯称呼。

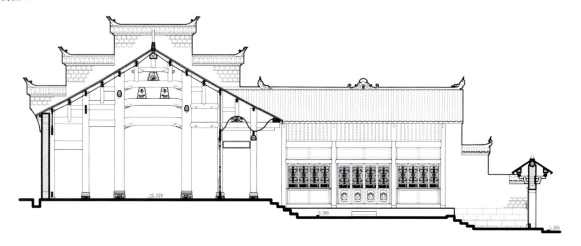

图3-4-76　依仁书院总剖面图

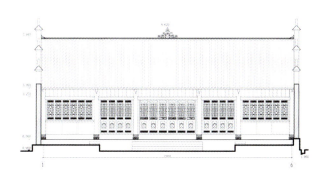

图3-4-77　依仁书院正厅正立面图

图3-4-78　依仁书院入口

贵州古建筑

第四章 黔东南建筑文化区

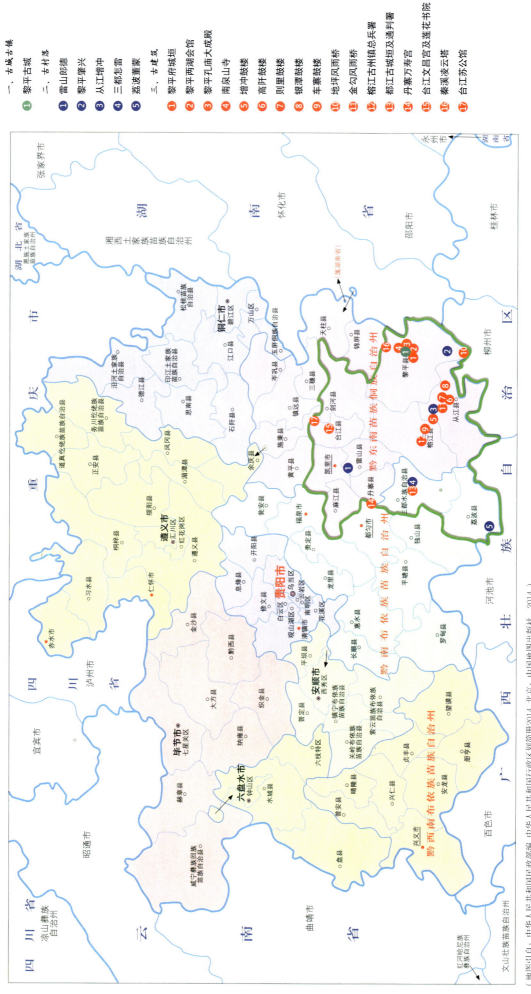

第一节　黔东南建筑文化区概述

黔东南建筑文化区自古以来便是苗瑶和百越族系相互交融、相互影响的地区，至今仍是全国最大的苗族聚居区，与湖南、广西的侗族聚居区组成了全国最大的侗族聚居区，同时也是黔桂两省区水族、瑶族、壮族山水相连的聚居区域，形成了各民族大聚居、小杂居的格局，是贵州民族风情最为浓郁的地区。明清以后，汉族移民的进入及对外商贸的发展，也使该区域的文化类型愈显丰富多彩。因此，该区域的建筑类型以苗、侗、瑶、水的干阑式、穿斗式、吊脚楼民居，侗族鼓楼、风雨桥为代表，同时也在一些政治、军事重镇和商业古镇、古村，出现了受湖广、粤桂文化影响的汉式民居和公共建筑。

一、区域地理及历史沿革

黔东南建筑文化区包括黔东南州大部和黔南州的三都县、荔波县。该区域东连湖南、南接广西，北部为长江流域沅江水系的清水江上游、中游，南部为珠江流域都柳江水系的都柳江上游。

该区域地势西高东低，自西部向北、东、南三面倾斜，海拔最高处为2178米，最低处为137米，素有"九山半水半分田"之说。境内沟壑纵横，山峦延绵，重崖叠嶂，有雷公山、佛顶山、弄相山等原始植被保护区以及自然保护区27个，其中雷公山自然保护区为国家自然保护区。区域气候属亚热带湿润气候，冬无严寒，夏无酷暑，年均气温在14～19℃之间。雨季明显，降水较多，年降雨量在1000～1600毫米。日照年均约1200小时。无霜期长，为260～220天，南部地区无霜期平均为310天，农作物三熟潜力较大，北部普遍可轮作两熟。

春秋时期以前，黔东南区域被称为"南蛮"或"荆蛮"之地。秦汉时期，区域大部为黔中郡、武陵郡所辖，今榕江、从江等地属郁林郡所辖。唐代，区域主要为黔州、应州等羁縻州所领。元代在民族地区推行土司制度，区域分属四川播州宣慰司、湖广思州宣慰司和新添葛蛮安抚司，今荔波为庆远南丹安抚司所辖。明代废思州宣慰司，分置镇远府、黎平府和新化府，隶属贵州布政司；区域大部为黎平府、里古州所辖，今荔波县域为广西庆远府所辖。清代区划基本袭明代，区域主要为黎平府、镇远府、都匀府所领，今荔波县域划属贵州。

清代，对该区域影响较大的事件为强行改土归流导致的"新疆六厅"的设置和两次苗民起义。清雍正四年（1726年），云贵总督鄂尔泰所上的《改土归流疏》被雍正皇帝批准后，即按其疏中"云贵大患无如苗蛮……苗患甚于土司"的主观判断，将"开辟苗疆"作为其施行"改土归流"之前奏，以重兵对既无土司统治亦无官府管制、尚处于原始社会末期的黔东南"苗疆"进行大规模"进剿"，旋置9卫及八寨、丹江、清江、古州、都江、台拱六厅。八寨等厅史称"新疆六厅"。在清廷的高压下，雍正十三年（1735年）春爆发了包利、红银苗民起义。六厅苗民一呼百应，群起参战，势如燎原。其时贵州全省官兵为3.6万人，其中古州、台拱两镇即有1.8万人，过全省兵力之半。即便如此，官兵仍旧无法抵敌，一时朝野震惊。鄂尔泰征调滇、蜀、楚、粤汉土官兵2.3万人入黔参与镇压。乾隆继位后，钦点曾任黎平知府襄理鄂尔泰"开辟苗疆"熟知苗疆的张广泗为联军统帅，至乾隆元年（1736年）九月，包利、红银领导的苗民起义被镇压。[①]

清咸丰五年（1855年），黔东南再次爆发了以张秀眉为首的苗民起义。一时间，"千里苗疆，莫不响应"。清政府见苗疆起义日益扩大，大为震惊，急调孝顺为贵州提督，饬由云南统率滇军来黔"襄助黔军进勤"。清军分兵三路：一路由三脚进攻丹江；一路由施洞口、胜秉（今施秉境）谋取镇远；一路沿清江入清平（今凯里），但三路清军纷纷被各地苗族义军击溃。此次苗民起义一经发酵，迅速与太平天国起义结合在一起，遂发展成席卷贵州的各族农民大起义。1872年，起义军与清军经过乌鸦坡、雷公山、香炉山之役，实力消耗殆尽而被镇压。[②]

二、区域文化及建筑特色

黔东南建筑文化区是贵州苗族、侗族、瑶族、水族聚居较集中的地方,历史悠久,民族文化源远流长。但在很长的历史时期内,黔东南一直是政治、经济和文化上的"生界",黔东南少数民族也很少与外界进行交流,其民族文化按照自己的轨迹缓慢地发生着变化。明清以后,随着中央王朝对这一区域的加强控制和各民族经济文化交流的逐渐深入,特别是改土归流和两次苗民起义被镇压后,周边的荆楚、湖广等汉族文化才随着航道、驿道和古道逐渐进入。

黔东南苗族是一支古老的民族。距今5000多年以前,生活在黄河中下游平原地区的九黎部落在向北扩张的过程中,与东进和南下的炎帝、黄帝部落发生了剧烈的武力冲突,经过长时间的征战,以蚩尤为首的九黎部落在涿鹿地区被击败,蚩尤被黄帝擒杀。大部分苗族先民被迫开始第一次大迁徙,放弃了黄河中下游地区而退回到长江中下游平原,并于洞庭湖和鄱阳湖之滨建立了"三苗国"。随着三苗部落的日渐强大,尧、舜多次对"三苗"进行征剿。舜帝即位后,"南巡狩猎",对不服舜帝管制的"三苗"进一步攻掠,苗族先民再次被迫向西南和西北地区迁徙,其中被迫向西北迁徙的这支苗族先民一部分融合于"羌人",成为西羌的先民;另一部分则因人口增多、耕地少而向平原地区迁徙,从青海往南到四川南部、云南东部、贵州西部,有的更向南、向西深入老挝、越南等地。而往西南迁徙的苗族先民则与楚人和睦相处,成为后来"楚蛮"的主要成员。战国时期,秦灭楚以后,一部分苗族背井离乡,长途跋涉西迁,进入武陵山区的五溪一带,形成历史上著名的"武陵蛮"。到西汉时期,这部分苗族先民在这里较快地发展起来,形成了与汉王朝相抗衡的一股势力。东汉建武二十三年(公元47年)到中平三年(公元186年),汉王朝共12次派出军队征剿"武陵蛮",迫使苗族再次离乡背井,一部分沿武陵山脉进入黔东北地区(今铜仁一带),一部分溯沅江水系,从湖南西南部,深入贵州东南、西南和广西境内;另一部分则南下广西融水,后又溯都柳江而上到达今天的榕江、雷山、台江、施秉等地。黔东南区域遂成为中国最大的也是苗族历经数千年迁徙后的最终落脚点。清乾隆年间,清政府为了管理苗疆,对苗族人民实行编户定籍,强行取消了苗族子连父名的传统,用苗名的谐音来定汉姓,目前西江境内苗族的蒋、唐、侯、杨、董、宋、顾、龙、陆、李、梁、毛、陈、金、吴等姓就是由此而来的(图4-1-1~图4-1-8)。[③]

黔东南建筑文化区是中国最大的侗族聚居区——湘黔桂交界地区的一部分。一般认为侗族是从古代百越的一支发展而来的。古代的越人是一个庞大的族群,其内部分为若干个支系,这个族群到了南北朝时期都被称为"僚"。到唐宋时期,僚

图4-1-1 苗族拦门酒

图4-1-2 苗族舞蹈

图4-1-3 苗族刺绣

图4-1-4 丹寨大簸箕村苗族村寨典型居住环境

图4-1-5 都柳江畔苗寨

图4-1-6 雷山挖拜村

图4-1-7 雷山西江镇苗族村寨聚居形态

图4-1-8　凯里怀恩堡村

图4-1-9　侗族人文生态——车江三宝琵琶歌

图4-1-10　侗族人文生态——小黄千人大歌

图4-1-11　侗族人文生态——侗族拦路歌

人进一步分化出包括侗族在内的许多少数民族。唐宋时期，中央王朝在"峒区"①设立羁縻政权，委任土官，称为"羁縻州峒"。羁縻州一般辖有若干"峒"。至今侗族地区不少村寨仍保留"洞"的名称，即是"峒"转变而来。黎平、从江的肇洞、顿洞、贯洞一带叫"六洞"，岩洞、曹滴洞一带叫"九洞"，黎平的潭洞、特洞一带叫"八洞"，三江、龙胜、锦屏、天柱、新晃等县的不少侗寨也叫作"洞"。明洪武五年（1372年），朱元璋命江阴侯吴良收服五开（今贵州黎平县）和古州（今贵州榕江）等侗族地区，得到223峒，人口15000多人。朱元璋对于归附的土官均原官授职。吴勉苗、侗起义（1378~1385年）失败后，明朝在侗族地区设置了卫、所、屯、堡等军事机构，进一步加强对侗族地区的封建统治。明永乐十一年（1413年），设黎平府，委任流官直接管辖土司，侗族地区出现"土流并治"的统治局面。清初，中央王朝在侗族地区的统治仍然因袭明代的"土流并存"，但土司的实权已趋削弱，均受到流官的节制。清雍正年间，中央王朝对侗族地区的部分卫、所进行调整，加强了流官的控制。通过改土归流，侗族基本上被纳入流官的统治范围，侗族地区的农业经济有了迅速的发展。清嘉庆年间，榕江、三江等地造船工匠已能造出载重2~3吨的木船，往来于榕江、柳州之间。商业也随之发展起来，除农村的小集市外，一些集镇和县城，如王寨（今锦屏县城）以及古州等地，已形成较大规模的市场，清水江也逐渐成为全国较大的木材集散地（图4-1-9~图4-1-16）。

图4-1-12 侗族村寨典型聚居环境——信地村

图4-1-13 侗族村寨典型聚居环境——宰荡村

图4-1-14 侗族村寨典型聚居环境——大利村

图4-1-15 侗族村寨典型聚居环境——增冲村

图4-1-16 侗族村寨典型聚居环境——地扪村

黔东南建筑文化圈也分布着部分瑶族。瑶族是古代东方"九黎"中的一支，后往湖北、湖南方向迁徙。到了秦汉时期，瑶族先民以长沙、武陵或五溪为居住中心，在汉文史料中，与其他少数民族合称"武陵蛮"、"五溪蛮"。南北朝时期，部分瑶族被称为"莫徭"，以衡阳、零陵等郡为居住中心。《梁书·张缵传》说："零陵、衡阳等郡，有莫徭蛮者，依山险为居，历政不宾服。"这里的"莫徭"，指的就是瑶族。隋唐时期，瑶族主要分布在今天的湖南大部、广西东北部和广东北部山区。所谓"南岭无山不有瑶"的俗语，大体上概括了瑶民当时山居的特点。唐末五代时期，湖南资江中下游，以及湘、黔之间的五溪地区，仍有较多的瑶族居住。宋代，瑶族虽然主要分布在湖南境内，但已有一定数量向两广北部深入。元代，迫于战争的压力，瑶族不得不大量南迁，不断地深入两广腹地。到了明代，两广成为瑶族的主要分布区。明末清初，部分瑶族又从两广向云贵迁徙，这时，瑶族遍及南方六省（区），基本上形成了今天的分布局面，具有"大分散、小聚居"的特点。贵州瑶族支系多，主要分布于荔波、黎平、榕江、雷山、丹寨、剑河、从江等县，服饰、习俗、语言及自称均有差异（图4-1-17～图4-1-21）。

水族也是黔东南建筑文化区的主要少数民族。水族主要生息于黔桂交界的龙江、都柳江上游地带，贵州省黔南州的三都水族自治县、荔波、独山、都匀等县市为主要居住区，黔东南的榕江、丹寨、雷山、从江、黎平等县为主要散居区，此外在广西北部的河池、南丹、环江、融水等县市以及云南省富源县也有水族村落分布。水族自称"睢"，

图4-1-17 瑶族人文生态——瑶族枫香染

图4-1-18 瑶族人文生态——董蒙村瑶族服饰

图4-1-19 瑶族人文生态——瑶山铜鼓舞

图4-1-20 瑶族民居——麻江白岩寨

图4-1-21 瑶族民居——荔波董蒙村

因发祥于睢水⑤而得名,故民间有"饮睢水,成睢人"之说。水族历史上曾出现过两次举族大迁徙。殷商亡国之后,部分殷人南迁融入百越族群。这是水族先民的第一次迁徙。公元前2世纪,秦王朝统一中国之后发兵征剿岭南。水族先民举族第二次大迁徙,从百越母体中分离出来,由南方溯流进入龙江、都柳江上游地带生息,大致形成后世分布的格局,并逐步向单一民族迈进。水族经历了八九百年相对比较稳定的发展,到了唐代逐步发展成为单一民族。水族的族名以"水"代"睢",与唐代设置的抚水州有关。唐开元年间(公元713~公元741年),唐朝在今黔桂交界的环江一带设置以安抚水族先民为主体对象的羁縻抚水州,这是中央王朝对自称"睢"族群的确认,标志水族以单一民族身份跻身于中华民族之林,族名从此以"水"代"睢"。明清以后,水族地区的社会经济有了显著的发展。1957年,国务院批准成立三都水族自治县,族称定为水族(图4-1-22~图4-1-24)。

汉族进入黔东南建筑文化区的时间也非常早,大规模的进入是在明清之后,尤其是清雍正年间"改土归流"后,大量汉人才涌入黔东南地域。清雍乾年间开辟"新疆六厅",在今黔东南南部地区设营安堡,组织军屯,"既可便于稽查,亦可少佐兵粮",促进了汉族大规模进入该区域。据《黔南识略》记载统计,"新疆六厅"共安屯8939户,这些屯户就是进入黔东南地域的汉族。乾隆嘉庆时期军屯在黔东南地区共开垦了近10万亩土地。清中后期,虽然政府仍实行禁止汉民私入苗疆,以防其"播弄构衅",严格汉苗界限的政策,但随着改土归流和先前迁入的屯民私自招垦,仍有许多客民进入苗区从事经济开发活动。《黔南职方纪略》对此记载比比皆是:黎平府等地"屯所之户,明初军籍十居其三,外来客民十居其七,今日皆成土著,与苗寨毘联,已各交好往来。睦邻之道,例所不禁","客民之住苗寨者,又较别地为多"。清江、台拱两厅"屯军三千数百余户","分屯各堡,始则各屯户

图4-1-22 水族典型村寨——三都怎雷上寨

图4-1-23 水族典型村寨——荔波水浦

图4-1-24 水族石板墓

服力其中，田土山场界限井然，而各省客民来者接踵矣"。甚至在黄平州等地"汉民错处其间，历年久远，苗产尽为汉有，苗民无土可依，悉皆围绕汉户而居，承佃客民田土耕种，昔日之苗寨今尽变为汉寨矣"。每户以5口计，清道光初年黔东南客民人数达8万余人，占此期贵州全省客民总数30万的27%左右，因从事商业等活动的客民后来多置产转从农业，故使黔东南地区土地垦殖规模扩大。⑥这些都客观促进了黔东南建筑文化区的经济社会发展。

清代，黔东南除传统的农业生产外，林业也是重要的经济来源，而且林业贸易还极大地促进了建筑文化的交流。由于黔东南地区拥有丰富的林业资源，早在明代便已成为重要的皇木采办地区之一。明嘉靖、万历年间就已有徽商、赣商进入贵州开办林贸商务，而清代黎平府"产木极多，……惟杉木则遍行，湖广及三江等省远商来此购买"，外地的杉木"不及郡内所产之长大也"。清乾隆时期黎平府"郡内自清江以下至茅坪二百里，两岸翼云承日，无隙土，无漏阴，栋梁宗桷之材，靡不备具。坎坎之声，铿訇空谷。商贾络绎于道，编巨筏放之大江，转运于江淮间者，产于此也。……茅坪、王寨、卦治三处，商旅几数十万"。清咸丰年间吴振棫称："黔郡之富最黎平，实惟杉之利。""黎人之以木富也，其庶几乎？"根据记载，清光绪年间黎平府木材"每岁可卖二三百万金"，即便是在私入苗区盗伐、不入关厘现象增多的情况下，该地区仍能每年"卖百余万"，足见林业极大的贸易利润和开发规模。同时，林业贸易促进了商帮的发展，较为出名的有"三帮"、"五勷"和近世开办的"花帮"等商帮，其中也有因林业贸易兴盛而产生的一批以出租和买卖山林为主的少数民族商人地主——"山客"（买方称"水客"）。这些商人群体主要由侗、苗、汉等族构成。⑦黎平县城的翘街即为此时期木商贸易的见证。

黔东南建筑文化区建筑丰富多彩，是以典型南方亚热带少数民族干阑建筑为主，并穿插了一些传统汉族建筑的建筑文化区域。明清时期是该区域建筑文化大交融、大发展的时期，至今留下了大量苗族、侗族、瑶族、水族风格的传统干阑式、穿斗式民居。同时，在政治中心、军事重镇和商贸集镇，也留下了一些受湖广及粤桂文化影响的传统汉式民居、公共建筑、宗教建筑、商贸建筑、会馆建筑和文教建筑。

黔东南建筑文化带有当地民族文化与外来文化交融的痕迹。如修房造屋各民族都有相似的禁忌和仪式，如请地理先生、风水先生或是水书先生选址、择日，都有相通的伐木、立基、发墨、起柱、上梁等仪式。各类营造工具和技术也基本相同。各民族建筑虽相互借鉴，但也形成了各自的民族特色，共同谱写了区域建筑文化的发展史。黔东南建筑以苗族的吊脚楼，侗族的鼓楼和风雨桥，瑶族和水族干阑民居最为特色，其中尤以侗族鼓楼和风雨桥为典型代表。

侗族鼓楼是我国传统木结构建筑中的一朵奇葩。据考证，鼓楼形象深受杉树的启发。文献资料称："侗人居溪峒中……春以巨木埋地为楼，高数丈，歌者夜则缘宿其上。"这是"鼓楼"的雏形。后来为满足社会、文化活动的开展，需要修建固定建筑物，侗族先民便以古杉为原型，结合楼阁式木结构建筑的营造技术，创造性地发明了鼓楼的建筑形式。经过长期发展，侗族鼓楼造型逐渐丰富，高度逐渐增加，营造技艺也逐渐提高。贵州现存300余座鼓楼，其中以从江"增冲鼓楼"年代最早，体量最大，五层十三重檐八角攒尖顶，通高20余米，1988年即被公布为全国重点文物保护单位。另外，从江高阡鼓楼和宰俄鼓楼是新近公布的全国重点文物保护单位。

风雨桥在建筑史上称为廊桥或楼桥，是一种集桥、廊、亭为一体的桥梁建筑。侗族也称风雨桥为"花桥"，因桥廊遍施彩塑彩画而得名。风雨桥不仅是水上交通津梁，而且起着"锁水"、"拦龙"、"护寨"的作用。同时，也是村民迎来送往、款待宾客唱"拦路歌"、喝"拦路酒"的场所。有些风雨桥，在宽敞明亮的桥面长廊中修建鼓楼式亭子，形成鼓楼与桥结为一体的雄伟建筑物。贵州潮湿多雨，木结构建筑难以长久保存，加之火灾及兵燹等原因，使得现存风雨桥基本都是清代之后的木结构建筑。黎平、从江、榕江有各式各样的风雨桥300多座，其中有文字记载较早的现存风雨桥是从江住洞寨脚风雨桥，始建于清乾隆四十二年（1777年）。从江流架风雨桥于清道光丙戌年（1826年）动工重建，至清道光辛丑年（1841年）竣工，历时十六载，也是一座有确切纪年的较早风雨桥。贵州风雨桥中最有名的当属黎平地坪风雨桥。

第二节　古城古镇

黎平

（一）古城概况

黎平地处黔、湘、桂三省交界，东临湖南、南连广西，是黔东南地区东进湖南、南下广西的交通要道，素有"黔东咽喉，军事要塞"之称。秦属黔中郡，汉属武陵郡。梁为龙标县地。宋建隆至开宝年间（公元960～公元968年），土酋杨正崖据十洞，隶诚州。元至元二年（1283年）置古州八万军民总管府，至元二十年置上黎平长官司，始称黎平。明洪武十八年（1385年），置五开卫于五脑寨（今黎平德凤镇）。⑧明永乐十一年（1413年），明王朝命楚王朱桢率兵镇压了吴勉领导的农民起义之后，设黎平府，辖五开卫等七长官司。清道光十二年（1832年），黎平府辖古州、下江二厅，开泰、永众等二县和潭溪等十四长官司512寨。1934年，红军长征经过黎平，召开了著名的"黎平会议"。

黎平城始筑于明洪武十九年（1386年），初为土城，洪武二十三年（1390年）改砌石城。据清光绪《黎平府志》载：周围一千二百二十四丈八尺。城身高二丈一尺，脚宽一丈五尺，收顶一丈一尺。城门四，东曰"迎恩"，西曰"镇夷"，南曰"和阳"，北曰"宁远"。城楼四，高五丈有奇。明天启六年（1626年），清乾隆十年（1745年）、光绪七年（1881年）等均进行过培修。后来，黎平城墙、城门相继

图4-2-1 黎平古城翘街

破坏、拆除,现仅存两段残垣及东、南城门门洞。

黎平古城南有南泉山脉环绕,北有北门山脉围拢,形成上至五开下至罗团,长宽分别10公里、3公里的船形盆地。城中有清澈见底的龙溪河(现称福禄河)沿北门山脚下注清水江。城内还有五座连绵的五脑山。先人依五脑地形,运用易经、星宿、天干地支、地理学,进行推算布局,开凿"九八"七十二眼井,眼井布局形象成一幅巨大的罗汉图。

黎平不仅是陆路交通要塞和军事、政治重镇,也是清水江、都柳江两大河流的分水岭,盛产杉木、木耳、山药材、牛皮等特产。明清以后商贾云集,有"小南京"之称。清代中期,湖南、湖北、广东、广西、浙江、四川、江西等省客商在黎平建立商会。现存清代嘉庆两湖会馆即为历史的见证。"日有千人拱手,夜亮万盏明灯",是当年黎平古城繁荣的盛况。当地居民为繁荣经济,常年把山区的茶油、核桃、香菇、天麻、杜仲等山珍药材,由水路运往清水江,下洞庭,出长江,有的甚至远销到上海等地。

如今,黎平翘街仍保留了部分黎平古城的历史面貌,被评为首批"中国历史文化名街"。翘街两侧商铺林立,遍布民居、店铺、宅院、商号等古建筑。两湖会馆、胡荣顺商号(即黎平会议会址)、蒋家大院等清初的商业建筑依然耸立。文庙、何公祠、南泉山寺等古建筑依然古韵悠悠(图4-2-1~图4-2-8)。

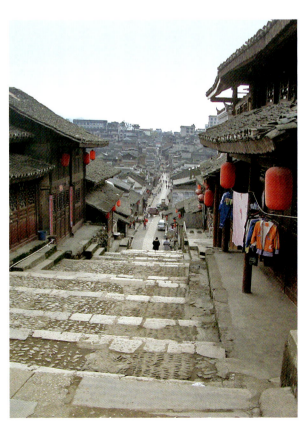

图4-2-2 翘街街道一

图4-2-3 翘街街道二

图4-2-4 民居

图4-2-5 翘街典型铺面

图4-2-6 招牌

图4-2-7 土墙民居

图4-2-8 古井

（二）古城建筑

1. 黎平城垣

黎平城垣原有城门、城楼、角楼、炮台、卡房、垛墙、枪眼、铺楼、串楼、护城河、进出水洞等。据《黎平府志》的记载进行换算，城垣周长4082.7米，高7米，底宽5米，顶宽3.7米。鼎盛时期，城垣之上有"城楼四，高五丈有奇；城门卡房四，各三间炮台，共五，自东至南炮台三，自南至西炮台一，自北至东炮台一，角楼五，在炮台上铺楼三十七串，一千二百一十九间；入水洞五，出水洞八"。另，"壕围一千二百三十四丈（4113米），广三丈三尺（11米），深一丈三尺（4.33米）"。修城历时60天。今存东门、南门及相邻城墙。南门内东侧城墙3米高处嵌有明天启年间黎靖参将陈天策石刻题记，宽0.67米，高0.35米（图4-2-9~图4-2-11）。

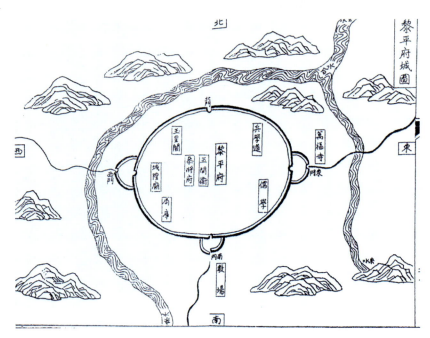

图4-2-9 明《黔记》载黎平府城图

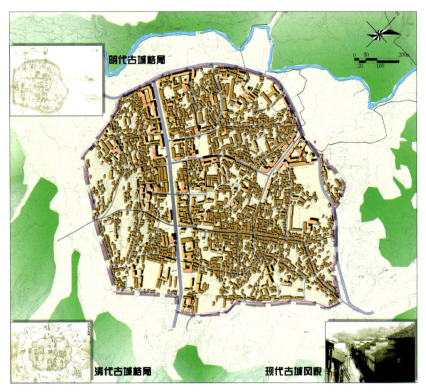

图4-2-10 黎平古城格局

2．两湖会馆

两湖会馆位于德凤镇二郎坡路中段南侧，建于清嘉庆二年（1797年）。清咸丰元年（1851年）、光绪二年（1876年）维修扩建。坐西向东。由门楼、戏楼、禹王宫、寿佛殿、洞庭宫、庑厅、阁楼、水上曲廊、凉亭、荷花池等组成，占地面积3479平方米。现存禹王宫、洞庭宫、庑厅、阁楼、荷花池等，建筑面积741.9平方米。存修建碑等6通。禹王

图4-2-11 城垣南门门洞

图4-2-12 禹王宫正殿

图4-2-13 荷花池连廊

宫正殿面阔三间，通面阔14米，进深四间，通进深13米，穿斗式木结构、硬山青瓦顶建筑（图4-2-12～图4-2-14）。存清嘉庆至民国年间的匾额、楹联43幅。其中有晚清书法家何绍基题写的"绩著平成"、清科举探花石成澡题写的"诞敷文德"等名匾。

3. 孔庙大成殿

孔庙位于德凤镇荷花塘路中段东侧，建于明弘治八年（1495年），清代多次维修。坐东向西。原有礼门、义路、宫墙、泮池、棂星门、大成门、两庑、大成殿等，占地面积5000平方米。清末开办学堂，相继拆除、改建。现仅存大成殿，应为清末改建时期的遗构，面阔三间，通面阔19.6米，进深四间，通进深14.2米，穿斗式抬柱式木结构，歇山青瓦顶。前为隔扇门窗，后墙嵌"黎平八景诗"石刻（图4-2-15、图4-2-16）。

4. 南泉山寺

南泉山寺位于德凤镇德凤村南泉山，因半山上有清冽泉水涌出而得名。明初于山上建庙，后毁。明万历三十四年（1606年）、清嘉庆元年（1796年）重修。清道光年间、光绪三年（1877年）维修。原有三重庙宇，自下而上为报国寺、灵官殿、宝顶

图4-2-14 马头墙细部做法

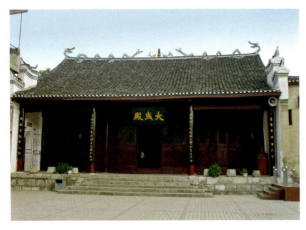

图4-2-15 孔庙大成殿正面

图4-2-16 孔庙大成殿室内

图4-2-17 南泉山寺大门

图4-2-18 南泉山寺一角

庵，另有天香阁、南泉亭等。现存报国寺，应为清末民国初期建筑。坐南向北。二进院落。由山门、禅楼、韦驮殿、观音殿、两厢、正殿组成，均为穿斗式木结构，悬山青瓦顶，占地面积3100平方米，建筑面积832平方米。山门侧开。正殿二层，面阔五间，通面阔18.3米，进深四间，通进深12.4米。空斗砖墙围护。观音殿面阔五间，通面阔16.7米，进深六间，通进深10.7米。禅楼为二层吊脚楼，面阔五间，通面阔5.7米，进深二间，通进深2.9米。三面有廊（图4-2-17、图4-2-18）。

第三节 古村落

一、雷山郎德上寨

朗德上寨位于贵州省黔东南苗族侗族自治州雷山县报德乡，距凯里市区29公里，距雷山县城7公里，是贵州最早列入保护的民族村寨。郎德上寨系苗语"能兑昂纠"的意译，"能兑"即欧兑河下游之意，村以河名，"昂纠"即上寨，郎德上寨因属郎德上方，故名。寨内苗民的服饰以长裙为特征，所以又称为"长裙苗"。

郎德上寨四面群山环绕，村前是一条清澈见底的溪流，流入美丽的丹江。寨子对面有养流坡，坡腰有8亩许平地和一长150米的赛马跑道。每年农历三月马日，雷山、凯里、麻江、丹寨四县交界的苗族男女青年，在此举行爬坡活动，对歌、赛马，盛极时达万余人。郎德上寨有五条花街路通向寨中。东、西、北面置有木柱瓦顶寨门。寨上，吊脚木楼，鳞次栉比，错落有致。寨中道路、院坝及各户门庭，都用鹅卵石或青石镶砌铺就。寨中有两个铜鼓、芦笙场（图4-3-1～图4-3-4）。

郎德上寨民居建筑依山就势而建，建筑大都沿

图4-3-1 郎德上寨民居及环境

图4-3-2 村寨依山而建

图4-3-3 村寨一角

图4-3-4 村落一角

等高线布局。大部分建筑充分利用坡地而形成一楼一底或二楼一底的吊脚楼，有全吊、半吊、角吊等多种形式，为黔东南苗族民居的典型代表。民居布局一般以堂屋为中心向两边拓展，开间三间、四间、五间均有，均为穿斗式梁架。在堂屋（明间）往往设有可登高望远和劳作休憩时的美人靠，苗语称"逗安息"。屋面多为悬山顶，也有部分歇山顶，有的民居带偏厦。村内有大小铜鼓坪两个，一个基本废弃，一个作为重要节日活动开展及日常交往的场所（图4-3-5～图4-3-7）。

二、黎平肇兴侗寨

肇兴侗寨位于黎平县城南72公里处的一个山间小盆地，与从江县洛香镇交界。由于气候温暖、水源丰富，植物生长发育快，林木、藤草、真菌、苔藓植物种类丰富，名木古树苍郁蔽日。村寨森林覆盖率为70%以上。两条清澈的河水分别从堂安弄抱山和己伦麒麟山汇入村寨中后流向西北。寨内几十

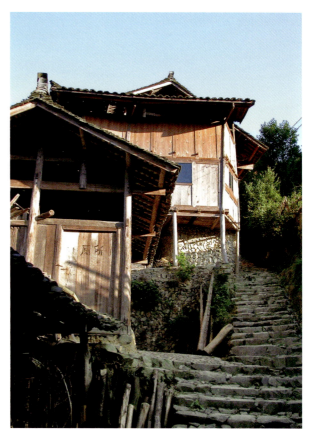

图4-3-6 典型民居之二

图4-3-5 典型民居之一

图4-3-7 民居局部·角吊

口大小水塘星罗棋布。村寨四周及两边高山上分布着层层梯田，原生态的自然环境与人文环境优美和谐（图4-3-8）。

肇兴，旧称"肇洞"。今黎平、从江两县交界的洒洞、云洞、独洞、贯洞、顿洞及肇洞，史称"六洞"。在古代侗族地区的"九溪十峒"或"九溪十八峒"的"侗款"⑨社会中，"六洞"曾占有一席之地。清代和民国初年，"六洞"属永从县经管。到1940年，洒洞、云洞、独洞和贯洞隶从江县，肇洞和顿洞隶黎平县。肇洞，即以今肇兴大寨为中心，涵盖周边的近30个侗族村寨。还包括黎平县龙额乡的上地坪、岑吾寨，古有"七百贯洞、八百肇洞"之称。

肇兴侗寨建寨历史悠久，村寨建于何时，无文字可考，据民间相传的族谱记载：在南宋绍兴三十年（1160年），肇兴的先民就在这里建寨定居，距今已有840多年的历史。肇兴侗寨由"仁、义、礼、智、信"五团组成，五团均为相对独立的侗族社区。这些社区的建筑群是以鼓楼为中心而展开的一个文化场域。鼓楼附近是歌坪、戏台、萨堂，这四部分构成了各团的核心圈。紧紧地围绕着鼓楼的是民居住房，接着是寨门、凉亭、风雨桥。五团通过卵石小道和风雨桥实现连接，随着人口和住房的增加，五团界线逐步淡化、模糊，直至连成一片。

肇兴侗族村民把所居住的肇兴寨看作是一条船，鼓楼、花桥、民居的建造均要按船的形式来布局，村寨鼓楼的高度、形体，均与所处船形地形有关。"仁寨"地处船头，鼓楼形体较矮；"义寨"、"礼寨"居中，"信寨"居尾，鼓楼形体都较高；这4座鼓楼，均为攒尖顶。"智寨"居船篷位置，屋顶形变为歇山，与船篷相似。鼓楼、花桥、戏台、居民的总体设计上力求错落有致，形式各异。鼓楼坪、水塘形成自然间隔，间距不一，高矮有别，此呼彼应，宛如串珠。古建筑因地而就，鼓楼择地而建，

图4-3-8 山谷中的肇兴侗寨

图4-3-9 肇兴侗寨一角

图4-3-10 信团风雨桥

以不破坏环境美为原则，这种观念，使肇兴风光像一幅绝好的图画，是人与自然山水合一的典范。

民居沿肇洞河两岸而建，两岸筑河堤，河堤上铺设卵石小道和石级踏步，在不到200米长的肇兴河上，横跨5座风雨桥，均为穿斗式木结构廊桥建筑。民居以二三层居多，房内的底层和楼层上的长廊、火塘、房间是构成室内活动的主体联系方式；鼓楼、戏楼、风雨桥、芦笙坪则构成集体活动和社会交往的主要场所（图4-3-9~图4-3-13）。

图4-3-11 信团风雨桥梁结构

肇兴侗寨耸立有5座鼓楼，分别为仁寨鼓楼、义寨鼓楼、礼寨鼓楼、智寨鼓楼和信寨鼓楼，这些鼓楼始建于清光绪年间，1966年后逐步被毁，1981年至1983年间先后重建。平面布局均为方形，柱网布局为"回"字形，均为十六柱落地，只是在底层以上通过童柱的变化而使鼓楼造型富于变化。5座鼓楼为密檐木结构塔形，密檐数从七至十三不等。封檐板、翘角、屋脊上均有色彩丰富的彩绘、泥塑。楼冠均施如意斗栱加以装饰。有的和风雨桥连成一体，有的和戏台建在一块，侗族村寨中鼓楼与其他建筑的组合，这里都可以找到（图4-3-14~图4-3-20）。

图4-3-12 信团戏楼

三、从江增冲侗寨

增冲侗寨位于今从江、黎平与榕江三县交界处，地处人类学家谓之"隐藏着的文明"的六洞、九洞侗族地区，是九洞地区的核心村寨。

增冲四面青山环抱，村头寨尾古树参天，环境

图4-3-13 义团风雨桥

图4-3-14 风雨桥与鼓楼的建筑组合

图4-3-15 鼓楼灰塑及彩画

图4-3-17 义寨鼓楼

图4-3-16 仁寨鼓楼

图4-3-18 礼寨鼓楼

图4-3-19 智寨鼓楼

图4-3-20 信寨鼓楼

优美。发源于坨苗大山的增冲河从村北、西、南三面环绕而过，村寨四面青山绿水环绕。增冲鼓楼耸立于村寨中央，村寨建筑布局主要是以鼓楼为核心向四周展开，再与寨边三座风雨桥、吊脚木楼、鼓楼、戏台、禾晾等连成一体，小桥、流水、村庄、古树在这里实现完美统一，充分反映了人与自然和谐相处的生态环境（图4-3-21～图4-3-23）。

增冲侗寨建寨时间没有确切的记载，据《从江县志》，增冲所在的九洞地区是今从江县境内开发较早的地区之一。清雍乾年间，清政府因在今黔东南地区推行"改土归流"和军事行动之需，在从江境内先后修筑驿道9条，其中经过增冲村的三宝侗寨（今榕江车江）至黎平府驿道，在从江县境长57公里，这条驿道为增冲侗族文化与汉族文化的交融创造了条件。汉字的入传也为增冲留下了最早的刻于清康熙十一年（1672年）的"万古传名"碑，这也是增冲村目前最早的文字可考历史。同时，增冲寨中还出现了一批受汉式民居影响的封火山墙民居建筑，为当年富裕人家的住房，这是其他侗寨中少见的建筑文化现象（图4-3-24～图4-3-26）。

增冲鼓楼所在的增冲村山环水绕，当地地理先生们认为增冲村住地是水桶，为避免水桶底板上浮、干燥而引发水灾，因而依照：金、木、水、火、土"五行"学说观念，修筑了纵横交错的水渠、水池和8条青石板巷道。民国年间按头公、三公、三十、头朝四大家族分段环绕增冲河两岸，砌筑总长为1200米的防洪堤，有效地防止山洪水灾，完备的水渠网使得增冲村数百年来未发生一次重大火灾，亦无水患，这不能不算是一个奇迹。增冲侗寨以山水田园为依托，以鼓楼为中心，以风雨桥为纽带，形成了山环水绕，田园起伏，错落有致的格局。

四、三都怎雷寨[10]

怎雷寨位于全国唯一的水族自治县——三都水

图4-3-21 增冲侗寨全景

图4-3-22 增冲侗寨民居

图4-3-23 增冲侗寨脚花桥

图4-3-24 增冲侗寨借古道交通之利，清末民初经济发展，出现大量封火山墙的民居建筑，是其与其他侗寨的最大不同

图4-3-25 村内巷道

图4-3-26 封火山墙局部

图4-3-27 怎雷村一角

图4-3-28 干阑式民居一

图4-3-29 干阑式民居二

族自治县的都江镇怎雷村，地处都柳江与龙江上游分水岭的山脉中。据寨老口述及该寨祖茔墓碑记载，可以推断该寨最早的居民约在清康熙年间迁居于此，形成时间约在清中期，为水、苗杂居的村寨。在这里繁衍生息了300余年的水、苗族同胞，至今仍保留和传承着本民族图腾崇拜、宗教信仰、民族习俗、生活习惯和文化艺术。

怎雷民居建于山腰缓坡地段，背负青山，前临深涧，面积0.52平方公里。层层梯田由山脚累级而上，气势恢宏。环周古树成荫，竹林密布，环境优美。建筑群随着山势的起伏，巧妙地组合在青山翠绿之间，使建筑物与山、水、泉、林、田园有机地结合起来，组成了一幅"入村不见山，进山不见寨"的山野村居图，形成了"天人合一"，优美、宜人、质朴的人居环境。整个村寨的总体布局巧妙地利用了地形，将每家每户与小路、粮仓相互连通成网络状，使建筑群保持盎然的活力。建筑布局合理、紧凑（图4-3-27）。怎雷古建筑群中百年以上"干阑式"建筑现存8座，1949年前建的"穿斗式"建筑40余座。[11]怎雷民居屋架有穿斗抬柱混合式和穿斗式两种类型，屋顶有歇山和悬山带山面披檐两种形式，屋面多以小青瓦覆盖，也有少量草顶、树皮顶。不论"干阑"还是"穿斗"，开间以"三间二厦"、"二间二厦"、"三间带廊"为主，进深九檩至十三檩，楼层大多为一楼一底，也偶有二楼一底的建筑。底层设石碓间、杂物间及猪、牛圈等。顺山面一端置楼梯，上置向上开的盖板，形成一道安全防护门，可防野兽及匪盗。掀开盖板，扶梯而上，过一小门可至二层。二层为公共活动场所和卧室，明间一侧置火塘。屋面结构有"竹竿水"、"金字水"、"八字水"三种，分11步水、13步水、15步水，建筑大小根据主人财力而定。上下装修部分以木板横向安装，二层置廊、窗（图4-3-28、图4-3-29）。

怎雷寨特别注重存放粮食的禾仓，当地水族有一种说法："不管有房、无房，都要先盖禾仓后修房"，可见禾仓在水族的日常生活中的重要性。其形制跟主体建筑基本相同，有"干阑式"和"穿斗

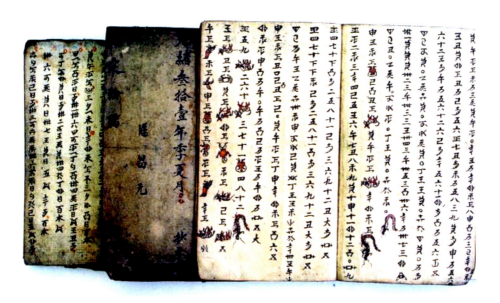

图4-3-30 水书，水族同胞择日、择吉之书

式"两种，每家有一个以上粮仓。

怎雷寨建筑对朝向非常讲究，建房时必须请"水书（即水族文字）先生"根据主人生辰八字，确定具体位置，择吉日动土（图4-3-30）。在建造技术与工艺上，主要是师徒代代相传，无图纸、模型可供参考和借鉴。房屋的结构与形式，用料多少与长短，均在师傅的头脑中。正是这种传承方式，使得这一古老的建筑技艺保持相对稳定，得以世代相传。据史料记载，"干阑"建筑是古代"越人"主要的建筑形式，在水族聚居地区，特别是怎雷寨保存了这种远古的建筑遗风（图4-3-31、图4-3-32）。

由于水族的宗族观念、祖先崇拜、自然崇拜、铜鼓崇拜等特别浓厚，因此怎雷寨至今仍保留和传承本民族典型的衣、食、住、行和伦理制度以及婚丧、节日、图腾崇拜、宗教信仰等习俗。如节日有"端节"、"荐节"等，民间文化有"铜鼓舞"、"斗角舞"、"芦笙舞"等。

五、荔波董蒙寨[12]

瑶山荔波董蒙寨位于贵州黔南布依族苗族自治州荔波县瑶山瑶族乡董蒙村。"董蒙"意为"穿我们这种衣服的人"，因男子下穿白色短裤，故称"白裤瑶"。白裤瑶族是我国具有悠久传统文化的一个少数民族，主要分布在贵州荔波与广西南丹的结合地带，现有人口3万余人。白裤瑶被联合国教科文组织认定为本民族文化保留最完整的族群之一，被誉为"人类文明的活化石"。

董蒙寨作为瑶山地区瑶族聚居形态的典型代表，其民族特色保存较好，建筑、服饰、语言、节日、信仰及社会组织结构等一直延续着当地白裤瑶的传统。其中尤以白裤瑶民居、服饰最为突出。民居保存了南方干阑式建筑的原始特征，是中国建筑史的活化石。服饰以其丰厚的内涵，已经被国务院公布为非物质文化遗产（图4-3-33）。

董蒙寨民居依山就势而建，开间多为"三间"或"三间带二厦"，以干阑式和穿斗式木结构，歇山及悬山带披厦小青瓦屋顶为主。民居的前三分之二部分都架设木板作休闲会客区，两厢作卧室，楼下关畜禽。后三分之一为随山就势依斜坡而建的泥沙地，为生活用水用火区，正中挖火坑。即使偶有在平地建房的，也要用石块在后部砌筑挡土墙填充泥沙作用水用火区，当地老百姓俗称"半边楼"，是典型的山地干阑式建筑。董蒙寨最具特色的是仓困，方者为仓，圆者为困，总计57处，造型古朴、

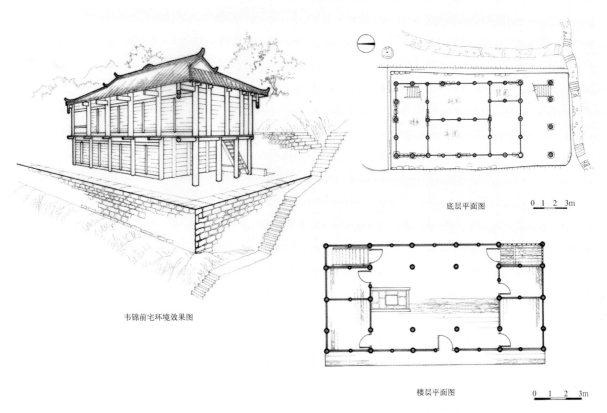

底层平面图

楼层平面图

韦锦前宅环境效果图

图4-3-31 怎雷寨典型民居测绘图一

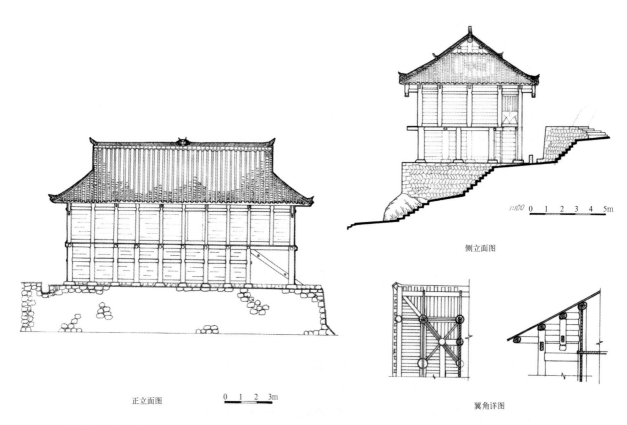

侧立面图

正立面图

翼角详图

图4-3-32 怎雷寨典型民居测绘图二

图4-3-33 董蒙村聚落环境

图4-3-34 典型民居一

图4-3-35 典型民居二

图4-3-36 董蒙村典型粮仓一

图4-3-37 董蒙村典型粮仓二

图4-3-38 粮仓防鼠细部构造

独特（图4-3-34～图4-3-38）。

董蒙寨现有民居42栋，民居背靠葱茏青山，鳞次栉比，修到半山。干阑又称"麻栏"，是我国南方古代民族住房形式。历史文献记载："依树积木，以居其上，名曰干阑"；"茅而不涂，衡板为阁，上以栖人，下畜牛羊猪犬，谓之麻栏"。董蒙民居虽然有的修在平地上，但依然"人居楼，梯而上"，"上以自处，下居鸡豚"。民居分为"竹竿水"

屋面、"金字水"屋面、"八字水"屋面这三种；面阔分为三间二厦户型、二间二厦户型、三开间户型（明间宽约3.5米，次间和厦宽约3.3米）；进深分11步水、13步水、15步水、17步水（一步水约0.66米）；中柱不离八，一般高一丈六尺八、一丈八尺八。房屋多为依山而建，亦有平地筑土台修建的，但不管怎么样建，布局都是以火坑为中心向四周扩展，都是楼上住人，楼下关鸡、鸭、猪、牛、马及堆放柴草等。所有的民居都是楼上后部为泥沙地，砌炉灶，挖火坑，安水缸，为全家生活用水用火区。楼上前部中间悬空铺设木板，为休闲会客区，两厢铺设木板，作卧室用。

第四节 古建筑

一、侗族鼓楼

（一）增冲鼓楼

增冲鼓楼坐落在贵州省黔东南州从江县往洞乡增冲村。根据侗族"先建楼后立碑"的习惯，专家推断增冲鼓楼至少始建于清康熙十一年（1672年）。据村中寨老介绍，在增冲鼓楼修建的同时，原计划还建一座，后因大多数人反对，认为一寨两楼会造成村民分心而取消，现今仍存未建鼓楼的遗址。

增冲鼓楼占地109平方米，平面呈正八边形，边长4.5米，通高21.5米，为穿斗式十三层密檐双层楼冠八角攒尖顶，除楼冠为青筒瓦外，其余各层屋面均覆盖小青瓦。鼓楼地面以青石板沿鼓楼八边呈辐射状铺墁，中间为直径2米的火塘。北、西、南均设门出入，其中南为正门，设六级青石踏步。西出入门与一长4.5米、宽4.7米、高为0.8米的青石砌成的方形平台相连，此台为寨老议事台。南门门楣上有"二龙戏珠"灰塑，挂"万里和风"木匾。匾是榕江车江三宝侗寨于清道光五年所赠。檐柱上挂有各个时期木刻楹联4副。鼓楼南侧为水塘，既是配景之作，也是鼓楼防火的设施，足见侗族工匠的独具匠心。

鼓楼落地柱12根，其中主承柱有4根，直径达480～500毫米，主承柱均置青石质圆鼓形柱础，另有檐柱8根，直径390～420毫米，各檐柱外置望柱，各望柱间铺长板坐凳，外沿置栏杆，主承柱与檐间施枋呈辐条状，穿枋上承瓜柱及檐檩。瓜柱隔四檐与主承柱用穿枋连接，承上层瓜柱，逐层上叠，紧密衔接，直至第十一重檐，再上为两层攒尖顶楼冠，形成内五层、外十三密檐双层楼冠建筑，主承柱与檐柱均有侧脚。增冲鼓楼平面为"内四外八"造型，此种结构在六洞、九洞地区分布数量很少，相对于"内八外八"的造型，不仅节约了4根主承柱，而且通过减少主承柱使得底层空间得以最大利用。

增冲鼓楼金柱柱顶施平板枋，其上再施坐斗。上层楼冠16个坐斗，下层楼冠32个坐斗。坐斗上至楼冠檐口下各施五层"人"字形如意斗栱，承托楼冠。一级至十一级密檐为小青瓦顶，白灰瓦头。两层楼冠，上覆青筒瓦。宝顶为五层褐色陶罐，白灰垂脊。鼓楼一层至二层无固定楼梯，二到五层建有木梯相连，盘旋而上。二至四层金柱与瓜柱间铺设木楼板，五层木楼板满铺。金柱内形成筒井直贯第五层。

增冲鼓楼建成之后的公元300年间，曾多次维修，维修部件主要是屋面及斗栱部件，主体结构至今没有多大损坏。20世纪40年代遭受地方土匪的破坏，他们用枪将葫芦宝顶打坏，还扬言要将上面两层楼冠拆掉，后因村民舍命保护，鼓楼才得以保存。20世纪60年代，鼓楼也遭到人为破坏，所幸不很严重。20世纪90年代至今鼓楼维修过两次，最近一次是2009年重换了糟朽的雷公柱及宝顶残损严重的部件（图4-4-1、图4-4-2）。

（二）高阡鼓楼

高阡鼓楼位于贵州省从江县下江镇宰养村，距从江县城60公里。鼓楼始建于清雍正年间（1723～1735年），具体年代无从考证。后历经多次维修。

鼓楼位于宰养村寨中央，平面呈正六边形，边长为5.6米，占地100平方米。立面为十五层密檐，

图4-4-1 增冲鼓楼

图4-4-2 增冲鼓楼双重楼冠

双楼冠六角攒尖顶木结构，覆盖小青瓦，通高25米。鼓楼底层地面用青石板铺墁，共设火塘4个，其中中间的火塘直径为1.8米，其他的为1.2米左右。火塘之间设长凳，在侗族鼓楼中，火塘一般只有一个，而高阡鼓楼却多达4个，足见其人气之旺。正北设一出入双开门，门额上塑双龙抢宝灰塑。

鼓楼内设18根落地柱，其中主承柱有6根，均置青石质柱础。外檐柱之间装1.5米封板，主承柱与檐柱之间施以穿枋，利用瓜柱、梁、枋横穿直套、卯榫结合，逐层收分，紧密衔接，直至楼阁。

鼓楼金柱柱顶施平板枋，其上再施坐斗。下层楼冠42个坐斗，上层楼冠24个坐斗。下层坐斗上至楼冠檐口下施5层"人"字形如意斗栱，上层坐斗上至楼冠檐口下施三层"人"字形如意斗栱。各层斗栱下均置漏窗。密檐为小青瓦顶，檐头抹白灰瓦头。宝顶为9层褐色陶罐，白灰垂脊。

底层无固定楼梯上下，二层以上均设有固定楼梯直到楼阁，二层和楼阁内分别置有信号鼓。楼内各层和枋柱间不装板，楼内常年生火，使得各部件烟灰厚积。鼓楼各层封檐板彩绘斗牛、吃相思、演唱侗族大歌及各种生活场景等风情图案，极具民族特色。

高阡鼓楼平面布局为内六柱外六角造型，这种结构在六洞、九洞地区应用较为广泛，技术相对成熟。对楼冠的处理上采取了保守的雷公柱落于楼阁方法，造成楼阁空间十分有限，对楼阁的利用受到许多限制。但依靠超长金柱和雷公柱，通过加装楼冠漏窗，让整座鼓楼高大挺拔，比例协调，成为贵州省内现存侗族鼓楼中保存年代较早且最高的一座（图4-4-3～图4-4-6）。

（三）则里鼓楼

则里鼓楼位于贵州省从江县往洞乡则里村寨中，始建年代不详，相传建于清初。则里系侗语地名，"则"侗语为茶树之意，村寨因而得名。此处原为一大片茶树地，则里杨氏先祖见此地势平坦、水源丰富，便定居于此。清代，则里是连接古州厅至黎平府的交通要津，商贩往来于此，对当地的经

图4-4-3　高阡鼓楼村寨环境

图4-4-4　高阡鼓楼全景

图4-4-5　高阡鼓楼底层

图4-4-6　高阡鼓楼内部结构仰视

图4-4-7 则里鼓楼村寨环境

图4-4-8 鼓楼全景

济文化发展起到了积极的推动作用（图4-4-7）。

则里鼓楼相传与增冲鼓楼为同一师傅所建，而且是先建则里鼓楼之后，方建增冲鼓楼的。民间大多有此说，经过调查，我们认为具有一定的可信度。首先我们在则里鼓楼楼阁内，发现了与增冲鼓楼同期的筒瓦，这在从江县现存鼓楼中也只有这两座使用这种筒瓦，这至少证明了则里鼓楼与增冲鼓楼建造年代不会相差太久。其二，我们发现两座鼓楼对楼冠的处理上采取了完全一致的技艺手法，这种结构在从江侗族地区同期所建鼓楼中也仅此两座，这在一定程度上为同一师傅所建这个传说提供了有力证据。鼓楼在民国年间曾被土匪曹国标部严重破坏，后修复。1982年之后曾进行过三次维修。

则里鼓楼平面呈正六边形，边长4米。立面为十一层密檐六角攒尖顶木结构塔形建筑，单楼冠，覆盖小青瓦。鼓楼设落地柱12根，其中金柱6根，金柱底部置鼓形石质高柱础。鼓楼通高17米，占地面积70平方米。鼓楼台基，以毛石砌筑而成，高0.65～0.9米不等，台面青石板铺墁，中置1.8米火塘。西放置一木质构架石板桌，祭祀时用以放置所需物品。东、南各设一门，其中东门另立望柱两根构成八字门，置双开门板，两门均设垂带踏跺。其他各面檐柱间下装1.1米裙板（图4-4-8）。

鼓楼一级至十级密檐为小青瓦顶，白灰瓦头。楼冠屋面覆灰筒瓦。宝顶为7层褐色陶罐，白灰垂脊。鼓楼从底层设木板梯，可盘旋直上。二～四层内环柱外铺设楼板，五层木楼板满铺。金柱内形成筒井直至楼阁，楼阁内悬挂一长为1.61米的信号鼓。金柱底层对角线为4米，至楼阁后为3.6米，经过明显的侧脚处理，有利于保持鼓楼的稳定性。

值得一提的是工匠对楼冠的处理上采取了和增冲鼓楼一致的营造技艺，楼身与楼冠之间没有结构性的联系，只是通过斗栱组合在一起。楼身顶端施平板枋，上置64个坐斗，坐斗上施7层人字如意斗栱，第一层为64攒，第七层为112攒，形成了楼冠的承重结构。第七层斗栱铺平板枋，雷公柱落于其上，施以穿枋连接其他童柱、瓜柱，组成了顶层楼冠主体构架（图4-4-9、图4-4-10）。

（四）银潭鼓楼

银潭鼓楼位于从江县谷坪乡银潭村上寨，距县城11公里。鼓楼始建于清代道光年间（1821～1850年），具体年代已无从考证，曾多次维修。据传，初建的鼓楼为13层密檐，单楼冠，后因村寨居民常产生不团结现象，繁衍后代又男女失衡。请巫师占卜后认为是鼓楼气势过盛。因而对鼓楼进行维修时减掉一层，就成了现在的12层密檐（图4-4-11）。

鼓楼占地面积74平方米，底层平面呈六边形，边长6米。立面为12层密檐，单楼冠六角攒尖顶木质结构塔形建筑，覆盖小青瓦，通高约18米。地基为实地夯土而成，地面青石板以火塘为中心呈4个

图4-4-9 鼓楼楼冠

图4-4-10 则里鼓楼楼冠如意斗栱构造

图4-4-11 银潭鼓楼

圆环状整齐向四周铺设，中设直径1.7米的火塘。鼓楼设12柱落地，其中金柱6根，檐柱6根，均置石质鼓形高柱础。檐柱外围竖望柱，望柱间装封板。

鼓楼西南（大门）面一层重檐上泥塑二龙戏珠，封檐板彩绘花草、鸟兽、人物等图案，各层翼角泥塑走兽、虫鱼及侗族历史人物等。顶层楼冠两条垂脊上泥塑飞龙，张牙舞爪，如临空飞腾一般。

楼冠为单层，楼冠檐下设斗栱。斗栱置于鼓楼金柱柱顶平板枋上，施60个坐斗。坐斗上至楼冠檐口，下施5层"人"字形如意斗栱，斗栱层层叠加。斗栱下置正方格固定风窗。宝顶为7层褐色陶罐，白灰垂脊。

（五）车寨鼓楼

榕江车寨鼓楼位于贵州省榕江县古州镇车寨二村北端，距县城2公里。车寨鼓楼始建于清道光年间，汉族旧称二帝阁。清咸丰年间被毁，光绪十七年（1891年）重建，原建有两厢房和学堂，后厢房和学堂均毁于1945年的特大洪水，现仅有牌坊式大门和鼓楼得以保存（图4-4-12、图4-4-13）。

鼓楼占地面积885平方米，四周有2.2米高的砖墙，墙内地面青草萋萋。南面为牌坊式门墙，通高6米，大门高2.9米，宽1.4米。门侧有楹联一副："四面河山，车江大坝三十里；万般秀色，黔省东南第一楼。"

鼓楼坐北朝南，平面呈方形，面阔三间7.92米，进深三间7.85米，为内三层外三层重檐四角攒尖木质结构楼阁式建筑，通高17米。顶盖小青瓦与筒瓦。占地面积约80平方米。鼓楼台基高0.25米，以规则整齐的红砂石用石灰砌筑而成。鼓楼设落地柱16根，金柱4根，檐柱12根，各柱均设红砂石质八边形高柱础。楼内四金柱分别来自寨蒿、平永、三都河和从江县，从四个不同方向砍伐而来，表示四方神龙来坐镇，有共同保佑车寨世代幸福美满之意。

鼓楼正面檐柱间以青砖石灰设1.1米裙墙，顶部封1米左右木板，底层楼板设于裙墙之上；两次间檐柱外侧设五级踏跺上下；明间檐柱额枋上悬挂行书"车寨鼓楼"大匾。两侧檐柱有抱柱楹联两副：其一，"如峰拔地，屹立江边，望苗岭叠嶂重峦，尽收眼底；似鹤来天，择居三宝，观古今英雄人物，全上心头"。其二，"一声琵琶，几曲新歌，日暖风和桃李艳；千里柳江，万年明月，榕葱构茂稻瓜香"。除正面外，其他三面封板，背面留一小门。

鼓楼底层柱网平面呈"回"字形布局，内环柱由四根金柱及金枋构成，直达楼顶檐下，成为楼身的骨干。外环柱由12根檐柱、童柱、额枋等构成。通过穿插枋等部件实现内外环柱的连接。楼体在二层金柱外增加童柱，4童柱置于一层递角枋上，这种处理不仅使得楼阁空间增大，楼身出檐更远，同时保证了楼身一层至二层的合理过渡，起到了承上启下的重要作用，使鼓楼整体线条更加合理而优美。

从造型、结构、装饰及对细部构件的处理上看，车寨鼓楼与传统侗族鼓楼有较大的差别，主要表现在檐数少且两檐间距大，不似侗族的高密度重檐叠加的楼身造型；结构上，侗族鼓楼收分和侧脚处理较为明显，大体上在不脱离杉树原型基础上，使楼身底层面积与顶层差距巨大，而车寨鼓楼则与汉式楼阁式建筑相似，一层、三层之间相差不大。车寨鼓楼装饰有瓦当、如意滴水、藻井，并放置关羽、文昌帝和观音的木质雕刻塑像等，这些是汉式建筑所特有的元素，而无侗族群众生产生活场景彩绘和泥塑，底层亦无火塘。因而无论从楼身造型或是营造方式及社会功能作用上，都与侗族的有较大区别。从建筑分类上看，属典型的"阁"或"阁楼"，车寨鼓楼历史上也曾称为二帝阁，就足以说明这一点。然而它却屹立于这个全国最大的侗族村寨群中近200年，被当地群众称为鼓楼。这与榕江县城过去曾是黔、桂水上交通的主要枢纽，车寨又是重要的水陆码头，受汉文化影响比较大的历史有很大关系。鼓楼近周的车江大坝，原来保留着大量粤桂文化影响的砖木民居，与贵州其他民居有较大差异，惜近年城市建设迅猛发展，这些民居恐已难保全。

图4-4-12 车寨鼓楼全景

图4-4-13 鼓楼近景

二、侗族风雨桥

（一）地坪风雨桥

地坪风雨桥位于贵州省黎平县地坪乡地坪上、下寨与甘龙之间的南江河上，距黎平县城109公里。未通公路前，它是贵州黎平沟通广西三江的必经之路。据传说这里原是凹凸不平的河谷地，先人迁入后经过开辟变成平地，故名。

地坪风雨桥横跨南江河，始建于清光绪八年（1882年），1959年毁于火，1964年由县人民政府拨款重建，1966年遭破坏，1981年由贵州省人民政府和黎平县人民政府再次拨款修葺，恢复了原貌。2004年被洪水冲垮，在当地群众和政府等相关部门的全力抢救下，大部分构件被救回，2008年8月按原样修复（图4-4-14～图4-4-16）。

风雨桥为伸臂式廊桥建筑，一墩双跨，由桥台、桥墩、桥身和桥廊四个主要部分组成。桥墩为实体墩，用整齐规则的青石以石灰砌成，高近10米。为了缩小跨度，桥墩和桥台上增设盖梁和台帽，二者采用传统的加长伸臂梁托架体系。托架为圆木和方木构成，共分5层，以纵横叠加方式构成，呈倒金字塔状，层层挑出，长度达3米。每层梁为7根大杉木，横跨置于盖梁上，二者两端均以横枋榫连。上层梁落于阶梯式桥台上部，下层落于台帽（伸臂梁）上，将两桥台和桥墩连成一整体，组成风雨桥的主体桥身。其上建穿斗式木质长廊26间，桥廊柱间设直棂栏杆，高1.1米，栏杆外设1.4米披檐，既美化了桥身，又可保护下面木构件免于雨淋。廊两侧设长凳可供行人休息、避雨、乘凉、会友、迎宾送客和观赏风景，桥面铺设木板。廊壁绘有侗族妇女纺纱、织布、刺绣、踩歌堂以及斗牛和历史人物等图画。天花板彩绘龙凤、白鹤、犀牛等，情景逼真，形象生动。桥楼翼角，楼与楼间和桥亭屋脊上塑有倒立鳌鱼、二龙抢宝、双凤朝阳泥塑。中部的4根童柱上，绘有4条青龙（图4-4-17～图4-4-19）。

桥全长57.61米，宽5.2米，桥面距正常水位约10.75米。桥上建3座桥楼，中楼为五重檐四角攒尖顶塔形建筑，高10.2米，两端桥楼为三重檐四角歇

图4-4-14　地坪风雨桥及环境

图4-4-15 长廊柱网

图4-4-16 桥亭侗族风情画

图4-4-17 地坪风雨桥俯瞰

图4-4-18 圆木桥梁

山顶，高5.8米，桥顶各檐翼角高翘，白灰瓦头和封檐板，桥正脊上塑鸳鸯、鸾凤和二龙戏珠。桥两端入口柱壁上共有楹联三副。

桥廊采用密檐式攒尖顶和歇山桥楼造型，中部台为五层密檐四角攒尖顶结构，两端分别为三层密檐歇山顶。整个桥身结构巧妙，体型优美流畅，充分运用杠杆力学原理，将大小柱、枋、檩等全部用杉木凿榫穿枋构成，不用一钉一铆。同时通过各种精美彩绘，充分展现了侗族人民的历史与现实，表达出侗家人对美好生活的向往和追求，以及他们的文化观念、价值体系和对美的感受。

（二）金勾风雨桥

金勾风雨桥位于贵州省从江县往洞乡增盈村金勾寨脚，距村寨居民区500米。一条小溪从寨脚田坝间缓缓流过，金勾风雨桥架设在小溪之上，成为连接两岸的主要通道。金勾侗寨距从江县城百余公

图4-4-19 桥亭

里，位于县城西北角，地处丘陵地带的山间盆地坝子边。村寨因山脚小溪称"金勾"而得名。

金勾风雨桥始建于清光绪十年（1884年），原为简单的木结构桥，多次毁于水患。1992年村民集资修缮，成为从江县鼓楼式风雨桥的代表。

风雨桥为伸臂式桥身、穿斗式桥廊组合而成的建筑，一墩双跨结构。由桥台、桥墩、桥身和桥廊四个主要部分组成。桥墩为实体墩，高2.5米，平面呈矩形。桥墩和桥台上设盖梁和台帽，采用传统的加长伸臂梁托架体系。桥梁以7根大杉木并列横跨小溪，其上建穿斗式木质长廊17间，中部为四层密檐四角攒尖顶结构桥亭，两端分别为四层密檐悬山顶桥亭。桥廊金柱间设坐凳栏杆，供人休息。桥面铺设木板。风雨桥2007年进行了一次维修，增加了桥两侧封板（图4-4-20～图4-4-22）。

风雨桥长33.60米，宽6.43米，高8.7米，枯水期桥面距水面3.5米。桥顶各檐翼角高翘，白灰瓦头和封檐板，整座桥没有多余的泥塑、彩绘等装饰，显得朴实无华。

与六洞、九洞其他侗族风雨桥不同的是，金勾风雨桥的桥板没有直接铺设在桥梁上，而是将桥廊廊柱立于桥梁上。通过加装墩木和垫板，确保桥廊立柱底面处于同一水平面。廊柱设双穿枋，桥板铺设其间。使得桥身和桥面过往行人的负荷得以平均分摊，大大降低了桥梁或者某个部件因受力过重导致损坏加剧情况的出现。这种处理方式比一般风雨桥多了三道工序，同时在桥梁圆柱上远比在铺好的板面上加竖多间桥廊难度大得多。

金勾风雨桥这种造型在六洞、九洞一带数量不多。其营造技艺精湛，充分反映了侗族人民的聪明才智，是侗族地区建筑艺术价值最高的侗族风雨桥之一，是研究侗族建筑建造工艺、建筑文化、建筑科学的重要实物。

三、其他

（一）榕江古州镇总兵署

榕江古州镇总兵署，始建于清雍正八年（1730

图4-4-20　金勾风雨桥全景

图4-4-21　中部桥亭

图4-4-22　桥墩托架构造

年）。清乾隆元年（1736年）建成规模宏大的镇台衙门。清咸丰六年（1856年），农民起义军攻占古州城，总兵署被焚毁。清同治十一年（1872年）在原址重修，为防战乱，增加总兵衙门的防御能力，外围墙改建护院城墙，并在头门和城墙上设置炮台，成为古州城的内城。建筑群为合院式布局，四周为青砖封火山墙，原由照壁、辕门、头门、仪门、大堂、二堂、正堂、耳房等建筑组合而成。现仅存大堂、二堂及耳房。大堂、二堂面阔五间，进深五间，穿斗抬柱式木结构，硬山青瓦顶。庭院、甬道、铺设青砖。厅堂、廊下皆为青石柱础。木柱硕大。厅堂设隔扇门窗、过廊美人靠。屋脊上泥塑双龙抢宝，下为八仙，并有松、梅、兰、竹、花卉、飞禽走兽等（图4-4-23、图4-4-24）。

1930年3月，红七军除韦拔群领导的第三纵队留广西坚持斗争外，军部及一二纵队在军长张云逸、总指挥李明瑞率领下，转战黔桂边境，穿越月亮山，于4月30日解放榕江县城。军部驻古州总兵署。总兵署因作为红七军军部而得以保存，是贵州现存较为完整的衙署建筑。

（二）都江古城垣及通判署衙门

清王朝在苗疆地区强行"改土归流"后，于清雍正十年（1732年）设上江协，置都江厅。雍正九年（1731年）建土城。雍正十一年（1733年）改建石城。平面布局呈圆形，依山就势而建，都柳江、排长河环绕山脚。周长1.2公里，高7米，厚2.5米。设4门8炮台。另辟小南门，用于取水。现存四门及1.7公里城墙。都江通判署始建年代不详，清光绪元年（1875年）重修。坐东向西。原有头门、仪门、对厅、两厢、正堂、二堂等10余间，占地面积约600平方米。现存正堂，面阔三间，通面阔14米，进深三间，通进深11.2米，穿斗式木结构，悬山青瓦顶。雕花隔扇门窗（图4-4-25～图4-4-28）。

（三）丹寨万寿宫

丹寨万寿宫位于贵州省黔东南苗族侗族自治州丹寨县龙泉镇双槐路南侧上段，又称江西会馆，始

图4-4-23　总兵署俯瞰

图4-4-24　大堂明间

图4-4-25　通判署正堂

图4-4-26　都江古城墙砌筑方法

图4-4-27 西门门洞

图4-4-28 券脸石加工细部

图4-4-29 万寿宫俯瞰

图4-4-30 万寿宫戏楼

图4-4-31 万寿宫正殿

建于清光绪三年（1877年），是丹寨县始建年代较早保存较为完整的古建筑群之一。其整体布局呈正方形，坐东向西，为砖墙围护四合院式木结构建筑群，由正殿、南北两厢、戏楼、大门、天井、围墙等组成，占地面积1020.9平方米，建筑面积500平方米。院内有万寿宫修建碑记碑一通，额题"三江会馆"，主要记载会馆修建及捐建情况（图4-4-29～图4-4-31）。

大门为四柱三间牌楼式，青石门框。门高2米，宽1.7米。明间瓦顶为小青瓦庑殿顶，青砖油灰塑脊，翼角饰如意卷草纹及鳌鱼，檐口兽面纹沟头滴水，檐下为如意斗栱，明间书"万寿宫"三字，下为石库门，设木质板门。东西次间屋脊饰如意卷草纹及鳌鱼正吻，盖小青瓦。

正殿为前廊单檐歇山青瓦顶木结构建筑，占地面积210平方米，坐东向西。平面面阔五间，通面阔20米，进深三间，通进深10.5米，其中明间宽4.57米，次间宽4.2米，梢间宽2.68米，明间二榀为穿斗抬柱构架，落脚四柱，二次间两榀落脚各七柱，梢间两榀落脚各五柱，前柱为廊柱。地面铺墁方形青石地板。前檐廊柱下饰鼓形和八楞形组合石柱础，柱础南侧饰卷草和动物纹。廊柱间施六合隔扇门，门上饰花卉、卷草等纹饰。

戏楼带耳房共5间，进深5.85米，高6.95米，明间设戏台，宽3.6米，台高1.95米，前伸2米，为歇山小青瓦屋顶。戏楼有楹联两副，一为"白面书生腹内空空如矣，红颜女子足下悠悠大哉"；二为"看文戏看武戏，看文看武戏做戏，观今人观古人，观今观古人看人"。

(四) 台江文昌宫及莲花书院

台江文昌宫和莲花书院位于台江县城内贯城河南岸的小丘上。坐东朝西（图4-4-32）。文昌宫建于清光绪十八年（1892年），1964年、1978年、1985年维修。由宫门、左右配殿及阁楼组成四合院（图4-4-33）。宫门为三间三楼、穿斗式结构、青筒瓦顶牌楼式垂花八字门，面阔5.6米，明间正中悬红底金字"文昌宫"竖匾。门前有47级青石踏垛通往小巷。阁楼一层平面呈正方形，边长约12米。二、三层为六边形。整座建筑通高18米，外观为三重檐六角攒尖顶。阁楼一层砌青砖空斗墙围护，正面开六合门，其上满装菱形四方连续图案棂子。二、三层皆为木板装修，六面开窗，皆环以廊。隔扇门窗，角系风铃。左、右配殿，居大门内侧，面阔三间，穿斗式木结构，悬山小青瓦顶，前有单步廊，檐下置卷板，廊顶装鹤颈一枝香轩。装隔扇门窗（图4-4-34～图4-4-36）。

莲花书院，位于县城内东侧小丘上文昌宫西

图4-4-32 文昌宫及莲花书院远眺

图4-4-33 文昌宫门厅及左右配殿屋面

图4-4-34 文昌宫大门

侧，因其大门南侧有一莲花池而得名。清光绪十七年（1891年）同知周庆芝倡修，建筑占地1250平方米。由大门带过殿、配殿、天井、正殿组成的四合院。大门为三间四柱、八字牌楼、穿斗式歇山青瓦顶、外砖内木、八字双开。檐下为如意斗栱方柱，间饰以骑马花牙子，柱表浮雕腾龙。门楣上横匾阴刻"莲花书院"。门前用方块青石砌垂带踏垛，其下有27级台阶。门前北侧为十字花砖砌栏杆。南侧即莲花池，池畔以青砖铺墁。迎面有砖砌屏墙，原作为考试张榜之用。其下有石灰堆塑"智水仁山"的阴文大字，并施以朱漆，赫然显目，后屡遭人为破坏，现墨迹无存（图4-4-37）。

正殿面阔五间，长22米，进深16米，高8.8米，封火山墙式硬山青瓦顶。原在额枋上悬匾一块，书"学足三余"大字。明间金柱挂楹联一副，云："善政慕前贤，培成满院青莲，千古边城沾化雨；文明期后进，折得上林红杏，一鞭归路走春风，"系清光绪二十八年（1902年）同知周庆芝撰书。殿内架梁露明，三合土地面。明间龛中供孔子牌位。天井用方块青石铺墁，院外古木参天、清雅幽静，为盛夏游人避暑之处。书院原为生员攻书之处。

离书院不远的山脚有一字库塔，始建于清光绪十八年（1892年），1921年重加修葺。字库塔坐落在贯城河南岸，文昌宫北侧，占地面积400平方米，建筑面积270平方米。字库塔（俗称"化钱炉"），

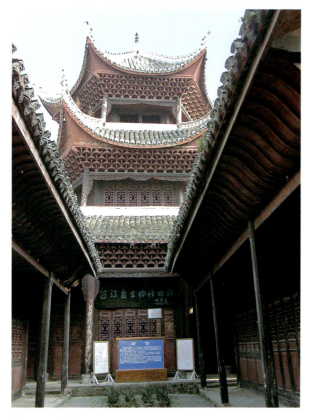

图4-4-35 阁楼

图4-4-36 阁楼局部

图4-4-37 莲花书院大门

五层八角密檐式砖塔，覆钵顶。塔高15米，底层面积16平方米，台基面积81平方米（图4-4-38）。

（五）秦溪凌云塔

秦溪凌云塔又名秦溪白塔，位于黎平县敖市镇秦溪村口500米处，初建于清道光年间，毁于兵燹。民国7年（1918年）地方乡民集资重修。塔顶有石碑记载。塔为五层八角楼阁式砖塔，高28米，层层收缩，外涂白垩，上施彩绘，远观犹如白塔耸立山水之间。建成后，民间传说，相隔20里的隆里所家庭水缸里都显现塔影，虽属夸张，倒也反映了民间的欣喜程度（图4-4-39、图4-4-40）。

秦溪白塔建于溪水北岸，占地3亩。塔前建佛堂，塔后有厨房、食堂，四周砖墙环护，形成庭院式的建筑群。佛堂五间，明间为出入通道。大门门墙上有"秦山保障"四个斗大的横匾，字体遒劲，

图4-4-39 白塔远景

图4-4-38 字库塔

图4-4-40 白塔近景

图4-4-41　塔身仰视

图4-4-42　翼角檐口彩绘

图4-4-43　苏公馆硬山山墙

图4-4-44　马头山墙

图4-4-45　苏公馆内部

门前凿池，经石桥、佛堂可直入塔院。院中1.5米高的青石塔基上，秦溪白塔拔地而起。底层开大门，门头嵌横匾书"秀启秦溪"行书，再上，复嵌竖匾，刻"秦溪白塔"三字，联为鹤顶格，扣"秦溪"二字，为"秦岭峰高，秀插云霄如玉笔；溪潭水溢，声成风雨若金镛"。塔内五层，各层为木质楼板，旋木梯而上。塔内供如来、燃灯、观音、金刚和魁星塑像，其他如二十四诸天、十八罗汉，列入佛堂。塔外墙体绘有对称的龙凤花鸟虫鱼。二层至五层，八面开窗，每个窗口都缀有对联，每层檐口翼角均有彩绘，画艺精湛。历经数十年的日光曝晒、风雨侵蚀，而色彩依然醒目（图4-4-41、图4-4-42）。

与秦溪白塔隔溪的南山坡上，还建有五层文笔塔两座，各距300余米，与秦溪白塔呈鼎足之势，远远关联，意景俱佳。

（六）台江苏公馆

苏公馆为镇压苗民起义的湘军将领苏元春的官邸，建于清同治十一年（1872年）。坐南朝北，三进院落，四周围砌封火墙，有大门、过厅、中厅、正房等。占地面积1570平方米，建筑面积500平方米。过厅、正房均面阔五间，通面阔20.8米，进深三间，通进深6.6米，隔扇门窗，穿斗式木结构，青瓦硬山顶（图4-4-43～图4-4-45）。

苏元春（1845—1908年），字子熙，广西永安州（今蒙山县）人，行武家庭出身。从青年时起，便与其兄苏元璋到湖南参加湘军。清同治八年（1869年），随湘军席宝田部至贵州，驻守镇远、施洞一带镇压张秀眉领导的苗民起义。次年（1870年）升任总兵。清光绪十年（1884年），扩充兵员开赴广西参加抗法战争。次年（1885年）授广西提督，主持广西边防19年。光绪三十年（1904年）以"克饷纵寇"被劾，发配新疆。光绪三十四年（1908年）死于迪化（今乌鲁木齐）。

注释

① 杨德芳. 从《南征日记》看雍乾之际"新疆六厅"的社会现状. 贵州文史丛刊，2012，（1）.
② 俞菲. 贵州咸同苗族农民大起义述略. 贵州文史丛刊 2000，（1）.
③ 贵州地方志编纂委员会. 贵州省志·民族志. 贵州民族出版社. 2002.
④ 峒（dòng），旧时对我国西南地区部分少数民族聚居地方的泛称，如苗族的苗峒、侗族的十峒、壮族的黄峒等。宋代以后羁縻州辖属的行政单位。大者称州，小者称县，又小者称峒。
⑤ 睢水，今河南商丘一带。
⑥、⑦ 杨伟兵. 清代黔东南地区农林经济开发及其生态——生产结构分析. 中国历史地理论丛，2004.
⑧ 贵州省黎平县志编纂委员会. 黎平县志. 四川巴蜀书社，1989.
⑨ 侗族社会历史上建立的以地缘和亲缘为纽带的部落与部落、村寨与村寨、社区与社区之间，通过盟誓与约法而建立起来的带有区域行政与军事防御性质的联盟，是侗族古老的社会组织和社会制度。组织由款首、款脚（传号令者）、款众（军）、款坪、款牌、款约、款判等构成。
⑩ 贵州省文物局. 怎雷村古建筑群第七批国保申报材料.
⑪ 对于干阑式与穿斗式民居的区别，一直研究不够，也造成了干阑、穿斗不分的情况。大多数研究者，均认为苗族、侗族的有明确"底层"空间的吊脚楼或一楼一底民居称为干阑式民居。这其实还是没有很好地将干阑式和穿斗式区别开来，如同样的建筑结构形式，在黔北的吊脚楼就很少被称为干阑式民居。综合南方地区出土的汉代明器中干阑式建筑的形象及贵州目前苗族、水族、瑶族等民居、粮仓中仍然残存的干阑式做法，笔者将干阑式和穿斗式民居作区分如下：干阑式民居底层、楼层立柱互不连通、相互独立，修建时，先建底层作为平台，再在平台上立柱建房，此种结构在汉代陶屋明器中为常见形象。穿斗式民居底层和楼层柱子上下相通，承重柱子直接落地。上下柱相通的吊脚楼也应为穿斗式的一种，根据落地柱的多少可将其分为全吊、半吊以及角吊等形式。
⑫ 贵州省文物局. 董蒙村古建筑群第七批国保申报材料.

贵州古建筑

第五章 黔中黔南建筑文化区

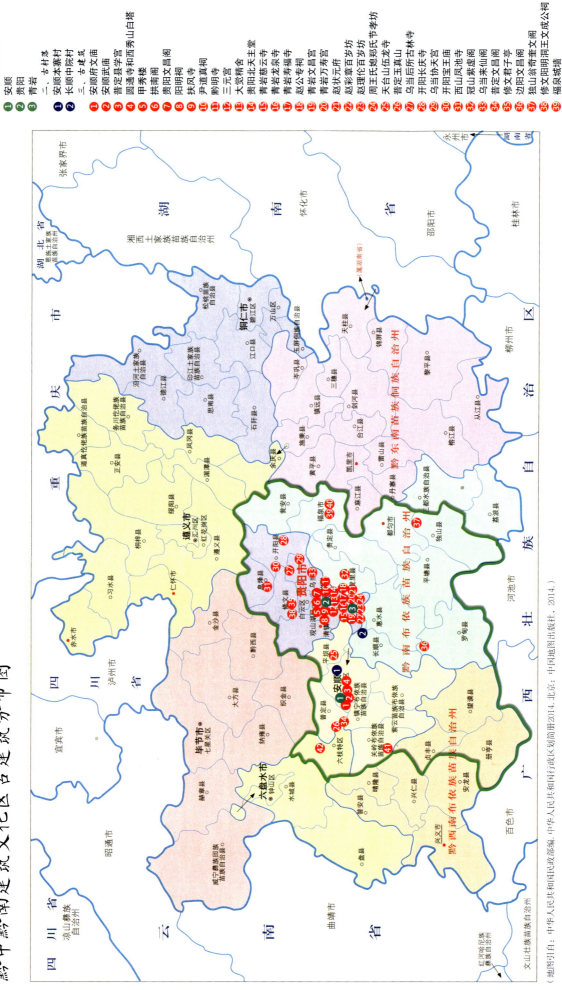

第一节 黔中黔南建筑文化区概述

黔中黔南建筑文化区地处贵州中部、南部，属典型喀斯特地形地貌区。自元代以降，由于交通条件的改善，黔中黔南地区坐拥中国西南地区南北和东西交通要道的便利，引发了政治、军事和商贸的大移民，随之带来了各种外来文化，使黔中黔南地区一举发展成为具有独特地域特色的文化区。同时，该区域也是历史上"百濮"与"百越"族系聚居、繁衍之地，至今仍大量聚居着布依族、苗族等少数民族，使得该区域建筑在以黔中汉式建筑为主的基础上，也间杂着布依族、苗族等民族建筑的特色。

一、区域地理及历史沿革

黔中黔南建筑文化区地处长江流域乌江水系和珠江流域北盘江水系、红水河水系的分水岭地带，是世界上典型的喀斯特地貌集中地区。该区域大抵相当于今贵阳市、安顺市和黔南州所辖范围，同时也包括了六盘水市、黔西南州部分区域。就建筑文化而言，该区域又可细分为黔中建筑文化区（下称黔中区）和黔南建筑文化区（下称黔南区）。黔中区包括贵阳市、安顺市全境，黔南州的瓮安、福泉、贵定、龙里诸县和六盘水市六枝特区。黔南区包括黔南州的都匀、独山、平塘、惠水、长顺、罗甸、荔波诸县，安顺市紫云县和黔西南的望谟、册亨县。

黔中区地处贵州中部，大部属于长江流域，为云贵高原东南部向广西丘陵过度的斜坡地带，地势西北高、东南低，平均海拔1000米左右。这里自然地理条件较贵州其他区域好，地势由北向南、由东向西逐渐平缓，安顺平坝、西秀、普定、镇宁一带，是贵州地势最为平坦的地方。因此，黔中区开发较早，向来经济发达，也是最具贵州文化特色的区域。考古资料表明，在距今一万年左右的新、旧石器交替时期，普定穿洞已经出现了远古人类活动的踪迹。春秋至战国时期，黔中区分别为牂牁、夜郎所辖；秦置郡县，属象郡夜郎县；汉为夜郎、牂牁郡所辖；三国、两晋时仍隶牂牁郡；隋唐时期属黔中道矩州、黔州所领；宋时，黔中地区为罗殿国、黔州所领的部分羁縻州所属。

今安顺市所辖地区，南宋宝祐五年（元宪宗七年，1257年），罗氏普里、普东两部归元，以其地置普定府。元大德七年（1303年）改普定府为普定路。元至正十一年（1351年）置安顺州，属普定路，隶云南行省曲靖宣慰司。明洪武五年（1372年）普定路女总管适尔归明，改普定路为普定府，隶云南布政使司。明朝扫灭云南的残余势力元梁王巴扎喇尔瓦密后，明洪武十五年（1382年）置普定卫（今安顺城），隶云南都司。

今贵阳市、黔南州北部地区，元至元十六年（1279年）设八番罗甸宣慰司。至元十九年（1282年）设顺元等路军民宣慰司。至元二十九年（1292年），顺元、八番两宣慰司合并，设立八番顺元宣慰司，都元帅府于顺元城（今贵阳），隶湖广行省。明永乐十一年（1413年）设贵州承宣布政使，贵州成为明第十三个行省。黔中区为贵阳府、都匀府、安顺州、镇宁州、永宁州及平越、新添、龙里、平坝、威清、安南等诸卫所辖。明万历三十年（1602年）升安顺州为安顺军民府。清代，黔中地区为贵阳府、安顺府、都匀府、平越州所辖。

黔南区地处贵州南部，几乎全部位于珠江流域，苗岭横贯其北，南北盘江、红水河、都柳江流经其南后汇入珠江。该区域以山地高原为主，是世界岩溶发育最完整、最典型的地区之一，多峰林、溶洞及伏流。岩溶地貌景观表现为石林、石丛、峰林、溶丘、洼地、漏斗、竖井、落水洞、盲谷、溶盆、槽谷、瀑布等。

黔南区自古为"百濮"与"百越"民族杂居和交融的地方，今为贵州布依族、苗族的主要聚居区。其地与广西接壤，今册亨、望谟、罗甸等县长期属于广西所辖，故该区域由北往南在文化上逐步受广西的影响。宋代，册亨、望谟为广南西路邕州所属。元代，其地大部为湖广行省八番顺元宣慰司所辖。明代，紫云、惠水、长顺、独山、都匀为贵州所属，册亨、望谟、贞丰、罗甸分别为广西安隆司、泗城州所辖。清雍正五年（1727年），云贵总督鄂尔泰以红水河为界划分黔、桂两省界限，册亨、望谟等地划入贵州。

二、区域文化及建筑特色

在信息传播不畅的历史时期，文化传播主要受交通线路和移民线路的影响。就贵州而言，驿道和水道是重要的文化传播路线。元代，黔中地区由于驿路的打通而成为巴蜀南下粤桂，缅滇东进湖广的重要通道。这里为各种文化的相互交融提供了广阔的地理空间。同时，交通状况的改变也使得黔中地区在明代的政治、军事战略地位得到空前提升，奢香九驿的打通，进一步加强了黔中水西、水东土司与湖广文化的交流，也为明永乐十一年（1413年）贵州从云南、湖广中独立出来，成为明朝第十三个行省打下了基础。明代之后的几次大开发，引发了黔中地区大量军屯、民屯、商屯的移民潮，随之带来了中原及南方地区的汉文化，最后形成了自我封闭和完善的屯堡文化。明代沿驿道设置的卫所及府州，在黔中地区密度最大。随着中央政治统治的加强，政府委派的官员和流放的迁臣也逐渐增多，使得儒家文化进一步深入黔中地区。王阳明谪居龙场期间所创立的"阳明心学"，成为黔中文化的一朵奇葩。清代以后，黔中黔南地区的统治继续加强，改土归流进一步推行，川盐入黔及清中期后商贸往来的频繁，大量江西、四川、湖广、广东、陕西、福建客商的进入，带来了丰富多彩的商业文化和建筑。

黔中区地处贵州中部，周边的建筑文化传播到黔中地区后不断减弱，各种建筑风格相互融合，形成了独具贵州特色的黔中建筑文化圈。黔南区由于历史时期驿路和水路交通均不发达，加之长期为"百濮"、"百越"等少数民族聚居区，故建筑文化较为封闭、原始，外来建筑文化对该区域的影响较小，呈点式分布。

处于黔中建筑文化圈的贵阳以北，建筑受巴蜀建筑沿川黔驿道南下的影响，多少有一些巴蜀之风。贵阳以东的福泉、麻江一带，部分建筑依旧受到一些沅江水系楚风建筑的影响。滇云建筑东渐的影响到关岭、镇宁一带已经式微。因此，今东起贵定，西至镇宁、六枝，北达修文，南抵惠水的区域，成了黔中建筑的核心区。该区域大量的公共建筑仍以穿斗式为主，但重要的主体建筑一般采用穿斗抬梁或穿斗抬柱混合使用的形式。该区域由东向西，建筑风格逐渐由细腻向粗犷发展。目前发现的贵州早期木构建筑大部分出现在该区域，如天台山伍龙寺祖师殿［明万历四十四年（1616年）］、安顺圆通寺大殿［明崇祯七年（1634年）］、贵阳拱南阁［清顺治十二年（1655年）］。

在建筑材料的使用上，清镇以东，外墙多用青砖，青砖尺寸较大，多为一斗一眠；清镇以西，外墙多用石材，干摆和浆砌均有；当然，黔中黔南区域也有夯土为墙的传统，至今在黔南荔波等地，仍有大量的土坯房，黄墙黛瓦也不失古朴与拙美。黔中地区建筑的最大特色在于石材的使用和加工，黔中安顺、贵阳一带，屯堡民居和布依族民居，石墙、石瓦、石天井，俨然一片白色的石头世界。公共建筑对石材的使用更为讲究，多将石材打制成料石、块石进行砌筑，重要的主体建筑甚至采用石柱承重，如甲秀楼、安顺文庙大成殿、安顺武庙大殿、圆通寺大殿、普定县学宫大成殿等，体现了当地工匠石材加工技术的纯熟与自信。石材的使用也催生了黔中地区石雕艺术的发展，有的建筑石雕相当精美，安顺文庙、普定县学宫的石雕将古拙与纤秀结合于一体，堪称建筑石雕艺术中的精品。

第二节 古城古镇

一、安顺

（一）古城概况

安顺古城位于安顺市区浅丘槽谷地貌一块地势平坦的缓坡之上，"二水来而一水出，秀峰古刹点缀其中。玉笔之撑天最妙，金钟之扑地特隆"，在其选址和布局上体现了古代城市空间布局与自然山水环境的紧密联系和价值取向。

古城北有欢喜岭；东有虹山、金钟山；西有娄家大坡、跳花坡；南有西秀山、青龙山、凤凰山等。贯城河是流经安顺古城的主要河流，有东西二源，东源由城东北十里火烧寨汇泉成流向西南行，经东水关入城，在簧学坝前的李家花园和西源交汇。西源发源于西南十里马鞍山北坟井，向东流至瓦窑屯，娄家坡水注之，至太和石汇众泉水，名漂布河，入西水关经四官桥至李家花园于东源汇合。又经东门桥、太和桥由南水关出城。

安顺地处黔中腹地，历史悠久，素有"黔腹滇喉"之誉。今天的安顺城是在明代普定卫城的基础上发展起来的。据《安顺府志》记载，普定卫城始建于明洪武十四年（1381年），为跟随傅友德征云南的安陆侯吴复所筑，初为土城。明成化中，位于今旧州镇的安顺州迁入普定卫，卫、州同治。明嘉靖三十一年（1552年），副使廖天明始砌以石，加女墙，结束了安顺城为土城的历史。当时，城周九里三分，高二丈五尺，有月城四座，城墙总体近似正方形。明万历三十年（1602年）升安顺军民府。明天启二年（1622年）毁于寇，清康熙九年（1670年）知府彭锡缨等捐修完固，康熙十一年知府胡宗虞垒石增高城墙，清乾隆二十年（1755年）普定知县刘大宾请帑拆修，清道光十一年（1831年）提督余步云、署布政使司李文耕、分巡贵西道周廷授、知府和各知县捐廉补修城垣，道光十三年和二十七年又两次补修城垣、月城和各废垣①。

安顺城设有东、南、西、北四门，以及三座水关。城门分别为朝天门、永安门、怀远门和镇夷门，明洪武十九年至二十一年的三年间，在城门上分别修建四座城楼。水关分别为东水关、西水关和南水关，关下有铁栅栏水门，关上建有敌楼。明天启二年（1622年）水西安邦彦乱城时城门也遭到损坏。清康熙十一年（1672年）知府胡宗虞重修四城门。清乾隆三十六年（1771年）知县王雨溥请帑拆修四门城楼、城门和月城门。清道光十一年（1831年）提督余步云等补修城垣时，同时也对四门城楼和城门进行了简单的维修。20世纪50年代初，古城的城门和城墙基本上完全被拆除，仅存的南水关遗址，也在20世纪末的贯城河改造中被拆除。

古城以钟鼓楼为中心，东、南、西、北各有一条主街交汇于钟鼓楼下，俗称大十字，是古城道路的主要骨架。东大街自东城门至大十字钟鼓楼，街长里余，宽三丈余。近城门一段，地势甚高，梯阶而下至东门桥，故名东门坡。东街向北有三路口：一通蔡衙街，一通望春台，一通儒林路。向南有四路口：分别通往曹家街、碧漾弯、顾府街和同知巷。东街上原有石坊三座，分别为功臣鄂西林坊、范氏总镇坊、洪氏百寿坊，民国17年（1928年）创修贯城马路时拆毁。西大街自西城门至大十字钟鼓楼，街长里余，宽三丈余，街北有二路口：通往范衙街和卫坝口，街南仅有一路口通往大梨树。街中有石坊五座，均毁于民国年间。南大街由南城门至大十字钟鼓楼，街长里余，地势平坦，大十字一段宽三丈余，城门一段较为狭窄，街东有三路口：通往升官巷、县门口、蒋衙街。街西亦有三路口：通往布政街、许衙街、府门口。街中有石坊三座，均毁于民国年间。北大街由城门至大十字钟鼓楼，街长里余，是古城主要街道中最窄的，宽约二丈余。街东有四路口：通往金匮街、李家花园、炮台街和丁字街。街西有五路口：分别通往温家巷、乔家坝、龙井巷、骆千户街、卫坝口。街中有石坊两座。

城墙内侧均设有顺城街，沿城墙通绕全城。古城原有古街道40余条，铺设的均为石头路面，厚约15厘米到20厘米不等。近年来，由于城市进行大规模改造，部分古街老巷已不复存在，仅存的范衙街石头路面，也被移至儒林路铺设，失去了原有的风貌。

安顺古城的发展与元代贵州东西驿大道的打通密切相关。明代以后，由于黔滇驿道经城而过，加之军事、经济地位的日益凸显，安顺城遂成为贵州西线重要的商贸重镇。明代大旅行家徐霞客在其游记中留下了"街道宏扩、市迹盛盛"的记载。从20世纪初法国传教士所拍摄的照片中，可以直观地感受到安顺的繁华。排列整齐的街道、鳞次栉比的建筑，楼阁、寺庙、城墙、城楼在照片里——呈现②。

抗日战争期间，大量机构、人员的内迁，再一次促进了安顺城的发展。但如今，安顺市区除几处古建和零星街区尚存外，所谓古城，已仅是照片上的记忆了（图5-2-1～图5-2-3）。

（二）古城古建筑

1. 安顺文庙

安顺文庙位于贵州省安顺市西秀区簧学坝路南侧，是贵州现存最为完整的古建筑群之一。

安顺文庙始建于明初，原为普定卫学。《明实录》载：洪武二十七年（1394年）"置普定卫儒学"。明弘治《贵州图经新志》载："普定卫学，在卫城内东北隅，正统间贵州布政司参议李睿建。寻毁于火，按察司佥事屈伸重建。中为名伦堂，左右翼以崇德、广业二斋。"又云："普定卫，肇自洪武辛酉（1381年），其城郭夷坦，物产富庶，甲于他处。宣德癸丑（1433年），宪副李公睿先任贵州参议，时卜地于城东，始建学舍。正统戊午（1438年）夏，佥宪屈公伸，廉问来兹，祗谒文宣，喟然太息。乃偕镇守都帅顾公勇及本卫指挥王斌等，躬造旧基，相地度才，鸠集百役，复经营之。既而工告成，于是褛神有殿，会讲有堂，肄业有斋。自廊庑门墙以及庖舍湢溷，无一不备者。经始于是岁夏五月戊子，落成于次年夏四月壬寅。"[④]明嘉靖二十六年（1547年）重修，明万历三十年（1602年）升安顺州为安顺府，府、卫同治一城，万历三十一年（1603年）贵州巡抚郭子章、巡按毕三才题改卫学为府学。之后，历经明天启四年（1624年），清康熙七年（1668年）、五十五年（1716年），清道光二十年（1840年）多次修葺，逐步形成现有规模。

安顺文庙坐东北向西南，占地面积约8500平方米，建筑面积约2600平方米。建筑群布局严谨，沿中轴自影壁往后有宫墙、泮池、棂星门、大成门、天子台、大成殿等建筑依地势逐渐抬升，建筑由次到主，地势由低到高，显得宏大壮丽、庄严肃穆（图5-2-4）。

一进院落台地上有"德配天地"坊、"道冠古今"坊两个单体建筑和"下马碑"。两石坊为四柱三间冲天式，须弥座，石柱施抱鼓石，顶端各有小兽一只。原有道路从石坊下经过。下马碑为石雕白象基座上立方形柱石，石柱竖向阴刻楷书"文武官员军民等至此下轿马"。一进院原有"金声玉振"坊，惜早年损毁，无存（图5-2-5）。

下马碑之后为宫墙，面阔10.18米，单排石柱

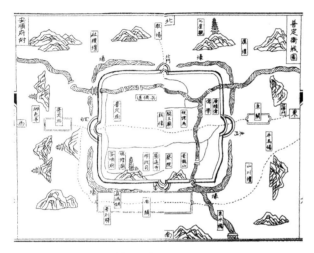

图5-2-1 明《黔记》载普定卫城图

图5-2-2 20世纪初的安顺老城之一

图5-2-3 20世纪初的安顺老城之二[⑤]

图5-2-4 安顺文庙俯瞰图

图5-2-5 德配天地坊及宫墙、礼门

立于0.6米高须弥座石墙上，四柱三间被三道石枋分成三层，下层又立4根短石柱，柱间饰以万字纹、几何纹镂空石栏板；中层上正中石隔板正面阳刻、背面阴刻楷书"宫墙数仞"，镂空拐子龙石栏板分列两侧；上层正中饰二龙戏珠，两侧各有两个姿态各异的罗汉坐像，头顶石枋。宫墙顶为筒瓦脊，鱼龙吻（图5-2-6）。

宫墙两侧分别有垂花门各一座，为双柱落地歇山顶建筑，须弥座柱础，柱前后两侧施抱鼓石。两垂花门石额枋上阴刻楷书"礼门"、"义路"，是进入文庙的大门。九级踏跺穿过礼门、义路为二进院台地，台地正中有泮池，为半圆形水池，池正中建有三孔石拱桥，称"圜桥"。桥两侧和池周均饰以彩带暗八仙和几何镂空雕花石栏，图案精美。过桥一侧有节孝祠，为面阔三间、穿斗式硬山小青瓦顶建筑（图5-2-7）。

上九级踏步为"棂星门"石坊，棂星门为须弥座

图5-2-6 宫墙背面

图5-2-7 泮池

四柱三间冲天式，石柱前后两侧施抱鼓石，抱鼓石上雕刻龙凤及花卉图案，顶端各坐一八仙人物造像，栩栩如生。整座石坊遍雕图案，内容丰富、技法多样。棂星门东西两侧为面阔三间的硬山式建筑，东是乡贤祠，西为纯孝祠。台地两侧建重檐歇山顶阁楼，东为奎文阁，西为尊经阁。再上九级踏跺，大成门居中，东为名宦祠，西为忠义祠，均为硬山小青瓦顶建筑。大成门明间前檐柱为高浮雕盘龙石柱，雕刻技法洗练，风格粗犷（图5-2-8~图5-2-10）。

穿过大成门为文庙最后一进院落，四周带雕花石栏方形天子台位于院落中央，天子台东为东庑，西为西庑，均为面阔五间小青瓦硬山顶建筑。两庑与大成门之间为钟楼、鼓楼，均面阔一间，重檐歇山青筒瓦顶建筑（图5-2-11，图5-2-12）。

大成殿雄踞于1.4米高的须弥座石台基上，面阔五间，为抬梁和穿斗相结合的混合式歇山青筒瓦顶建筑，殿内有先师孔子坐像（图5-2-13~图5-2-15）。

图5-2-8 棂星门

图5-2-9 大成门及奎文阁

图5-2-10 大成门龙柱

图5-2-11 鼓楼

图5-2-12 钟楼

图5-2-13 大成殿及天子台

图5-2-15 大成殿明间

图5-2-14 大成殿前廊

安顺文庙被誉为"石雕艺术殿堂",最精美的是大成殿前整檐整石雕刻而成的一对龙柱。龙柱通高5米,柱径0.5米。龙柱突破传统的高浮雕形式,采用最能体现立体效果的透雕为主,内方外圆,内实外空。集浮雕、圆雕、平雕等技法,栩栩如生地表现了若隐若现穿梭于云中的巨龙形象。柱础为一对石狮,雄狮在左,雌狮居右,身盘彩带,躬身昂首,对天长号,似乎在衬托神龙在天的威严。

2. 安顺武庙

安顺老城四条大街交汇的大十字东北角屹立着贵州省内重要的古建筑——安顺武庙。它是安顺市始建年代较早且保存较为完整的古建筑群之一。与安顺地标性建筑圆通寺和西秀山白塔遥遥相望,形成一条贯穿老城南北中轴线的重要景观。

安顺武庙,历史上称为寿亭侯祠、关帝庙、关圣庙等,始建于明洪武十五年(1382年),明万历《黔记》载:"普定卫……寿亭侯祠在城内东,洪武十五年安陆侯吴复建,(毁于)火。景泰间都指挥郭贵重建。"清康熙八年(1669年)提督李本深重修,清乾隆五十七年(1792年)改建观音楼又有修培,清道光四年(1824年)复建增修。形成一片气势宏大、布局严谨、贯穿在一条南北中轴线上左右对称的古建筑群。民国《续修安顺府志·安顺志》:"庙址在大十字,巍然矗立于钟鼓楼下,……再进则大殿,塑关帝坐像。……殿后有楼三层,曰观音楼,祀大士像。……又因门外近市,护以朱栏,以期洁净而壮观瞻。"民国8年(1919年)知事唐希泽倡修全庙,又将关羽和岳飞合祀,又称关岳庙。

安顺武庙坐北向南,占地面积约3000平方米,建筑面积1600平方米。其整体布局呈长方形,为石墙围护三进四合院落石木结构建筑群,其建筑布局严谨,牌楼大门、影壁、泮池、大殿、观音楼沿南北中轴线依次排列,其他建筑皆沿此线左右对称,错落有致。牌楼大门、影壁、泮池为近年修复(图5-2-16)。

图5-2-16　安顺武庙鸟瞰图

牌楼大门面临东大街，为须弥座四柱三门牌楼式石木结构大门，石柱南北两侧施抱鼓石，青筒瓦顶。正脊脊翼饰鱼龙纹正吻，檐下为如意斗栱。门额"文武圣神"正列其中。"文武圣神"，出自《尚书·大禹谟》，原作"帝德广运，乃圣乃神，乃武乃文"。意为：皇帝的仁德之风广泛地传遍天下，既如圣人又如神明，既有武功又有文德。天下武庙的匾额和楹联多嵌入此两句，盛赞关公的儒雅气度和崇高地位，安顺武庙"文武圣神"门额也同出此意。1846年法国传教士拍摄的安顺城貌照片，能清晰地看出武庙牌楼大门的外观形象（图5-2-2）。

影壁为石柱、石栏板和条石垒砌的隔墙，青筒瓦墙帽。影壁墙体上开门洞2处，门额分别为"大义参天"、"精忠贯日"。

院落正中是泮池和单孔石桥，桥两侧和泮池周围以雕有几何图案的石栏板围护。天下武庙文庙泮池很多，大多数为圆形和半圆形，而安顺武庙的泮池与众不同，为独有的双八边哑铃形，两个水池通过中间单孔石桥下相连，分合有致。

泮池之后，为气势宏阔的武庙大殿，位于武庙的中心，充分体现居中为尊的古代建筑思想，大殿为前后带廊、穿斗抬梁式、单檐歇山青筒瓦顶石木结构建筑，面阔五间，通面阔20.70米，进深六间，通进深16.24米。台明高0.7米。《安顺续修府志》记载："殿柱皆石，其中柱四丈有奇，人立其下，仰视不能见其颠。柱之长，实为城中各庙之冠"（图5-2-17）。

大殿前踏步五级，呈倒八字凸出，殿后踏步内收在后廊间中，一凸一收，为省内大殿平面布局之孤例，既体现了古代社会礼制的庄严，又表达了建筑手法的灵巧，大大增加了三进天井的面积。殿内地面用方形青石板铺墁，整料石质落地柱36根，均为四棱柱。次间前檐柱旋转90度，与其他柱子相对而呈菱形石柱。前檐额枋上置风窗，下置挂落，挑檩下饰龙纹花牙子。梁架明间两榀为抬梁式构造，次间两榀为穿斗式结构。老角梁斜下出檐，置于挑檩水平交点之上，后尾穿入次间金柱。出檐处之上叠加仔角梁，均有冲翘，角梁挑枋下饰龙头鱼尾纹撑栱。明间隔扇门雕刻精美的神仙、人物、树木、宝瓶等图案，门上悬有清光绪帝书"光昭日月"匾额，东山墙内立有清康熙八年贵州提督李本深重修关帝庙碑记等4通石碑，是研究武庙不可多得的实物依据。殿内有塑像三尊，正中为关圣帝君戎装坐像，高约5米。关平捧印、周仓持刀侍立左右两侧。塑像旁有6幅垂幔，为清代帝王为关羽加封的尊号（图5-2-18～图5-2-22）。

观音楼位于武庙中轴北端，大殿之后，是武庙最高的建筑，为三重四角攒尖青筒瓦顶石木结构建筑。面阔三间11.4米，进深五间11.2米，台明高1.4米。观音楼檐柱角柱均为石质四棱柱，前檐挑枋和角挑枋上加龙纹垫枋，上挑檐檩，部分石柱上有清乾隆五十七年的题记。廊间两侧山墙的拱券石门洞上有石刻"觉路"、"祇园"。觉路在佛家教语中的意思就是成佛的道路。祇园，在佛教经书《阿弥陀经》

图5-2-17 泮池

图5-2-18 武庙正殿正面

图5-2-19 武庙正殿背面

图5-2-20 图武庙正殿彩塑关帝像

图5-2-22 武庙正殿前廊挂落

图5-2-21 鱼龙木雕斜撑

图5-2-23 观音阁

和《金刚经》开卷便有"佛在舍卫国祇树给孤独园"的描述。"祇树给孤独园"就是舍卫国的须达长者奉献给古印度佛教创始人释迦牟尼讲经说法的一处重要场所，一般称为"祇园精舍"，相传黄金铺满园。祇园精舍是释迦牟尼在世时规模最大的精舍，是佛教寺院的早期建筑形式（图5-2-23）。

观音阁门窗隔扇雕刻花鸟图案，明间中轴后围护墙有石门通后院，门两侧开窗。东次间18级楼梯通向二层，二层面阔进深俱三间。二层西次间有楼梯通三楼。中柱4根为木质通柱，侧角为140毫米。柱头四角挑枋呈45°角出挑，外挑檐檩，承攒尖顶老角梁，室内穿入4根垂瓜柱，上承扒梁，其上依次置瓜柱、角背、扒梁、藻井、雷公柱。老角梁斜下出檐，置于挑檐水平交点之上，后尾穿入雷公柱，出檐处之上叠加仔角梁。这种外承攒尖顶老角梁，内承扒梁的穿枋结构，将整个楼顶荷载均匀地分配到4根中柱之上。既节约建筑材料，又扩大了室内使用空间，充分体现了古代工匠的高超建筑技艺。观音阁系佛家建筑，既反映了安顺武庙的历史变迁，也是儒释道合一的具体体现。此类建筑格局，贵州在明、清之后十分普遍。

安顺武庙是贵州现存最大、规制最完整的武庙，其石材使用及加工技术之纯熟，尤其是石柱的大胆使用，是贵州黔中地区的典型代表。武庙保存的碑刻、题记等文字资料，既是补史的佐证，也是珍贵的书法艺术。

3. 普定县学宫

安顺老城里除了有一处规模宏大的安顺府文庙外，还有一处鲜为人知的普定县学宫。一城内有两座文庙，较为罕见，这和安顺城的发展历史有着紧密的联系。普定县学宫坐落在老城东门坡半坡北侧的今安顺二中校园内。

明王朝为巩固西南边陲统治，于明洪武十四年（1381年）在今安顺修建了普定卫城，设立普定指挥使司，之后修建了普定卫学。明万历三十年（1602年）将成化间迁入的安顺州升为安顺府，府、卫同治一城。万历三十一年（1603年）贵州巡抚郭子章、巡按毕三才题改普定卫学为安顺府学。清康熙十一年（1672年）撤卫设县，普定卫改为普定县，为安顺府附廓，当时普定县未设县学，中试者尽占安顺府学额，屡有微词。康熙三十八年（1699年）贵州巡抚王燕上疏《请添设学校以宏教化广皇仁事》题设普定等县学，康熙四十一年（1702年）建普定县学，此时安顺城便有了两座文庙。

民国3年（1914年）改安顺府为安顺县，普定

图5-2-24　普定县学宫棂星门

县治迁于定南所，县学遂废。1939年"中华民国"军政部陆军军医学校在普定县学宫设附属医院，1946年安顺县立中学在此办学，1957年在普定县学宫旧址新建安顺二中，部分古建筑被拆毁。

普定县学宫坐东向西，现仅存棂星门、大成门、大成殿等建筑。

棂星门为四柱三间冲天式结构，石柱下为须弥座，东西两侧施抱鼓石夹石柱于其中，起到稳定柱身的作用，额枋雕刻龙凤及花卉图案，额枋上阴刻楷书"棂星门"（图5-2-24）。

大成门原为面阔五间，进深两间。现存三间（两梢间被拆除），穿斗式硬山顶石木结构，通往大成殿的三道大门位于脊下。前后檐柱为石柱，前檐明间石柱雕刻卷云盘龙，石狮柱础，龙身从柱顶盘绕石柱而下，其外密布圆雕祥云，时而隐于石柱之中，时而穿云而出，线条古朴流畅，造型灵活生动，龙首在石柱中间从祥云中穿出，昂首向上，似腾欲飞，栩栩如生（图5-2-25）。

进大成门跃入眼帘的是普定县学宫的主要建筑大成殿，面阔五间，长19.15米，进深四间，宽11.53米。为抬梁和穿斗结合的混合式结构，单檐歇山青筒瓦顶。28柱落地，明间两榀为抬梁式七架梁构造，金柱承七架梁，梁架间施佗墩，脊瓜柱立于三架梁之上，有角背，次间两榀为穿斗式构造。老角梁斜下出檐，置于挑檐水平交点之上，后尾穿

图5-2-25 大成门

入次间金柱。前廊穿梁上承佗墩和卷棚，前檐出挑施垂柱。明、次间为隔扇门，梢间为呆窗。山柱和后檐柱均嵌于山墙和后檐墙内，4根石雕龙柱立于前檐，柱下有狮形柱础，与大成门石雕龙柱略有不同，龙身由柱础而上盘绕升腾，龙首昂立于额枋之下，4根巨型石龙柱两两相对，各具特色，无一雷同，造型优美生动，雕刻玲珑剔透，刀法刚劲有力，龙姿栩栩如生（图5-2-26～图5-2-29）。

普定县学宫虽不如安顺府文庙、武庙般引人注意，但由于其后期改造、复建较少，反而具有重要的建筑价值，是研究贵州黔中地区清代早期建筑的重要实物。

4. 圆通寺和西秀山白塔

圆通寺，位于安顺市区中华南路西秀山北麓，坐南向北，与安顺武庙同在安顺老城的南北中轴线上，遥相呼应。寺后西秀山上有石塔一座，名西秀山白塔，又名望城塔、文峰塔，为安顺老城八景之一的"笔锋耸翠"。占地面积约5000平方米，建筑面积1200平方米。

根据历史文献记载，圆通寺始建于元至元十一年（1274年）。明洪武十八年（1385年）、永乐六年（1408年）重修。明天顺四年（1460年）冬，"镇守贵州中贵郑公，奉上命统兵征讨西堡蛮苗，驻兵普定，观其故寺，久而将废，顾瞻嗟咨，有不能释然

图5-2-26 大成殿

图5-2-27 大成殿龙柱

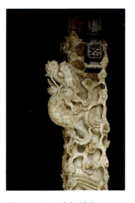
图5-2-28 龙柱昂首

图5-2-29 雕刻精美的柱础

于怀者，论于住持曰：'此行用师，全捷凯旋，吾当葺之'。既而，公戒我师旅，如雷如霆，进厥贼穴，执讯获丑，地方以平，而功果成矣。班师回日，公即捐已赀以为之倡，普定官属乐为之助，构木运甓，役不计工，用不计值，栋梁翚飞，金碧炫耀，不函不徐，寺已复完而更新矣……"⑤明万历二十年（1592年）再次重修，后毁于兵。明崇祯年间重修，大殿明间七架梁有崇祯七年（1634年）的题记。清嘉庆和道光年间又多次修葺。

西秀山白塔始建于元泰定三年（1326年），初为砖塔。清咸丰元年（1851年）普定县知县邵鸿儒倡修，二年在山麓立《重修安郡文峰记》石碑。

大门为三间三楼冲天柱式石牌坊，通高7.82米。通面阔10.80米，其中明间4.20米，次间3.30米。明间石柱高7.34米、次间石柱高6.28米。石柱底置须弥座、抱鼓石，石雕筒瓦顶。

大殿为穿斗抬梁混合式歇山青筒瓦顶建筑，砖石山墙。面阔五间，通面阔22.20米，进深三间，通进深13.05米，台明高约0.5米，脊檩高10.15米。前檐明间置石踏步，地面青石对缝铺墁。共有落地柱28根，均为四棱石柱，柱下置覆盆式石柱础。半数石柱上端有木、石柱墩。梁架明间两缝为抬梁式结构，次间、梢间各两缝为穿斗式结构，柱枋间装板。老角梁斜下出檐，置于挑檐水平交点之上，后尾穿入次间檐柱。老角梁上置仔角梁，有冲翘。前檐挑檐枋上有龙头纹饰。檐柱间额枋上置风窗，下置隔扇门窗。隔扇门窗雕刻精美，有神仙、人物、树木、宝瓶等图案。石门槛有古钱、花卉、动物等雕刻。屋顶木基层用双（匹）檩，无望板，露明造。青筒瓦屋面，素灰坐瓦，油灰勾缝，正脊饰云龙纹宝顶，鱼龙吻（图5-2-30、图5-2-31）。

图5-2-30 圆通寺大殿

图5-2-31 大殿侧面

观音阁为穿斗式重檐歇山青筒瓦顶建筑，通高12.30米。一层四面带廊，面阔五间，通面阔13.60米，台基高2米。明间进深五间，通进深9.80米。二层面阔三间，通面阔10.80米（图5-2-32）。

西秀山白塔，为仿密檐式实心石塔。塔身呈六角形锥体，通高16.64米。须弥座塔基，各边长3.05米，高2.68米。塔身高12.06米，塔刹高1.9米。南北向塔身一层阴刻楷书"咸丰元年普定县邵鸿儒重修"、"前安顺府胡林翼银叁拾两"，其余四面浮雕"四大天王"像；塔身二层各面均刻有佛像（图5-2-33）。

圆通寺与西秀山白塔是一组规模宏大、布局严谨、南北轴线对称的古建筑群，并且与武庙有着轴线上的对应，体现了古人天人合一的城市规划思想。圆通寺的建造手法古老、技艺精湛，是贵州现存最早的古建筑之一。建筑采用覆盆式柱础，明间三架梁、五架梁硕大的月梁做法，为贵州古建筑所仅见。其保存下来的艺术构件——驼峰、雀替、角背、梁头雕刻等，风格粗犷古拙，堪称贵州早期建筑艺术中的精品。2006年，文物部门对圆通寺大殿进行了修缮，并重修了大门和观音阁。之后，佛教僧众进入，对建筑屋面进行了改造，并于大殿内添塑了数尊佛像，对文物建筑造成了破坏。新建的围墙也与建筑格格不入，甚煞风景。

图5-2-32　观音阁

图5-2-33　西秀白塔

二、贵阳

（一）古城概况

贵阳市位于贵州省中部，是全省政治、经济和文化的中心，也是西南地区重要的交通枢纽。

据明弘治《贵州图经新志》记载，"贵山，在治所城北二里，孤峰峭拔，兀出群山，雅关在其后，郡之得名以此"，即贵阳以位于贵山之阳而名。元之前，贵州分属周边的四川、云南和湖广等地。元至元十六年（1279年），世祖忽必烈遣两淮招讨司经历刘继昌入黔招降中番，并授安抚司职及怀远大将军衔，佩虎符，安定了贵阳周边。至元十九年（1282年）诏立顺元等路军民宣慰司，以贵州等处蛮夷长官司为其附部。贵阳的城郭建设，大致从这一时期陆续开展。据推断，元初贵阳已有完整的土城墙。明初，贵阳城郭在顺元城的基础上进一步发展。到明中叶，北门外广东街、南京街、普定街、仁寿街（均在今中华北路南段及黔灵西路、化龙桥一带）已初具规模，居民也日渐增多。明天启二年（1622年），水西彝族首领安邦彦随奢崇明反，直逼贵阳，并围城300多日，造成惨重损失。"安奢之乱"客观上促进了贵阳城的进一步发展。清乾隆《贵州通志》记："天启六年（1626年），总督张鹤鸣，巡抚王瑊于北门外增砌外城六百余丈，设威清、六广、洪边、小东四门。"自此，贵阳市城垣内城、外城建成（图5-2-34）。

如今，古城九门中的八门已荡然无存，只有武胜门（昭文门）因瓮城上的文昌阁得以保存和修

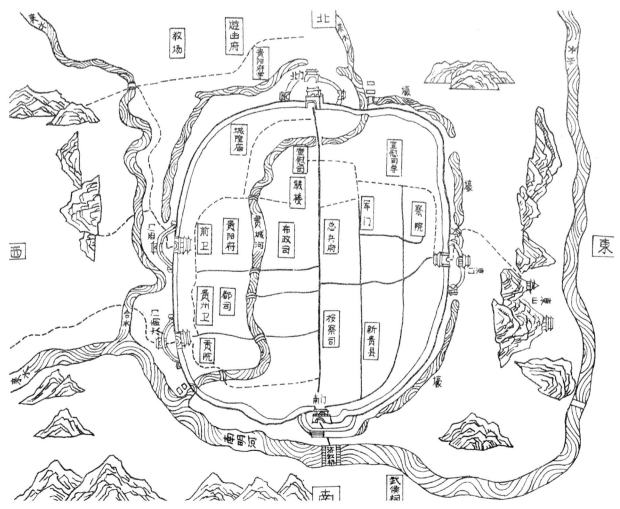

图5-2-34　明《黔记》载贵阳府城图

复，恢复了东门一带的历史风貌。为遵循文物保护的"可识别性原则"，昭文门城墙和瓮城城墙在维修时，下部2～5米高度内保留了原有城墙，上部新增部分则采取适当区分的方式予以修复。

贵阳古城不断发展，城内建筑亦大量增加，传说中的"九门四阁"，其中九门已找到，那四阁呢？贵阳古城阁楼当然不仅仅只有4座，但所谓的四阁是指最著名的，亦是规模最大的。四阁指的是文昌阁、玉皇阁、灵官阁和皇经阁，其中3座亦已消失，只剩下的文昌阁与昭文门在一起，静静地述说着昔日辉煌。

贵阳在元顺元城时，就有了早期的街道。古城中心仍为大十字，其往北叫城北正街，往南叫城南正街（即今中华中路和中华南路），往东叫东街（今中山东路），往西叫西街（今中山西路）。明朝两次城郭建设后，古城面积扩大，街道也增加了，据统计，内城有80条街道，以大十字为中心分为四个片区；外城有34条街道，亦分四个片区，以十字口（今中华北路与黔灵路交叉口）为中心；另有进城街道9条，至清末共有街道123条。至民国31年（1942年），贵阳有街道137条。1951年经有关部门清理和重新命名，有街道318条（图5-2-35）。

古城街道纵横，河流蜿蜒，桥梁星罗棋布。南明河、贯城河、市西河、小车河、富水、龙洞河穿城而过，最早修建的是霁虹桥（今南明桥），桥横跨南明河，是古城贵阳官府迎送朝廷官员之处，始建于明永乐二年（1404年）。古城居民生活用水，不仅依靠当时清澈见底的河水，另外还得天独厚地拥有100多口古井。2008年，市文化部门对贵阳市古井进行调查，仍找到21口古井，其中比较著名的有：圣泉、扁井、薛家井、玉元井、大井、四方井、龙家寨井、百腊井、太乙井等。目前这21口古井已被公布为贵阳市文物保护单位。

在城市建设上，地处西南山区的贵阳，虽然贫穷落后，但也不乏一些个性特色。100多条大街小巷，纵横交错，沿主要街道两侧，是那些成熟的商业店铺。只不过街道狭窄，一根晒竹竿可以搭在两边房子上。这些店铺有前店后库、前店后坊或前店后宅等多种形式。由于经济滞后，临街建筑常有个雅号——"戴脸壳"的门面，从正面看好似3层楼房，而到后面看却只有两层。至于那些小巷，弯弯曲曲，沿河的则一定通往河边，还有一些简陋的石阶深入水里，便于大家挑水、洗衣等。巷中就多半是民居了。官府衙门、寺庙和大户宅院，一定是沿街（或宽巷）建造，都会有一个高大的朝门，很气派，进门以后必定是四合院，耳室、厢房、正厅（或几进的几院），实力雄厚的家庭，房厅或院落可以铺上贵阳近郊开采的一种天然分层石板合朋石做地面，或做三合土地面。合朋石可用作屋面而代替小青瓦，亦成为贵阳市近郊如镇山村等极富特色的村寨石头建筑（合朋石板甚至代替镶板，嵌在柱坊之间作为墙板），这也是黔中民居建筑的一大特色（图5-2-36）。

从建筑类型来看，古城大部分是民居，间杂衙门、祠堂、庙宇及会馆等，除少数学馆外，多数私塾或学堂均设在宗教场所或私家宅邸内。从建筑结构来看，绝大部分是木结构房屋，其结构类型主要有两种：穿斗式、穿斗抬梁混合式，前者达80%以上，为一般民舍；混合式则为官府衙门、寺庙、会馆及大户人家正房使用，因为这类结构可以获得更大的空间。至于抬梁式结构，贵阳几乎找不到完全的抬梁式建筑，穿斗抬柱式建筑倒不在少数。

贵阳古建筑木雕、石雕等均具有一定水平，古城的名胜和牌坊等都是实证。而且在清末民初，建筑风格上渐受西方影响，也曾建造出"最漂亮的建筑"——王伯群故居、王家烈故居（虎峰别墅），民国英式别墅和北天主教堂、基督教堂等一批中西合璧式建筑。建筑材料主要是木材、石材和青砖，多为本地或省内产的，如梓木、杉木、松木、白棉石、红棉石、合朋石等，屋面多为小青瓦、白灰脊。惜今贵阳已难觅当年老城、老街和老建筑。

（二）古城古建筑

1. 甲秀楼

甲秀楼位于南明河中的"鳌矶石"上，与浮玉

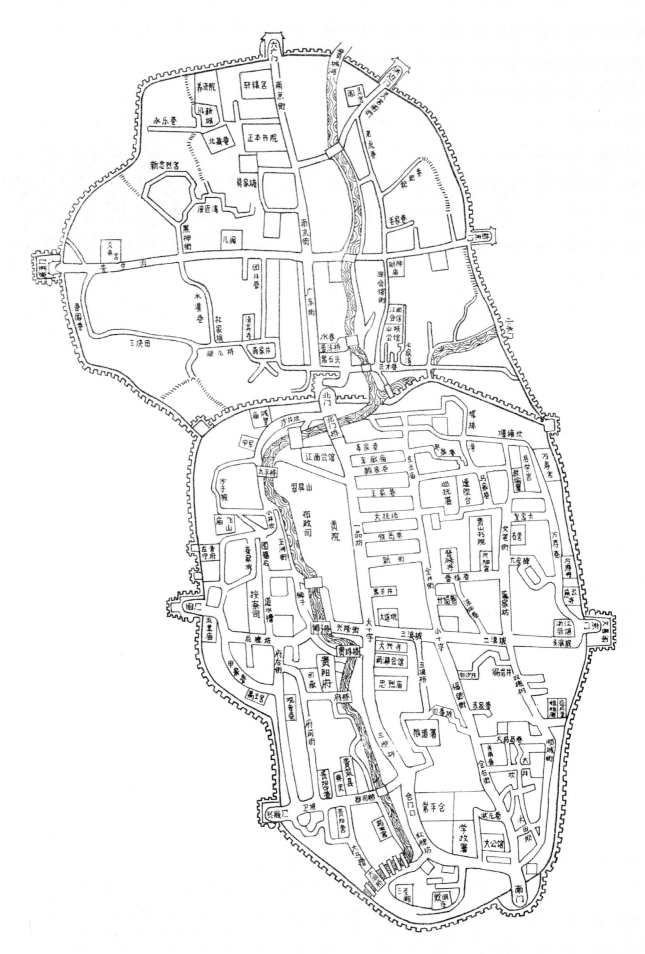

图5-2-35 清道光《贵阳府志》载贵阳城垣街道图

图5-2-36 19世纪末的贵阳老城

桥、涵碧亭、城南胜迹坊等构成了横跨南明河的建筑景观。明万历二十六年（1598年），贵州巡抚江东之于此筑堤并建甲秀楼以培风水。江氏建楼以前，王阳明的再传弟子马廷锡曾在此建栖云亭讲学传道。名曰"甲秀"，有"科甲挺秀"之意，寄望于贵州在科场中能多中人才。明天启元年（1621年）焚毁，总督朱燮元重建，改名"来凤阁"。清康熙二十八年（1689年）巡抚田雯重建，并恢复原名。清宣统元年（1909年）毁于火，次年修复。20世纪80年代曾进行维修。

甲秀楼为三重檐四角攒尖琉璃顶楼阁式建筑，高20余米。平面为正方形，边长12.5米，四周带廊并有雕花石栏板。栏板为贵州黔中地区典型做法。廊间进深二步，置轩棚顶，外檐施卷棚装饰。12根檐柱均为白棉石，也是黔中建筑的一大特点。柱廊与一层石墙组成"回"字形平面布局，二层檐柱直接落于一层内墙上，此种结构形式为贵州仅见。一层4根内金柱直达三层，外出挑檐檩承接屋面外檐重量。挑檐檩正交与层层内收抹角梁承托老戗，老戗之上发嫩戗起翘，组成翼角承重构架。其余各层翼角做法与此类似（图5-2-37～图5-2-41）。

由于20世纪80年代维修时对文物原状把握的时代局限，甲秀楼在维修时引入了许多江南建筑的做

图5-2-37 位于南明河畔的甲秀楼及翠薇阁

图5-2-38 甲秀楼戗脊琉璃脊饰之一

法，屋面苫背甚至为北方建筑做法，这些都影响到今日对甲秀楼原真性的判断。绿色琉璃瓦屋面、黄色琉璃脊饰虽非历史时期甲秀楼的传统做法，但也算风格淡雅，且与一层白色石柱相配甚洽，不仅已

图5-2-39 甲秀楼戗脊琉璃脊饰之二

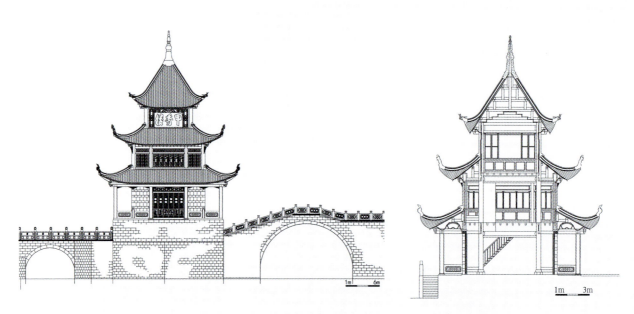

图5-2-40 甲秀楼立面图

图5-2-41 甲秀楼剖面图

为世人接受，而且使甲秀楼在贵州古建筑中独树一帜（图5-2-42～图5-2-45）。

一层楼柱悬有长联："五百年稳占鳌矶，独撑天宇，让我一层更上，眼界拓开。看东枕衡湘，西襟滇诏，南屏粤峤，北带巴夔，迢递关河。喜雄跨两游，支持岩疆半壁。应识马乃碉隳，乌蒙箐扫，艰难缔造，装点成锦绣湖山。漫云筑国偏荒，莫与神州争胜概；数千仞高踞牛渚，永镇边隅，问谁双柱重镌，颓波挽住。想秦通僰道，汉置牂柯，唐定矩州，宋封罗甸，凄迷风雨。叹名流几辈，留得旧迹多端，对此象岭霞生，螺峰云涌，缓步登临，领略些画阁烟景。恍觉蓬莱咫尺，拟邀仙侣话行踪。"凝练概述了贵州的历史和甲秀楼的人文景观，是我国著名长联之一。

图5-2-42 甲秀楼南面

图5-2-43 廊间卷棚

图5-2-44 仙人脊饰

图5-2-45 舒展的翼角

2. 拱南阁

拱南阁位于甲秀楼南侧的南明河岸上，是现今翠微园内的主体建筑。翠微园最早的名称是南庵，毗邻甲秀楼，前临南明河涵碧潭，背倚绿树葱郁的小山，沿河两岸垂柳婆娑，碧波荡漾，构成贵阳的"城南胜迹"。

明宣德年间，贵阳人王训[7]曾作《南庵》诗一首，其中"山腰倒接城边路，水口斜通阁外桥"，所描述的南庵环境，竟与现翠微园环境十分吻合，可知南庵当时已存在，我们由此推测南庵应始建于元末明初之时。南庵到明弘治时称圣寿寺，至明正德间有名宦祠叫法，后又改武侯祠，至明末，孙可望据贵阳，又将其改名观音寺，亦叫万佛寺，至清道光初，又曾叫作水月寺或水月庵。

1991年大修时，在拱南阁大梁上发现"永历乙未年孟秋月吉旦火器营都督同知高恩建"题记，字迹清晰完整。永历乙未年即清顺治十二年（1655年）。火器营都督同知高恩乃孙可望部将及同乡。孙可望为明末农民领袖张献忠义子，张献忠于清顺治三年（南明隆武二年，1646年）十二月被清军擒杀后，孙可望于次年（南明永历元年）收整张残部经重庆、遵义、贵阳至云南立足，后降南明桂王朱由榔。清顺治十四年（永历十一年，1657年）投降清军，后被射杀。

拱南阁如今是翠微园内的主要建筑。新中国成立前作为观音寺大殿使用，民国29年（1940年），被划给甲秀小学，幸木架结构未遭破坏。1991年贵阳市政府安排进行整体修缮，恢复祠、寺昔日伟姿，更名翠微园，与甲秀楼同为全国重点文物保护单位。

拱南阁建在翠微园山门至大士殿（已毁，现为甲秀小学教学楼）中轴线上，二层重檐歇山顶，青筒瓦屋面，底层砖墙粉白灰，设宏阔外廊，出檐深邃。底层三开间三进深。明间面阔5.5米，次间3.4米，通面阔12.35米。通进深12.35米。四周檐廊宽1.7米，砖墙各边长8.95米，檐柱间转角部分设坐凳。底层檐高4.8米，二层檐高7.12米，顶部砌上明造，屋顶正脊高11.8米，宝顶尖约14米。建筑翼角出挑平缓深远，严谨稳重，用材特别粗大，室内4根金柱直径达53厘米，檐柱直径30厘米。檐部未用斗栱结构，而是南方古建利用粗硬的角梁、雕花撑栱等。梁架为穿斗抬梁混合结构，金柱间为七架梁，两侧是利用金柱、檐柱和砖墙双步挑尖梁支承整个构架，简单而力传递清晰。正脊高约1.2米，前后塑"暗八仙"，脊中宝瓶高1.5米。各塑一云水纹及人面，由于整栋建筑维修时未落架，故正脊、宝顶未重做，仅作结构补强和表面处理，全部保留文物遗存构件。两层额枋都绘有彩画，在用色和图案纹饰上具有明显的地方民族特色，但亦类似旋子彩画，维修时亦予以保留。除底层角脊翘角为回首龙吻、正吻、二层戗脊均用鸱尾（鱼尾）装饰。歇山两侧安有悬鱼。底层前后各装六合隔扇门，二层装槛窗，均采用宫式嵌方纹饰（图5-2-46、图5-2-47）。

拱南阁是贵阳唯一幸存的明末清初古建筑，在1991年维修时，为了保持它的原真性，首先对其作了详细的测绘，发现4根金柱中有一根已发生沉降，产生原因是基础的下沉和金柱的糟朽，虽然外表较严重，但柱芯完好部分尚在规范允许值以内，柱基沉降当然是主因，土质疏松部分得以更换，金柱表面用挖补手段去除了腐朽外皮，然后经过犊正调整，保证了结构安全，整栋建筑未落架，最大限度保留和使用遗存构件、材料，也是贵阳市比较成功的一次文物保护工程的实践。

3. 文昌阁

贵阳文昌阁位于中山东路与文昌北路交汇处，始建于明万历二十四年（1596年）。文昌阁修建初衷也是为了培补风水。清康熙三十一年（1692年）镌立的《重修文昌阁碑记》称："会城东郊外，有峰突起，是为木笔文星，支衍蟠曲而入城中……术家嫌其末尽耸拔，思有以助之，乃于子城之上建阁三层，中祀文昌，上以祀奎，下祀武安王，而总名之'文昌阁'。"

阁内现存9通古碑，记录了阁楼建造和维修过程。按已有文献和实物记载，自始建后，文昌阁可认定的维修时间是：清康熙八年（1669年）、

图5-2-46 绿树掩印中的拱南阁

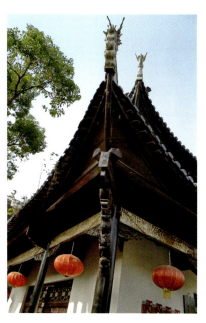
图5-2-47 拱南阁翼角

三十一年（1692年）；清乾隆九年（1744年）；清嘉庆五年（1800年）；清道光元年（1821年）、二十二年（1842年）及1983年。同时，文昌阁在历史上曾有三次因天灾受损之后进行了维修工程。第一次是清康熙二十七年（1688年）的雷雹灾害；第二次是清嘉庆二十三年（1818年）的地震灾害，造成文昌阁"阁鼎挫斜，墙垣倾圮"；第三次是1976年，文昌阁又遭雷电袭击，致使宝顶脱落。而铜宝顶上的铸文明确记录了该宝顶确系清康熙二十七年所铸，与第一次雷雹时间一致，成为历史铁证。1983年修缮时，已将原清康熙二十七年所铸宝顶置于阁内保管、展陈，另铸新顶取而代之。

文昌阁坐东向西，三层三檐攒尖顶，底层面阔三间，通面阔11.44米，进深四间，通进深11.44米，故底层为正方形。但从二层起，平面逐层收缩，并由正方形变为不均分九边形，二层面阔最宽处7.94米，进深最宽7.86米，三层面阔最宽处5.52米，进深最宽5.44米。阁底层檐高3.7米，二层檐高7.4米，三层檐高10.55米，宝顶高2米，总高度达20米。阁前有庭园及倒座，南北各设二层厢房，并以环廊相连。倒座后墙是高约5米的叠落山墙，它既是文昌阁大门，又成为东门的照壁。阁楼东侧即是为抵御外敌而砌有雉堞的瓮城城墙。瓮城重在防御，在瓮城之上建祈"文昌"之阁，倒也成了贵阳城的特例（图5-2-48）。

文昌阁建筑群呈中轴对称，重廊复道、小巧玲珑，立面造型古朴，以青灰色调为主。底层正面明间设隔扇门四樘，隔心为宫式嵌方纹饰，其余三方装板，板顶有连续万字纹小方窗。自二层以上，正面各有3个雕花透空圆窗，窗心图案是井口字纹饰，雕工精细，以中扇最大。其余槛窗均为宫式嵌方纹饰，阁楼有雕花梁垫38个，大型雕花雀替6个。所

图5-2-48 文昌阁及武胜门瓮城俯瞰

有木刻雕花构件技艺水平颇高。阁楼22个翼角起翘舒展、平缓浑厚，颇具明代遗风（图5-2-49~图5-2-51）。

纵观国内楼阁古建筑，多以四角、六角、八角等传统偶数平面形式建造，文昌阁底层为正方形，自二层起为不等边九角形。九角亭阁已为罕见，而九角划分更显独特，它是在东、南、北三面90°内各划成二等分，正面（西面）则划分为三等分，构成一个作图简便、不等边但有规律的九边形。实测时发现，阁楼梁、柱用材数目多与"九"字有关，如楼楞为18根，立柱为54根，斜梁、角梁、单步梁、双步梁、递角梁、抹角梁等总计81根，皆为九的倍数。不得不叹服古人的独具匠心。

攒尖顶的梁架结构，在我国传统建筑中，一般采用扒梁法和斜梁法两种建造方式，文昌阁用的是后面一种，攒尖顶九个翼角的九根角梁（宋亦称簇角梁）直接搭设和支撑起攒尖顶屋面，角梁上端用榫卯构造插入雷公柱，下端没有设扒梁支承，而以三层金柱、

图5-2-49　文昌阁

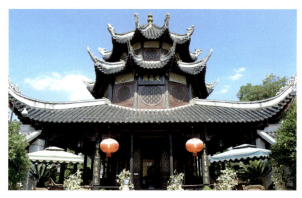

图5-2-50　文昌阁正面

图5-2-51　文昌阁戗脊脊饰

檐柱（各九根）的顶部作为支点并延伸构成翼角，这种构造方式正是宋·《营造法式》卷三十"大木作制度图样"之"举折屋舍分数第四"亭榭斗尖用筒瓦举折图中描绘的式样。文昌阁雷公柱长约2.5米，直径30厘米，九根角梁汇聚在1米左右高度处，上面1.55米柱身用于承托宝顶。雷公柱四周由穿枋相连，共同撑起雷公柱，使其下端悬于空中。

屋顶周围刺向天空的翼角，形成了中国传统建筑所特有的轮廓，翼角翘起效果是由两种重要构件——翼角椽（翼角檐椽）和飞椽（翼角翘飞椽）来实现的。飞椽是直接钉在翼角椽前端的，所以，翼角椽的安装十分重要，一般有三种方式；即斜铺式、直铺式、介于两者之间式。我国北方及部分南方地区，都使用了斜铺方式或介于两者之间的方式，而直铺式是一种存在于汉代以前的做法，在北方已找不到遗存的实物，可见的只是一些早期墓葬中随葬的陶制建筑物明器，或陵墓室壁的彩绘上，以至一些专家都认为：（直铺式）只见于汉唐以来的石雕、壁画等间接资料上。但后来发现四川部分地区有直铺翼角椽实物建筑存在，如广汉广州会馆戏楼、大足广大寺大殿等。直铺式即翼角椽与正身椽保持平行铺装，而且每根之间的距离相等，制作十分简便。文昌阁就是采用了这种比较古老的做法。

4. 扶风寺·阳明祠·尹道真祠

阳明祠、尹道真祠和扶风寺位于贵阳东山之侧，实为紧挨着的三组建筑群，由于阳明祠影响最大，因此，当地人习惯将三处并称为"阳明祠"。

阳明先生[8]祠始建于先生去世后仅5年，"明嘉靖十三年（1534年）五月，巡按贵州监察御史王杏建王公祠于贵阳"。祠堂原建于白云庵旧址，以后几经迁徙，又设于市内各大书院间，至清嘉庆十六年（1811年）始，在对扶风寺的修缮中，得以在寺旁单独建设，自十九年（1814年）动工至二十四年（1819年）完成，从此每年春秋举行的（王阳明）两次大祭均在此祠内进行，成为贵阳市纪念王阳明先生的重要场所之一。清光绪五年（1879年），贵州平远（今织金县）人、四川总督丁宝桢等捐俸对其进行维修和扩建，形成今日规模。阳明祠坐东向西，依山势构建，有后厅、享堂、正气亭、游廊及庭院等。享堂面阔五间，通面阔21米，进深四间，通进深8.2米，穿斗式悬山青瓦顶。存诗文碑刻30余通（图5-2-52～图5-2-54）。

扶风寺始建于清乾隆二十年（1755年），因受地形限制和历史演变，寺庙虽盛却未按传统殿堂布置，

图5-2-52　阳明祠大门

图5-2-53　阳明祠正气亭

图5-2-54　阳明祠享堂

图5-2-55 松风阁侧面

图5-2-56 尹道真祠享堂

由观音殿（娘娘殿）、关圣殿、仓圣楼（青淑阁）、昙云精舍（松巅阁）、斋房及楼廊等组成。该寺曾于清嘉庆十六年（1811年）进行维修和扩建，最终形成一组背靠扶风山排列的寺庙（图5-2-55）。

尹道真祠始建于民国5年（1916年），由享堂、游廊、厢房、戏楼形成四合院，系由"雹神祠"改建而成。大门设于游廊南侧中间，为一圆洞门，顶嵌有一块石匾，上镌康有为先生书"尹道真先生祠"六个大字。享堂二层，面阔五间，穿斗式重檐悬山青瓦顶，门楣挂清乾隆五十八年（1793年）贵州学政洪亮吉题书"德兼教养"木匾，明间檐柱挂清嘉庆二十年（1815年）贵州巡抚曾澳撰"北学游中国，南天破大荒"楹联（图5-2-26）。

5. 黔明寺

黔明寺位于阳明路中段北侧。坐北向南。有山门、影壁、韦驮殿、大殿、观音阁、大悲阁、藏经楼等，占地面积2500平方米，建筑面积1500平方米。

据道光《贵阳府志》载："黔明寺，在府城内西南隅双土地街。明末创建，乾隆三十六年（1771年）重修。"黔明寺建立后，香火逐渐旺盛，规模亦逐年扩大，成为贵阳市古城主要佛寺之一。清朝咸丰、同治年间，贵阳战事频繁，冰火连绵。黔明寺僧众逃离，无人照料佛事。士绅舒竹平遂要求代为管理，随之侵吞庙产，将黔明寺改为自己家族的"舒家祠堂"，霸占长达数十年之久。民国20年（1931年），贵阳东山栖霞寺方丈广妙退院后至黔明寺居住。庙内增修禅房，从地下掘出清乾隆三十六年重修碑记3块，铁证出现，惊动全城父老。贵阳地方知名人士平刚、向义等为主持公道，向法院提请诉讼，最后舒家被责令归还庙产、恢复黔明古寺。在原仅余"观音阁"、"三佛殿"基础上又增修了"大佛殿"、"藏经楼"，以及东西厢房等。1983年及近年曾对黔明寺进行扩修，除观音阁外，余皆为后期修建仿古建筑。

观音阁（亦称大悲阁）三层三重檐八角攒尖青筒瓦顶，底层四方（各边10米），二三层收为八角平面，通高为18.35米。阁内祀有千手观音佛像，高2.85米。隔扇等装修均采用直棂式夹花极简纹饰，尤其二三层类似于"一马三箭"图案。底层外檐设卷棚，其余并未作处理，整座阁楼朴实大度（图5-2-57，图5-2-58）。

6. 三元宫

贵阳三元宫位于瑞金南路与中山西路交界处，金锁桥东北角，原名三官庙。始建于清嘉庆年间，清道光二十四年（1844年）重修，清光绪十四年（1888年）至1919年几度修葺。据贵阳市文物管理委员会1980年进行文物普查时，在与三元宫相邻的"市第二浴室"发现的民国23年（1934年）贵阳人许义宗撰书《三元宫乐善堂记》碑刻载："贵阳西门外旧有三官庙，年久倾圮，不堪乐善。诸君子

图5-2-58 观音阁剖面图

图5-2-57 黔明寺观音阁立面图

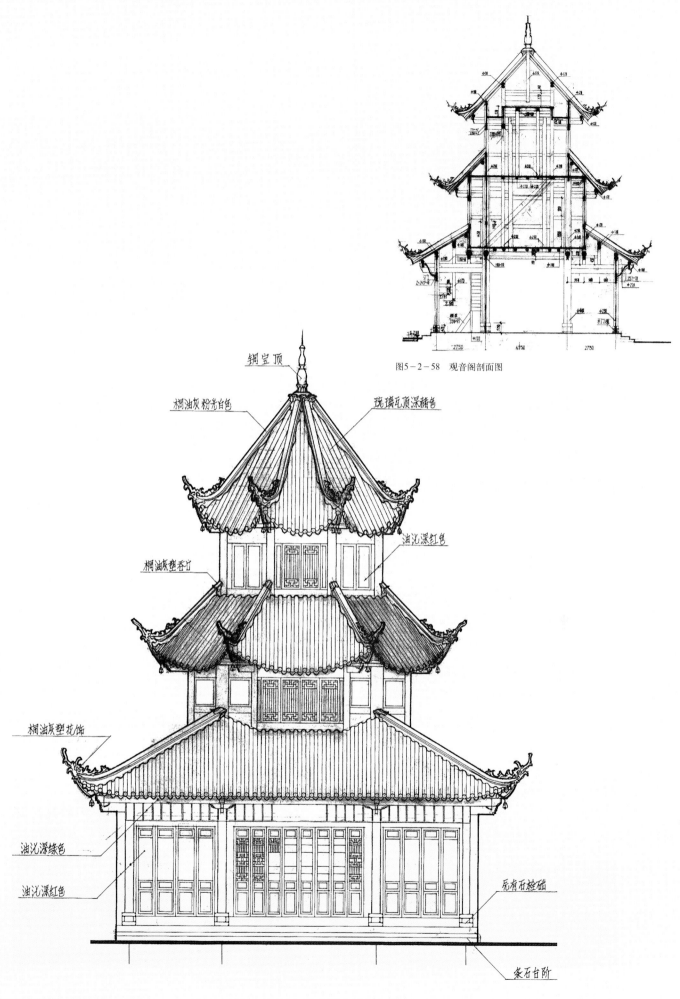

慨然兴修复之志，爰集义资，鸠工庀材，始于前清光绪戊子（1888年），成于丁酉（1897年）。大殿三层，堂开五楹……""……丁巳（1917年）祠南拓地特建一阁，高出云表，名曰明文，祀圣、文昌、魁星于其上。己未（1919年）复一阁旁修一船楼，以配三台，塑真武圣像坐镇其中，于是，亭阁台榭无一不备。"这是迄今为止发现唯一记录三元宫及明文阁建造历史的实物见证。

"三官"即道教供奉的上元天官、中元地官、下元水官，亦称"三元"，故建成后就改称"三元宫"。1981年，三元宫被公布为首批贵阳市文物保护单位，1990年对明文阁修缮，1995年船楼住户不慎引起火灾，部分建筑被烧毁，后及时进行修复。1996年贵阳发生50年一遇汛情，三元宫主体建筑被作为危房拆除殆尽。至此，除明文阁，船楼得以保存外，占地5000多平方米的十余栋精致古建筑从人们眼中消失（图5-2-59）。

明文阁始建于民国6年（1917年），为三层重檐八角攒尖顶楼阁式建筑，通高17.1米，每层均设外廊，典型的"筒中筒"结构。平面上两圈柱网，外圈为檐柱，里圈为金柱，而金柱通往上层变成檐柱，如此反复，其结构形式与贵阳文昌阁相似，只是后者每层设檐廊（图5-2-60）。

明文阁装修做工考究，雕饰精细。隔扇门、槛窗隔芯图案各不相同。各层金柱间均装隔扇，留南、北两面为金钱纹饰圆形窗。底层隔扇是高规制的"六抹做法"，隔芯为葵式嵌方式，绦环板系镂空雕刻，图案匀称。二层隔芯为斜万字套方，三层为寿字套方。所有檐柱、金柱用黑色大漆，其余均为深栗色桐油漆，色彩搭配稳重大气。

屋面为青筒瓦，圆形葫芦嵌瓷宝顶。翼角为嵌瓷灰塑，每层各不相同，底层鳌鱼，二三层鱼龙，造型逼真。底层檐柱安有雕花石栏，在临河的两根望柱上，尚存一对生动活泼的石雕小狮，极为精致（图5-2-61、图5-2-62）。

7. 大觉精舍

大觉精舍位于电台街东段北侧，俗称"华家阁楼"，为华之鸿私家禅院。华家乃贵阳富豪，祖籍遵义团溪。清同治年间，华联辉避乱迁居贵阳，经营川盐业务，十余年间，聚资万金。清光绪初年，丁宝桢出任四川总督，意欲整顿川盐运输。经唐炯举荐，华联辉参与其事，改革盐法，实行官运商销，建"裕济仓"以平盐价。华联辉管理盐务成绩卓著，光绪十一年（1885年）病逝于四川。华之鸿子承父业，经营"永隆裕"盐号，其下铺面数以百计，几乎垄断贵州盐业，获利颇丰，富甲一方。华之鸿悉心向佛，于1924年修建大觉精舍。由阁楼、两厢及倒座组成封闭式四合院，占地面积5000平方米。

阁楼坐东朝西，面阔三间，进深三间，前后带廊，通面阔18米，通高近32米，为五层五重檐八角攒尖琉璃顶，重檐翘角，挺拔秀丽，为贵州现存楼阁中的最高建筑。据调查，当年建造阁楼时，华家

图5-2-59 三元宫明文阁远眺

图5-2-60 明文阁仰视

图5-2-61　明文阁戗脊灰塑

图5-2-63　大觉精舍

图5-2-62　明文阁石狮望柱头

图5-2-64　灰塑狮子撑拱一

从四川请来一个姓严的木匠师傅掌墨，他先做了一个大约1米多高的"烫样"（即模型），经主人同意后，他就直接在木料上弹墨、画线，开始施工，再也不用其他"图样"（即图纸）。木料全部采用质量较好的梓木，都是从全省各地收购而来。阁楼结构形式与贵阳文昌阁相似，从二层开始，其4根金柱和8根檐柱由底层大梁支承，然后每层金柱升至楼上成为檐柱，金柱又支撑在下层大梁上，使其获得最大限度的使用空间（图5-2-63）。

阁楼各层戗脊根部都塑有造型各异的吞兽，戗脊高约50厘米，两侧饰以各种高浮雕故事和图案泥塑。戗脊前端为灰塑翘角，底层为生动活泼的卷草花纹，二至五层则塑以华丽的夔龙拐子卷草纹。每层八个翘角与近乎半圆形的檐口曲线交替升起，赋予了阁楼灵动的身姿。

阁楼一层有砖砌墙体，前廊左右分别设拱门以方便出入。拱门形制显然受到西方建筑风格的影响，其色彩及砖柱叠涩带有典型的近代建筑特征。种种迹象表明，该阁楼是中国传统建筑向近代建筑转变并将西方建筑元素进行中国化探索的重要实物。前檐两侧砖柱上的泥塑狮子撑拱为阁楼建筑构件中的精品，右为雄狮、左为雌狮，均俯于绣球之上呈倒立状。狮子全身比例匀称，壮硕健美，栩栩如生。狮身上捆绑的绶带，绕过头部衔于口中，飘逸生动。雌狮左脚前另塑有一只幼狮，仰面与母狮交流，神态逼真，令人叫绝（图5-2-64～图5-2-66）。

图5-2-65 灰塑狮子撑拱二

图5-2-66 砖砌拱门

图5-2-67 北天主堂侧视

8. 北天主堂

贵阳北天主堂位于城北和平路（现陕西路），清嘉庆三年（1798年），贵阳天主教会长胡世禄募资在此购一民房作临时教堂；清道光十六年（1836年），因原民房被没收，又在附近建简易教堂，但亦被毁。直至道光二十六年（1846年）取消禁令后，法国人白斯德望任贵州主教时，在此新建了一座长17米，宽11米，可容纳200余人的正式教堂。清同治十三年（1874年），第三任贵州主教、法国传教士李万美决定拆除原教堂，重建教堂，次年即将竣工时，现场发生大火使新教堂付之一炬。主教随即安排重新施工，于清光绪二年（1876年）完成，这是北天主堂始建后的首次重建，形成了包括主教府、传教学堂、预修院、小学院及圣心女修院（后迁至六冲关）等规模宏大的一组中西合璧的近代建筑群（图5-2-67）。

经堂是天主堂主体建筑和举行教事活动的重要场所，为单跨18米，长40米的大空间建筑。建筑发挥了中式建筑横向可连续延伸的特点，将建筑面阔方向调置为进深方向，创造性地将中式牌楼大门、梁架、楼阁与教堂的山门、拱厅和钟楼相结合，造型独特，为中国近代教堂建筑的典型代表之一。经堂坐西向东，大门设于东面庞大的四柱三间七楼牌坊式山墙上，亦是教堂的正门。三个贵州传统石库门顶装饰着起源于法国的哥特式尖状券拱，再往上对应设置三个玫瑰窗，中间一扇直径达3.5米，窗棂雕刻精美，镶满了拼花彩色玻璃，牌楼正脊两端有鸱吻，中间火焰宝珠刹顶上安了一个硕大的铜十字架，与整个牌坊立面产生巨大反差。檐下塑竖向匾额为"天主堂"，匾下横排"1875"代表教堂始建时间。由于是传统式样，牌坊上整齐排列多幅山水、花鸟、鱼虫类彩色浮雕，千姿百态蔚为壮观。经堂为双坡小青瓦屋面，其南北侧清水墙面上各开设12樘哥特式尖拱长窗，也镶嵌了彩色玻璃，使其内部形成光怪陆离的神秘氛围。经堂内由两排立柱支撑的三条穹顶，延伸了空间高度，柱顶、门顶夺目的金色木雕显得十分华丽。地面十字形通道用珊瑚红马赛克铺就，仿佛红地毯一般。通道间设置了跪凳。前部有祭坛，坛正中塑汉白玉圣若瑟雕像，两侧是圣母和守护天神雕像，祭坛背面用马赛克镶嵌了有关圣经故事。两侧窗间亦挂有14幅圣经故事的大型浮雕。

经堂后部外墙的五层叠涩压顶上，耸立一座四层六角的楼阁式钟楼，高30余米，在其顶层的东西方向，各安装一直径2米的大钟，攒尖顶宝珠上亦安装了铜十字架。20世纪80年代及2004年，先后进行两次大规模维修（图5-2-68～图5-2-70）。

三、青岩

（一）古镇概况

青岩古镇曾经是明清时期集传统民族文化、宗教文化、商贸文化、军事文化及近代的红色革命文

图5-2-68 楼阁式钟楼

图5-2-69 钟楼底部

图5-2-70 钟楼翼角与地方传统建筑做法别无二致

图5-2-71 青岩古镇远眺

化为一体的历史重镇,是贵州省保存较为完整的一座文化古镇。

青岩之兴因屯戍、交通、商贸而起。据《贵阳府志》记载,"青岩堡在青岩下","青岩"原为山名,是镇东北面诸山之主峰狮子山,岩石色青而得名。明洪武二十八年(1395年)设青岩堡,屯田驻军,作为当时"治城"贵阳的军事前卫。以后逐渐向南发展,明隆庆三年(1569年)在今青岩镇设"青岩司"。明天启初,青岩外委土舍班麟贵,因"安奢之乱"竭诚向贵阳输米并"从解贵阳围,有功,授指挥同知"。事后班麟贵"自建青岩城,控制八番十二司,即用为土守备,准世袭"。古镇城墙始建于明天启四年(1624年),初为土城,设东、西、南、北四门。明徐霞客曾于明崇祯十一年(1368年)到过青岩,并在游记中记述"其城新建,旧纡而东,今折其东隅而西就尖峰之上,城中颇有瓦楼阛阓焉"。清顺治十七年(1660年)改为石城,并向南扩建了外城"定广门",此后在清嘉庆三年(1798年)和清咸丰四年(1854年)均有重修和整修,挖壕沟、筑炮台依山就势,极富贵州山城之特色。民国3年(1914年)改为"青岩镇"(图5-2-71、图5-2-72)。

古镇位于贵阳市南29公里处,古时老路有60余华里的驿道,为车马行人一天的行程,至此作为歇

图5-2-72 青岩古镇老照片

息点，于是形成了商贾云集的城镇。由于该处山环水绕，井泉较多，适宜居留发展，遂成为贵阳南下广西的第一重镇，吸引了江西、湖南、四川等地商贾聚此。佛、道、儒、天主、基督五教兴盛，保存下了丰富的历史文物古迹和苗族、布依族与汉族的民俗风情。在近一平方公里的城池内外，有东、西、南、北4条大街和4座城门及南外城的定广门，形成了26条小街巷，喜迎四面八方客商行旅，建起了九寺、八庙、五阁、二祠、一宫、一院、八坊等三十七座寺宇祠观[11]。从最初的军事前卫，演变成了繁华的农商并举的城镇，造就了丰富多彩的文化氛围和民俗，孕育了代代名人雅士的产生。如进士周渔璜、武举袁大鹏、状元赵以炯、进士赵以焕及民国初年孙中山先生的秘书长平刚，都是青岩人的优秀代表（图5-2-73、图5-2-74）。

图5-2-73 古镇街道

图5-2-74 古镇街道

青岩古建筑多为寺观、商贸和居住建筑，其中以各省会馆和沿主要街道分布的前店后坊楼居的民居建筑为主。现存青岩古建筑大都建于清中期以后，受汉式传统建筑的影响较甚，苗族和布依族特征已不明显。但不管是公共建筑还是民居建筑，其建筑风格、梁架形式、平面布局、装饰装修，均具有典型的黔中地区特色。

(二) 古镇古建筑

1. 慈云寺

慈云寺系青岩镇的九寺之一，为供奉观音菩萨的庙宇。该寺庙建在一处平坦的高地上，根据地形分为三大区域：前院、后院和侧院，有门楼（带戏楼）、钟楼、鼓楼、大殿、灵官殿、观音殿及两厢等建筑单体。占地面积3930平方米。清康熙年间初建，清道光十二年（1832年）重修。

前院属于一座完整的四合院，门楼两层，下层为过道、门房和楼梯，上层即为戏楼。在过年过节及观音菩萨的三个生日时，寺里都会举行庙会，人神同乐。两厢是二层的钟、鼓廊，左钟右鼓和男左女右的游人休息、观戏廊。院中由当地石板铺地，戏楼正对大雄宝殿，殿内供奉如来佛，十八罗汉列两旁，次间后墙辟有一门通达后院和侧院。

后院轴线与前院轴线有42°的夹角，坐西北朝东南。正殿三间，为观音殿，倒座为灵官殿，东西两厢为客堂，在西厢房边开有小路和后山门，下山坡有台阶山道和路边悟心亭与静心亭供休息（图5-2-75）。

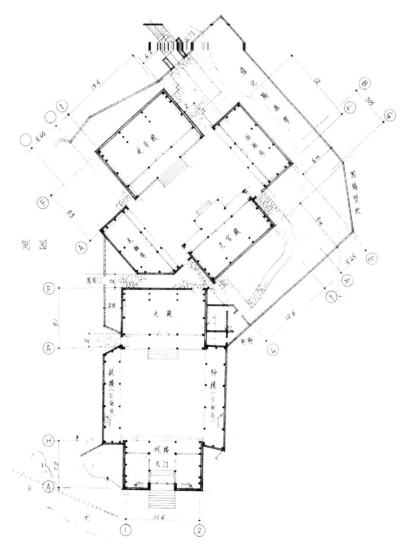

图5-2-75 慈云寺总平面图

图5-2-76 慈云寺俯瞰

慈云寺各单体建筑皆是典型的黔中地区古建筑，梁架以穿斗式为多，同时在大殿中也使用了穿斗抬梁混合的形式。山架的穿斗木柱多根落地，而山架的穿斗格中或封板、或设小窗，甚或全开敞。该寺庙部分建筑的山墙采用了编竹笆双面抹白色麻刀灰的传统做法，有受黔北建筑影响的痕迹。山墙下部仍砌空斗砖墙，山墙檐口两端部做墀头和白粉横带，常饰以泥塑和彩绘，作为空斗山墙的收头。屋脊亦为白灰粉面，中间塑宝顶，两端设脊吻龙饰，翘角亦为泥塑草龙，皆以桐油、糯米、白灰浆的传统做法塑造（图5-2-76～图5-2-80）。

两厢房则是钟鼓亭和休息廊的组合，打破了五间侧廊的简单形式，而是在第二间突起歇山屋面亭顶形成一、三、四、五间为平直的悬山廊，不对称的立面轮廓使得不大的前院有了灵活的造型，丰富了空间。

图5-2-77 慈云寺大殿

图5-2-78 慈云寺观音殿

图5-2-79 慈云寺戏楼

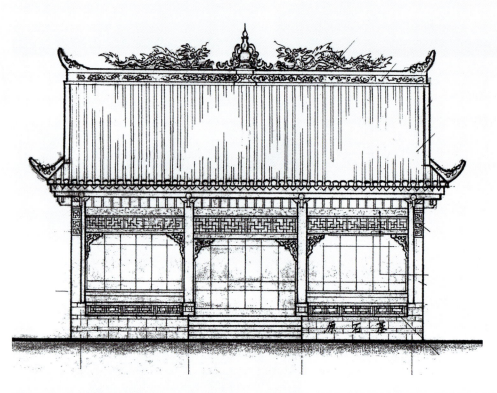

图5-2-80 慈云寺大殿立面图

大殿、灵官殿、观音殿及两厢均带前廊，倒座灵官殿明间有披厦前突，此种带前廊的形式，适用于当地"天无三日晴"的气候特点，同时又是该建筑的半开敞过渡空间。

2．万寿宫

万寿宫系青岩古镇的"一宫"，即江西会馆，是江西商人来青岩的同乡会所。分前院、后院和侧院，占地面积1500平方米。位于背街的东北端，坐东朝西，其斜对面即为慈云寺，北部邻西街，地势较平坦，后部为十字街口民居，东南部亦由民居紧紧包围。清康熙年间建，清嘉庆三年（1798年）重修。

前院由门楼、正殿、两厢楼组成四合院，入口为牌坊墙大门，设一正二副三个不同功能的石砌拱券门：左门上部石刻横匾"月宫"，右门横匾"紫府"，正门大拱券，其上石刻竖匾"万寿宫"，三匾下皆有砖饰立雕人物故事（"文革"中被斫头），精细生动，代表了当时工匠高超的施工技艺，也是贵州难得的砖雕实物（图5-2-81）。牌坊式大门与戏楼连为一体，进中门后是5.3米宽的大开间，为戏楼底层和过道，楼上为戏楼，次间有短廊与厢房楼梯相连。戏楼建筑为全院精华，戏台突出，台裙三面戏文木雕生动，大额枋圆雕二龙戏珠，两角柱檐下撑栱为木雕的下山狮，栩栩如生。檐周卷板垂柱，戏台中八角吊顶盘龙踞中俯视台上演出。屋顶为歇山翘角飞檐，脊塑草龙，均按贵州传统做法施工。其他建筑也多为歇山顶屋面⑫（图5-2-82、图5-2-83）。南厢房下有一排半地下室的牛圈，利用前后高差的地形而得，系当年会馆在城内外均有田产，故养牛以耕种。一些民居院内也曾留有菜园，可见当时人们还是农、商并举的。

图5-2-81　万寿宫牌楼大门

图5-2-82　戏楼

图5-2-83　许真君祠

图5-2-84 杨泗殿

正殿为杨泗殿,供奉鄱阳湖的水神杨泗,以祈求保佑平安。杨泗殿前廊宏敞,四步卷棚双廊,前檐廊柱位于阶沿踏步之外,为贵州所仅见。旧时,节庆日均有演出活动,家族长辈及男宾在大殿前廊就座,普通人等男左女右分列两厢外廊中,礼仪有序,士民同乐(图5-2-84)。

因江西商贾当时多从鄱阳湖乘船通过长江、洞庭湖、溯沅江入贵州,在黄平旧州上岸进入黔之腹地。一路之上多个县市皆有江西商人的足迹,并建有万寿宫数个。当时来到青岩经商的则有七姓家族,在后院就建有一座三开间的祠堂,堂内有石碑记载。抗日战争时期,浙江大学内迁,曾在此处停留办学,后迁湄潭文庙。

3. 龙泉寺

龙泉寺系青岩古镇的九寺之一,名虽为"寺"实为道教场所。位于北门之侧,在古镇中属于"北玄武"方位,是供奉真武大帝的庙宇。占地2360平方米,建筑面积1026平方米。地势南高北低,相差5.5米,分为上下两院和侧院三部分(图5-2-85)。

明万历年间首建于龙井寨大龙井处,故名之。后迁建于此,清康熙五十七年(1718年)重修,清

图5-2-85 龙泉寺大门及戏楼侧面

嘉庆三年(1798年)又重修,至今戏楼大梁上仍有题字佐证。

正门由北城门里之北街北端进入,街对面8米处立一座大青砖砌照壁,长11.8米,高3.5米,庑殿顶。大门是一座二层砖坊门楼,仍按青岩建筑格式,楼下中间为过道,两侧为门房,楼上为三间戏台,正中间设八角藻井,盘龙踞中。由东侧室外石梯上下,屋面为青岩式的歇山顶。门楼两侧为二层廊,底层为观戏廊,围成一个三合下院,大门正对一台阶,顺石级升至上院平台,分左右而达二层的钟鼓廊。中路正对大殿真武殿,内供奉真武大帝和龟蛇二将。与左右两厢组合成三合上院。大殿为五开间,

图5-2-86 戏楼

图5-2-87 南门

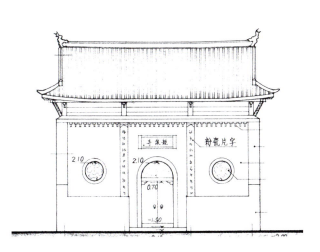

图5-2-88 龙泉寺大门立面图

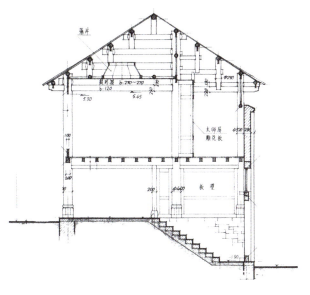

图5-2-89 戏楼明间剖面图

两端梢间，形成歇山式屋顶，卷板包檐，角柱设圆雕撑拱，周围挑檐枋均安有垂花柱，正间佛光背板后开两侧门通后院。正对五间重檐硬山顶的老君殿，两厢各有三间硬山顶的配殿，又围合成一个大的四合后院，东南角设有砖砌牌坊后门。形成了中路的日字形平面组合（图5-2-86～图5-2-89）。

另从大殿东侧进入东跨院，有一坐北朝南的三间大殿——纯阳殿，供奉吕洞宾及其八仙——汉钟离、张果老、铁拐李、曹国舅、韩湘子、蓝采和、何仙姑，侧墙上有八仙过海等壁画。此处地段低平，自成一番天地，高墙围合成独院，又辟有砖砌牌坊大门，门外则与后门台阶结合，即面对北街闹市。

4．寿佛寺

寿佛寺系青岩古镇的九寺之一，名虽为"寺"，实是湖南会馆。大殿内供奉无量寿佛，故名之。寺位于镇内东门阁上山北坡，坐南朝北，依山就势而建，自前坝到后院南北高差有8米余。现存建筑大梁上书有"大清道光元年十月吉日立，民国二十年十二月初六日重修"等字样。占地1877平方米，建筑面积966平方米（图5-2-90）。

大门建于1.5米高的台基上，门为石拱券门，与戏楼合为一体（图5-2-91、图5-2-92）。下部为入

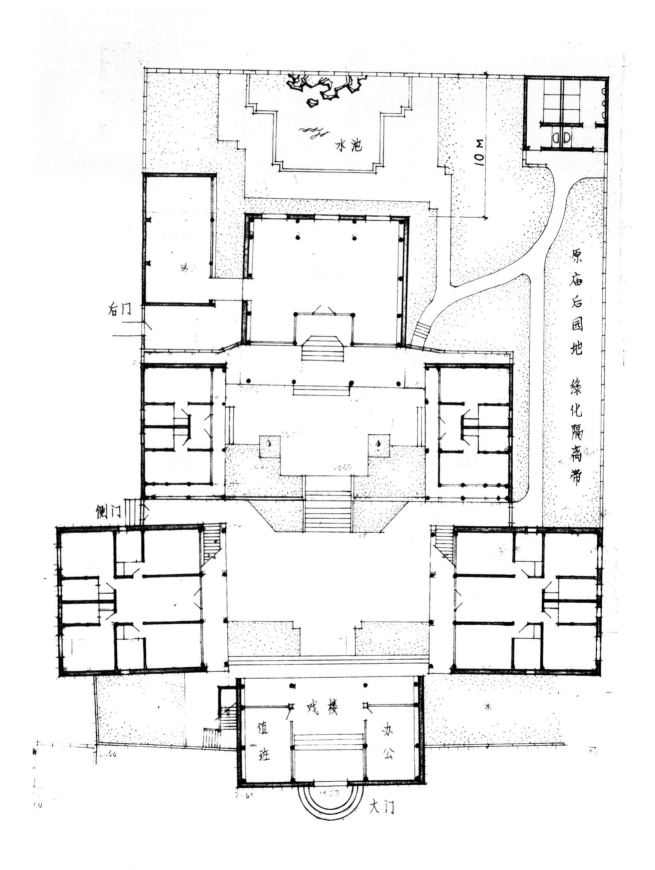

图5-2-90 寿佛寺总平面图

图5-2-91 寿佛寺大门

图5-2-92 戏楼

口通道和门房，上部为戏楼。戏楼三间，明间宽5.3米，戏台上方有四方八角垂花藻井，内踞盘龙。台枋有木雕戏文典故，额枋二龙戏珠木雕，鹅颈椽板封檐，歇山青瓦顶。两侧建厢房，原为同乡会住所，体量较大，新中国成立后作为粮管所粮仓。戏楼、两厢处于低层平台上，围合成了三合下院。从下院拾级而上为上院，石阶石栏皆为当地白棉石雕制。上院左右厢房做曲尺形外廊、歇山屋顶，与正中大殿又围合成一组三合上院，同下院共同组成一个隔而不断的大四合院。上下院东侧分别辟有后门和侧门。大殿面阔三间，带前廊，穿斗抬梁硬山屋顶。廊前台阶两侧设抱鼓石，中间斜置有一米见方的御路石，凸雕云水盘龙吐珠图饰，这在青岩的其他寺庙中尚无二例。原大殿内供奉有无量寿佛，后作粮仓。两侧建有券洞门，通后园。原寺后山头均为会馆之田产，作粮仓时建围墙隔出民房聚居区，近年维修中改造为后园（图5-2-93～图5-2-95）。

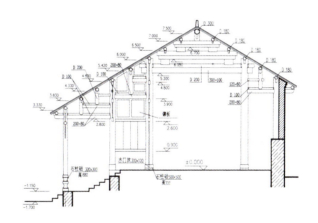

图5-2-94 大殿明间剖面图

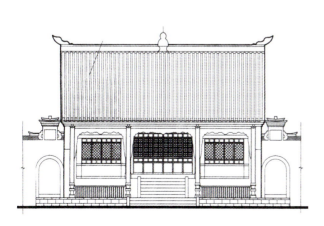

图5-2-93 大殿立面图

图5-2-95 大殿

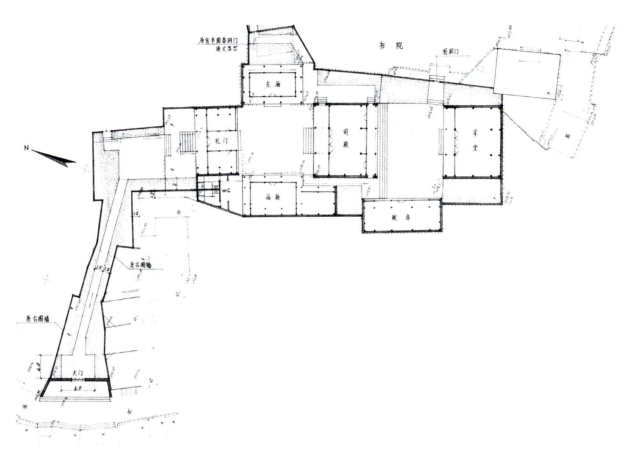

图5-2-96 赵公专祠总平面图

5. 赵公专祠

赵公专祠是青岩古镇"二祠"之一,系为纪念青岩团练使赵国澍(赵状元之父),始建于清同治二年(1863年)。祠位于古镇南街北端,地势北低南高,高差5.5米,占地2000平方米,建筑面积902平方米(图5-2-96)。

大门位于南街东侧,是一座三间三楼带八字撇山影壁的砖砌牌坊式大门,面阔12米,高8米,内外抹灰白色,中间券洞门之上横匾石刻"赵公专祠"四字,左边横匾石刻"金汤",右边石刻"柱石",八字影壁中塑下山狮。入坊门后为长45米的甬道,墙内为种植修竹等的花木夹道。顺寺墙右拐,即到祠堂礼门。礼门面阔五间,带前廊,歇山青瓦顶。明间为过道,由此入前院,正中为祭殿,三间,硬山屋顶带前后廊,与两侧之二层厢楼,围合成前院,并在东侧围墙有半圆券拱门通文昌阁(图5-2-97~图5-2-99)。

出祭殿正对为享堂。享堂三间,硬山重檐带前廊,为祠堂之最高建筑,西侧建有配殿五间,东侧有圆洞门可直通书院。享堂中塑有赵国澍全身武装立像,以供祭祀(图5-2-100、图5-2-101)。

图5-2-97 大门

图5-2-98 礼门

图5-2-99 前厅

图5-2-100 享堂

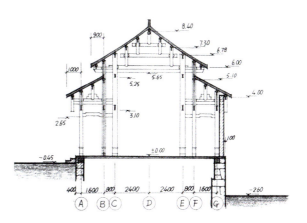

图5-2-101 享堂明间剖面图

6. 状元府

状元府为贵州第一个文状元赵以炯的故居。赵以炯为清光绪十二年（1886年）丙戌科进士，后殿试中状元，成为云贵第一人。赵以炯的长兄赵以焕，清光绪十五年（1889年）己丑科进士，三弟赵以炳、四弟赵以奎、堂弟赵继香均为同榜进士，一门五进士，震撼全国。

赵状元故居位于状元街路南一号，始建于清乾隆年间，占地面积757平方米。大门为单间垂花门，门楣上安有"文魁"匾额，门两侧砌八字墙。入内为一进四合院，青石板墁地，门内西墙有一百寿图影壁，是为纪念赵以炯曾祖父赵理伦百岁有二所作。过厅三间，明间设有太师壁，两侧有小门过吞口而至内院。正房三间带吞口，中为堂屋，供有天地君亲师佛龛，左右卧房，穿斗硬山小青瓦顶，为黔中典型"一明两暗"式民居。内院左右建有东西两厢，围合成为四合后院（图5-2-102～图5-2-105）。

7. 文昌宫

文昌宫又名文昌阁，位于青岩镇东街，建于清道光年间。《贵阳府志》载："文昌阁，旧在朝阳寺，移建今址，缭以曲垣，花竹掩映，为青岩胜景。"坐南向北。有大门、前殿、过厅、两厢、魁星楼、半亭、水池等建筑，占地面积约600平方米。前殿面阔三间，通面阔10.7米，进深三间，通进深7.6米，穿斗抬柱硬山青瓦顶。过厅面阔三间，四周带廊，通面阔18米，穿斗式悬山青瓦顶。魁星楼一层面阔三间，通面阔9.06米，二层为六角攒尖顶楼阁式建筑，通高13.6米（图5-2-106～图5-2-111）。

8. 赵彩章百岁坊

赵彩章百岁坊位于青岩镇北门外，建于清道光

图5-2-102 状元第围墙

图5-2-103 大门

图5-2-104 前院及过厅

图5-2-105 后院及正房

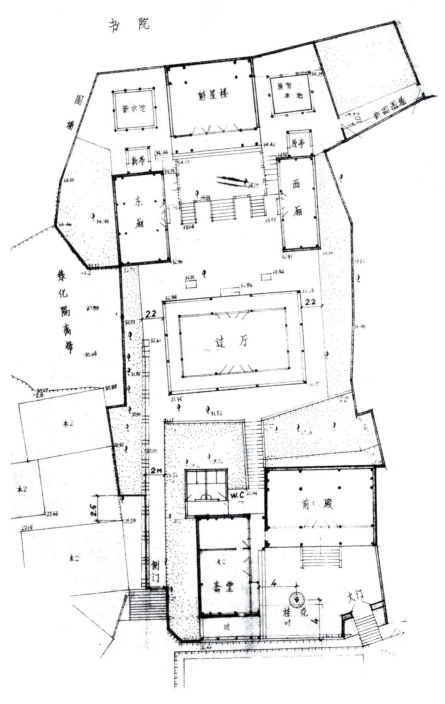
图5-2-106 文昌宫总平面图

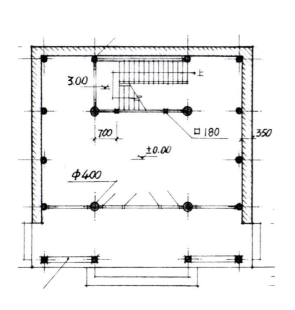

图5-2-107 魁星楼底层平面图

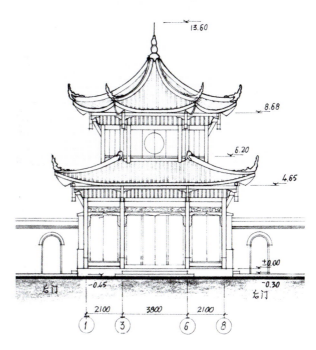

图5-2-108 魁星楼立面图

图5-2-109 前殿

图5-2-110 魁文阁

图5-2-111 半亭

十九年（1839年）。为旌表赵彩章长寿101岁而建。南北向。白棉石质。四柱三间三楼。高9米，宽9米。雕刻精美（图5-2-112～图5-2-114）。

9．赵理伦百岁坊

赵理伦百岁坊位于青岩镇南街，建于清道光二十三年（1843年）。为旌表赵理伦长寿102岁而建。南北向。白棉石质。四柱三间三楼。高9.5米，宽9米。雕刻精美。赵氏在青岩堪称大户，民间有"赵家的顶子"之说。曾任青岩"团务总理"的赵国澍乃赵理伦之长孙，"贵州状元第一人"赵以炯为赵理伦之重孙（图5-2-115～图5-2-117）。

10．周王氏媳刘氏节孝坊

周王氏媳刘氏节孝坊位于青岩镇南门外，建于清同治八年（1869年）。为旌表周王氏媳刘氏节孝而建。南北向。白棉石质。四柱三间三楼，高9.5米，宽9米。雕刻精美（图5-2-118～图5-2-121）。

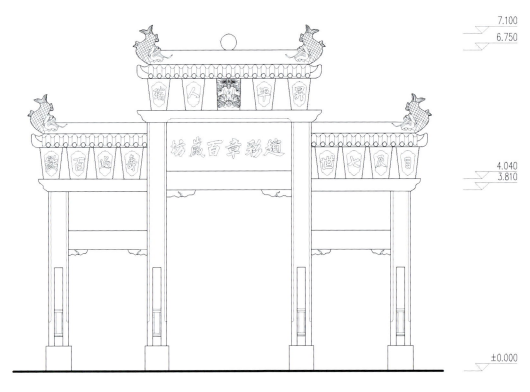

图5-2-112　赵彩章百岁坊立面图

图5-2-113　赵彩章百岁坊正面

图5-2-114　明间仰视

图5-2-115 赵理伦百岁坊立面图

图5-2-117 须弥座及石狮抱鼓

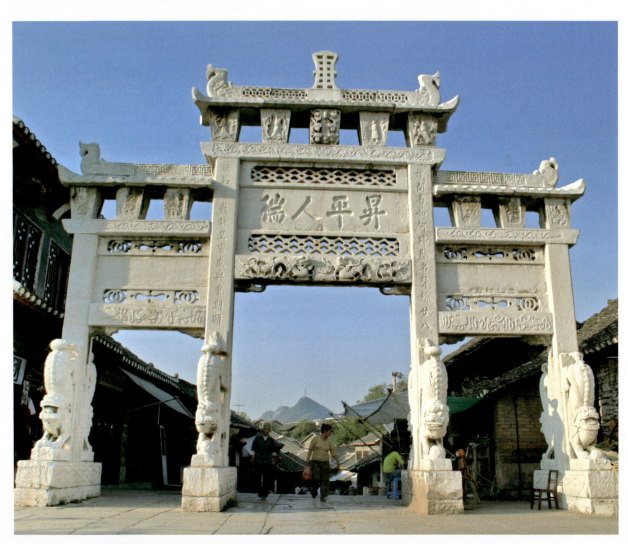

图5-2-116 赵理伦百岁坊正面

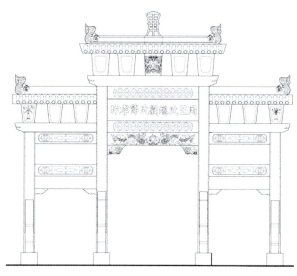

图5-2-118 周王氏媳刘氏节孝坊立面图

图5-2-119 节孝坊正面

图5-2-120 石雕鳌鱼正吻

图5-2-121 高浮雕云龙

第三节 古村落

一、安顺本寨村

本寨村位于贵州省安顺市西秀区七眼桥镇东南8公里的黔滇古驿道上,始建于明朝初期。明洪武十四年(1382年)九月,明军入黔,平定西南诸夷,并在云、贵、川地区布设屯堡卫所,调集江浙一带军民到西南屯田驻军,平时务农,战时从军。同年,在安顺置普定卫,云山屯和本寨就是其中两处代表性屯堡。

本寨村坐北朝南,背靠小山,左有青龙山,右有姊妹顶山,前临三岔河,占地近24.9公顷。由于地势平缓,村落采用城堡和碉楼,增加封闭性,使村落的防御功能更加突出。本寨建筑集中成团,周围三面开阔,以屯墙连接山墙而围合,9座碉楼守位寨中要害,巷口设门,巷道成树枝状布局,各户多设高墙射孔对着巷道和尽端。民居一般为自成体系的封闭式合院建筑,同时,户户有暗门相通,形成布局严谨、结构坚固、主次有序、易守难攻的格局(图5-3-1~图5-3-5)。

二、长顺中院村

中院村位于长顺县白云山镇,为布依族村寨,该建筑群形成于清代,村寨依山傍水,古建筑群由陈氏家族民居、大坡脚桥、保寨树碑刻、营盘遗址、古道等所构成。17组宅院有三合院、四合院,依山就势,台阶式排列在缓坡上,既相互关联又独立成院。建筑均以青石为基,砖木结构,穿斗式小青瓦顶,外围院墙高约6米,设置观察孔和射击孔。各户设垂花院门,院内隔扇门窗精雕细琢。大坡脚桥为单孔石拱桥。保寨树碑文记载陈氏家族的迁徙过程。后山原有营盘,今存遗址,四周绿水环绕,原通道为木质吊桥,占地约4000平方米,内有房屋及田地。滇黔古道惠水至广顺段残留约500米,宽约2米,以毛石铺筑。20世纪60年代,为响应"文革"政治号召,该建筑群青砖外墙大部被涂成红色(图5-3-6~图5-3-10)。

中院村是一个家族聚落,建于青山绿水间,构成

图5-3-1 本寨村村落景观

图5-3-2 碉楼与民居建筑的组合

图5-3-3 村内巷道

图5-3-4 歇山顶碉楼

图5-3-5 悬山顶碉楼

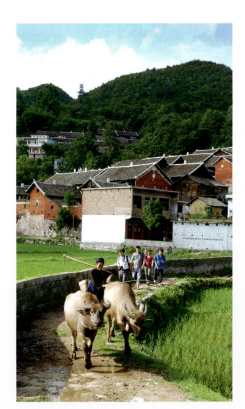
图5-3-6 中院村远眺

图5-3-7 三合院依山势逐级抬升

图5-3-8 建筑基础砌筑考究

图5-3-9 村内步道

图5-3-10 垂花门楼

美丽的村落文化景观，是传统贵州山间坝子村寨的典型，是研究贵州黔中地区布依族建筑的重要实物。

第四节 古建筑

一、坛庙寺观

（一）天台山伍龙寺

天台山伍龙寺位于平坝县天龙镇东2公里天台山巅。天台山于群山环抱中一峰兀立，山势险峻，石壁斩截，如登天之台，故名。山高百余米，却三面绝壁，如斧劈刀削，仅北麓有石级蜿蜒盘旋至山巅。天台山下万木掩映，石奇藤茂，摩崖石刻众多，历代骚人墨客喜登台题咏，至今崖壁上仍有"大观在上"、"灵石参天"等石刻，山门前一副对联更是闻名遐迩的绝对："云从天出天然奇峰天生就；月照台前台中胜景台上观。"

天台山伍龙寺始建于明万历年间，《平坝县志》载："天台山寺建于明万历十八年（1590年），白云寺僧所建。"明万历四十四年（1616年）重修大佛殿，明崇祯十年（1637年）重修玉皇阁。清康熙三十六年（1697年）建祖师殿前天街栏杆，清乾隆十三年（1748年）重修经堂，乾隆二十二年（1757年）重修山门，乾隆四十六年（1781年）重修祖师殿，清咸丰八年（1858年）重修倒座、东西厢房和祖师殿，民国年间又多次修葺（图5-4-1）。

天台山伍龙寺由两道山门、寺门、东西厢房、大佛殿、玉皇阁、祖师殿、经堂等建筑组成，坐东南向西北，建筑面积约1200平方米。

大佛殿面阔三间，通面阔11.5米，明间进深三间，通进深8.95米，为带前廊抬柱和穿斗混合式悬山青筒瓦顶建筑。明间为抬柱式构造，梁架下施藻井，脊檩有明万历四十四年（1616年）墨书题记。廊间挑枋上施驼峰，其上为卷棚，月梁和驼峰上雕刻有精美的人物花草图案，挑枋头施垂瓜柱。

图5-4-1 天台山远眺

图5-4-2 前院倒座

图5-4-3 前院厢房

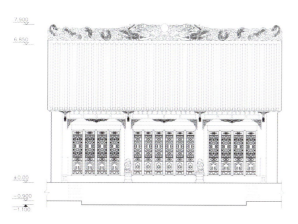

图5-4-4 大佛殿立面图

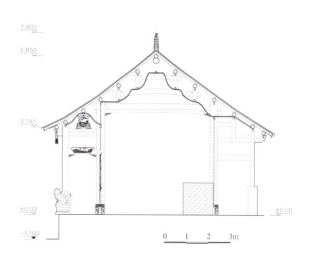

图5-4-5 大佛殿剖面图

明间前檐柱下有须弥座狮子柱础（图5-4-2～图5-4-5）。

玉皇阁面阔三间，通面阔9.1米，进深三间，通进深7.75米，明间为穿斗式三重檐歇山青筒瓦顶，由于受山顶地势的限制，前檐为三重檐，后檐为单檐。顶层为面阔一间的阁楼，通常不上人，在三层的梁架上有明崇祯十年（1637年）墨书题记（图5-4-6、图5-4-7）。

天台山伍龙寺是贵州保存最完整的山地明清建筑群，也是贵州早期建筑中的难得实物。伍龙寺雄峙于一峰独秀的天台山上，犹如一座石头城堡，四周的墙体均用石头砌筑，高大、厚实的石墙与山崖浑然一体，各栋建筑更是灵施巧布，上下层叠，错落有致，在有限的山岩上，创造出了丰富的建筑空间。建筑石木构件精雕细琢，人物故事，花鸟鱼虫，生动逼真，被誉为"隐藏在深山中的明珠"。

图5-4-6 玉皇阁

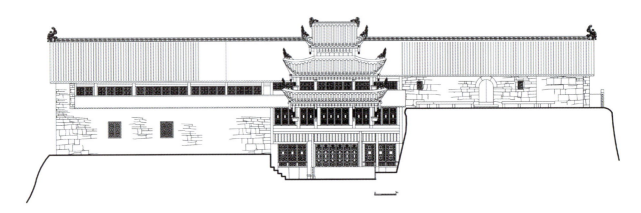

图5-4-7 玉皇阁、祖师殿、经堂立面图

（二）普定玉真山寺

玉真山寺位于普定县马官镇玉屯村旁玉真山顶。玉真山一峰突兀，高出云表，峭壁悬崖，荆棘丛生，形如铜钟覆地，襟带万峰如屏，山寺犹如钟纽，故又名金钟寺。

玉真山寺始建于明代，明崇祯年间重修。《安顺府志》载："金钟寺，在城西玉官屯玉真山上，明崇祯僧观凡建。"又载："玉真山，在城西四十五里玉官屯内，文家庄南。山高数十丈，腰石如削，形如覆钟。如钟纽然，故寺即名金钟。今钟纽无，迹尚存。"清乾隆四十六年（1781年）僧元正重修，清道光二十二年（1842年）僧本端补修，清咸丰、同治年间，玉真山寺毁于兵燹。又经清光绪十三年（1887年）、清宣统二年（1910年）重修（图5-4-8）。

沿踏步盘旋而上，半山石阶旁一处峭壁，上镌一幅浮雕仙人石像。仙人双手握杖于胸前，脚踏铁拐，身负葫芦，只身立于灵龟之上，栩栩如生，为民间传说中的八仙之一"铁拐李"。石像两侧刻有对联一副："杖悬日月长生殿，葫芦乾坤自在仙。"额曰："飞身世外。"再上为山门，山门面阔6米，进深3米，均用块石垒砌。正中为拱券形门洞，券石砌筑不够规范，基本采用纵联砌券法砌筑。券石上有门额，横向草书"群峦拱玉"，门洞内有对联一副："玉蕴峰血彩千家烟火团圆，真存寺若虚四面云山拱向。"门后石壁上有一摩崖石刻，横向草书阳刻"峻岭"两字，每字40厘米见方，为清嘉庆戊辰（1808年）僧怀脉题刻。

玉真山寺为两进四合院，现存建筑群由山门、斗母殿、东西厢房、观音殿、玉皇阁等组成，建筑面积900平方米。观音殿，面阔五间，通面阔17.5米，进深四间，通进深10.5米。明间为抬梁，次、梢间为穿斗式悬山青瓦顶建筑，明间前檐柱施石狮柱础一对，造型生动。殿前天井中立有经幢一根，高3.2米。柱顶圆雕刘海戏蟾，柱身中间四周阳刻八卦符号，柱身北面八卦符号上下均阴刻楷书，上刻"玉烛照天"，下刻"金钟卜地"，刻字一段抹角呈八面形。立于清宣统二年（1910年）（图5-4-9～图5-4-11）。

玉皇阁位于观音殿后，面阔五间，通面阔13米，进深五间，通进深9米。正立面为三重檐歇山青瓦顶建筑，梁架为穿斗和抬梁混合式结构。东、

图5-4-8 建于孤峰之上的玉真山寺

图5-4-9 玉真山寺大殿

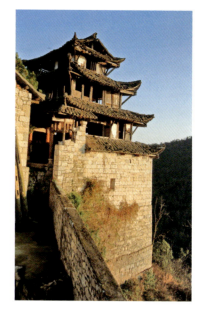

图5-4-10 玉皇阁

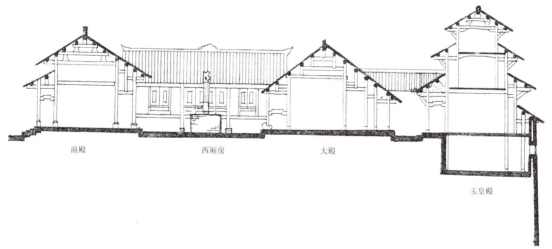

前殿　　西厢房　　大殿　　玉皇殿

图5-4-11 总剖面图

西侧立面和背立面有披檐，一层明间挑枋下饰仙人撑栱，廊间饰鹤颈椽，其下月梁雕刻人物花草图案，明、次间门上槛走马板施墨色人物绘画。脊檩有墨书"大清光绪十三年岁在丁亥林锺月"题记，脊檩下施驼峰，驼峰雕刻动物花草图案。

玉真山寺屹立在山间坝子中突起孤峰之上，充分利用自然山势，建筑空间布局巧妙，显示了古代工匠精湛建筑技艺。寺内保存的摩崖石刻、墨书、墨画，以及石雕、木雕等艺术构件，内容丰富、工艺精湛、技法古朴，具有珍贵的艺术价值。

（三）乌当后所古林寺

古林寺（原名祖师庙）位于乌当区东风镇后所村，始建于明代万历年间。据清道光《贵阳府志·祠宇副记》载："古林寺，万历时建，乾隆三年（1736年），道光十七年（1837年）皆修复。"

古林寺由山门、戏楼和祖师殿组成，祖师殿供奉"祖师大帝"神像。祖师，是佛教、道教中创立宗派之人的统称。在贵州，现存的祖师殿多供奉道教的真武大帝，又称玄武神、玄天上帝。清道光十七年（1837年）复修时，在原祖师庙轴线基础上，于祖师殿后增建大雄宝殿，并更名为古林寺。清光绪二年（1876年）维修。抗日战争时期，由田君亮任校长的"贵阳中学"，迁入古林寺办学。20世纪60年代寺庙毁坏严重，许多珍贵的碑刻、木雕、泥塑毁坏大半。1995年之后增建了山门、观音殿、禅房、客房、斋房等，并于原祖师殿西侧建真武殿，将原祖师殿改为大雄宝殿。

祖师殿由正殿和前檐抱厦组成，面阔22.30米，进深15.59米，单层，通高9.65米，穿斗抬柱式硬山小青瓦顶建筑。明间及次间屋架为穿斗抬柱式前后廊结构，梢间为穿斗式结构，与山墙内侧平。祖师殿室内空间分前厅和后堂两部分，前厅为船棚轩式，后堂为穿斗抬柱混合梁架，硬山青瓦顶屋面，开敞宏阔的室内格局类似于江南典型的厅堂式布局，为贵州之仅见。据专家考察，此为清光绪二年维修时，为更好解决排水问题，将分开的前厅、后堂屋面连为了一体。但是否确实如此，尚需进一步研究（图5-4-12～图5-4-15）。

（四）开阳长庆寺

开阳长庆寺，位于贵阳市开阳县南龙乡翁朵村官庄枫香坪，始建于明崇祯三年（1630年），后经南明开州（今开阳县）知州周师臬扩建成一大禅林，庙宇大多毁于清咸丰、同治战火。清咸丰、同治战乱后寺僧如琴、莲山等先后主持重建，现存建筑为清光绪二十九年（1903年）所重建。新中国成立后，长庆寺即作为粮仓归粮食部门管理，后又作为官庄小学校舍，20世纪80年代官庄小学从寺内迁出。

图5-4-12　正殿

图5-4-13　正殿梁架

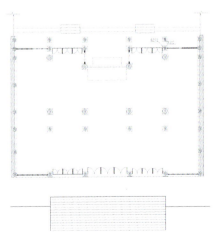

图5-4-14　正殿平面图

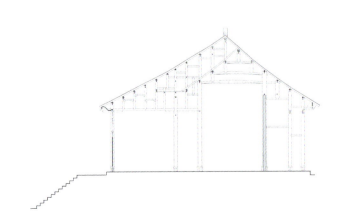

图5-4-15　正殿明间剖面图

图5-4-16 绿树掩映中的长庆寺

图5-4-17 内院

长庆寺占地1800多平方米，现存清代木结构建筑840余平方米，穿斗抬柱式结构，悬山青瓦顶，主体为正殿、下殿及两厢组成的封闭四合院。前左有巍峨雄壮的山门，山门正脊墨书"大清光绪二十九年岁次癸卯月建甲子十二壬辰谷旦"，庙前右侧有清代嘉庆年间三代僧人合葬墓一座。山门以下有数十级石台阶，石台阶尽头有清咸丰七年（1857年）所立井泉神位碑。寺周围还有明代石屋基数百平方米及古树数十株（图5-4-16）。

长庆寺正殿为该寺古建筑精华所在，前后带廊，面阔七间，通面阔31.8米，进深四间，通进深12.5米，檐柱与廊柱间横梁驼峰有精致历史人物故事木雕和花草木雕，柱础为精致石雕狮、象及人物花草，撑拱为精雕细琢的下山狮、麒麟、龙等活灵活现的动物造型。明间廊柱横梁上挂有清光绪二十九年（1903年）木质《重建长庆寺序》碑和功德碑各一块，为开州（今开阳）籍著名士绅何赞清所撰（图5-4-17~图5-4-20）。

下殿面阔七间，前后带廊，通面阔31米，进深2间，通进深8.2米。左梢间一楼为进寺大门，右梢间二层为戏台，石础柱也有精致石雕，下殿和两厢二层内廊栏杆配回文格及木雕梅花图案，两厢前后还有排水系统。被尊为该寺开山始祖的周师皋墓位于寺前约1公里处祖坟山。

（五）乌当协天宫

贵阳乌当协天宫又名财神庙，位于贵阳市乌当区东风镇乌当村老街场坝上，始建年代不详，清同治年间（1862~1874年）倾圮，清光绪三十二年（1906年）复建。

乌当协天宫是祭祀关羽的神庙之一。不仅供

图5-4-18 石狮柱础

图5-4-19 正殿前廊

图5-4-20 精美木雕

奉"协天护国忠义大帝"的关羽，还供奉传说中主宰人间祸福的三官大帝，即赐福的天官、赦罪的地官、解厄的水官。不论是俗神关羽，还是天神三官，百姓认为只要能护佑平安、招财进宝、荣登科举，皆一视为神，一宫同祭。协天宫从建成起，香火就延绵不断，特别是相传关羽的诞辰日、农历五月十三日三官的诞辰日、农历正月十五日上元节、七月十五日中元节、十月十五日下元节更是香火旺盛，香客不断。民国二十八年（1939年），日寇敌机轰炸贵阳，贵阳中学夜晚到协天宫开办夜校，教当地百姓识字，学唱抗战歌曲，宣传革命真理，激发当地百姓的爱国热情。

协天宫坐东向西，当街而立，由大殿、戏楼、左右厢楼组成封闭四合院。占地面积845平方米，建筑面积500余平方米。大门前原有砖石牌楼一座，正间嵌"协天宫"石匾。门两侧为白棉石浮雕，左青龙、右白虎护卫，惜年久风化，唯存右白虎，牌楼垮塌被拆除。大殿面阔三间，建在1.4米高的台基上，硬山穿斗抬梁式结构，卷棚前檐，六合隔扇门。戏楼为二层，穿斗式结构，为歇山与硬山相结合的屋面形式。戏楼没有使用贵州戏楼中常见的牌楼式大门，而是前后檐均出翼角，翼角飞翘，幅度之大，为贵州戏楼中少有。正脊为堆瓦铜钱花脊，葫芦宝顶，四翼角为鳌鱼灰塑。梁记为清光绪三十二年（1906年）楷书"风调雨顺、国泰民安"墨题。原八角藻井有浮云腾龙彩绘，现无绘。二层为戏台，戏台面向场坝方开六合门，使前后均可演出。前后台口横枋为"二龙戏珠"、"三国演义"木雕。斜撑为文武财神浮雕，寓人们对官禄、财宝的企盼。戏台左右两侧化妆间与厢楼相连，为采光，化妆间墙上开启八角窗、方形窗各二樘，楞上精巧的小蝙蝠及松树、蟠桃、长髯翁镂花木雕，寓意"五福捧寿"、"寿居耄耋"。戏台下为进出过道，置石凳石几，供小憩（图5-4-21～图5-4-23）。

（六）开阳宝王庙

宝王庙，位于贵阳市开阳县双流镇白马村西南5公里犀牛洞。开阳县双流、金中一带朱砂开采始于唐代，到明末清初达到鼎盛。宝王，相传为主管朱砂等宝物之神，故宝王庙清咸丰残碑有"于我白马洞历有宝王，历数百余年……"之记载。宝王庙即始建于白马一带明末清初朱砂开采鼎盛之时。贵阳地区在明代之前佛教并不发达，随着汉人和苗族、布依族等逐步迁入，佛教也随之传入，到明末时，宝王信仰仍然在当地占主导地位，清初宝王信

图5-4-22 戏楼正面

图5-4-21 协天宫正面大门

图5-4-23 正殿

仰才逐步被观音等佛教神灵所取代，清代道光、咸同时期重建宝王庙时，就在正殿之后专门建了观音殿，宝王庙成为地方神灵和佛教合一的庙宇。

宝王庙历经了清乾隆、道光、咸丰三次大规模建设。乾隆四十七年（1742年）在明代宝王庙的基础上进行了重建。道光二十八年（1848年）由白马一带八大朱砂矿主承首重建，直到咸丰四年（1854年）才最后建成，共用银子一千五百余两，钱七万余串，石工五千七百多，木工二千三百多，雕工一千六百多，小工三千多，共耗米八十多担。可惜部分毁于咸丰、同治年间战火，现仅存戏楼、观音殿、正殿、尼姑殿等建筑，占地2300多平方米，建筑面积800余平方米。

戏楼与牌坊式山门合二为一，穿斗式木结构，歇山青瓦顶，通面阔15.5米，通进深9米，东西两面封空斗砖墙。正面为四柱三楼牌坊式大门，明间石库门为进庙大门，门楣为一整块"二龙戏珠"石浮雕，门两边石柱楷书阴刻对联"七珍呈异彩山辉穷利济荷神麻；一指秉精忠义立赫声灵垂祀典"。两次间门楣堆塑"象犁田"等浮雕，大门背面为戏台，上下额枋分别镂空雕"二龙抢宝"和历史人物故事木雕，中额枋则为一完整镂空雕龙，栩栩如生。撑栱分别为木雕麒麟、狮子和龙等动物，柱础为石雕大象和狮子。房顶正脊和飞檐翘角上分别堆塑玉兔、飞龙、神象等。戏楼正脊墨书"大清咸丰四年甲寅岁又七月初五日谷旦立"（图5-4-24～图5-4-27）。

正殿面阔三间，通面阔12.5米，通进深12米，穿斗抬柱混合式木结构，硬山青瓦顶。明间中心顶饰木雕盘龙藻井，正面额枋上镂空精雕"竹林七贤"、"九老菊图"等历史人物故事，柱础也为精雕石狮和大象等。观音殿与正殿组成一围合院落，面阔三间，通面阔12.5米，通进深12米，穿斗抬梁式结构，硬山青瓦顶。

（七）西山凤池寺

西山凤池寺位于贵阳市息烽县西山乡凤池寺村。凤池寺为西望山八庙中的主庙，在西望山香火鼎盛时期，这里曾多次举行大型佛事活动——传灯，故"凤池传灯"成了西山八大景中令人追忆难忘的宗教习俗遗篇。

凤池寺明代初为木皮庵，明崇祯年间（1628～1644年），僧语嵩、瞿昙两次改建，清雍正十年（1732年）僧洪亮重修，咸丰、同治年战

图5-4-24　宝王庙牌楼式山门

图5-4-25　戏楼

图5-4-26　戏楼山墙墀头灰塑一　　图5-4-27　戏楼山墙墀头灰塑二

图5-4-28 凤池寺正面

图5-4-29 后殿及后院

图5-4-31 石狮

图5-4-32 柱础

图5-4-30 后殿前廊

乱，庙宇悉毁。现存建筑为僧法华于清光绪年间（1875～1908年）重建。

凤池寺有前殿、后殿及两厢，均为穿斗歇山青瓦顶。建筑布局齐整，建筑依山就势而建，高差较大，前殿与后殿相对，厢房与厢房相对而呈四合院式，中部为石板天井。东西长9米，南北宽9.45米。前殿坐西向东，面阔五间，通面阔21.1米，进深9米。后殿结构及开间均与前殿同。二厢房对称排列，面阔三间，一楼一底。凤池寺结构布局与黔北四合院民居相似，但在体量上远远大于一般民居，是黔中寺庙建筑的典型代表之一。前殿台阶上的石狮，造型古拙，似狮似虎，当为早期之作（图5-4-28～图5-4-32）。

民国27年（1938年）前后，冯玉祥将军赴渝途经息烽，慕西望山之名而登游，于后殿佛龛基座左前壁书刻"圣贤气节、民族精神"八字隶书，契合了当时抗战人们的所思所想。佛龛基座前中壁，嵌有民国23年（1934年）因原碑损坏而重刻的庙碑，500余字，有联云："此处即是西山，何须另觅南海"。

二、楼阁亭塔

（一）冠山紫虚阁

冠山紫虚阁位于龙里县龙山镇冠山村东，始建于明洪武二十三年（1390年），清乾隆二十七年（1762年）、光绪二十三年（1897年）重修，1935年扩建。坐东向西。由山门、两厢、紫虚阁、正殿等建筑组成。占地面积1460平方米，建筑面积690平方米。正殿毁，1992年将文昌阁迁此。山上存摩崖石刻多方。紫虚阁坐东向西，三层穿斗式三重檐六角攒尖青瓦顶。底层四边四角，面阔三间，通面阔15米，进深二间，通进深8.6米。前檐额枋雕双龙抢宝图案，前后为隔扇门窗（图5-4-33～图5-4-35）。

（二）乌当来仙阁

乌当来仙阁位于贵阳市乌当区东风镇麦穰寨村赵家庄一侧大塘河中的矶石上，距贵阳市中心16公里。

明嘉靖三十四年（1555年），乡人于矶石上建水月庵。明万历年间（1573～1619年），总督在水月庵旁建仙临桥。武弁胡某构亭于矶上，额曰"水月招堤"。后亭圮桥存。明万历十八年（1590年）桥被重修。清嘉庆十三年（1808年）夏，暴雨绵延，河水骤涨，水过桥圮，里人鸠工缭石，将桥修复成九孔，易名汇川桥，取河流纳集于此之意。乡人协力在小亭原址处修建阁楼，因阁凌空高耸，山环水绕，云霭缥缈，松翠鹤鸣，似有仙人将至，取名"来仙阁"。清光绪三十四年（1908年）间阁毁，

图5-4-33 涵虚阁正面

图5-4-34 前廊

图5-4-35 楼阁仰视

乡人复集资重建。后经百年自然侵蚀和人为破坏，汇川桥早已荡然无存，来仙阁也摇摇欲坠，危在旦夕。1988年贵阳市、乌当区各级政府拨专款对阁进行彻底维修，使其恢复了原来的风貌。

来仙阁占地315平方米，配有山门、庑廊、禅房、庭院，主体建筑阁楼占地115平方米。阁高24米，三层三重檐六角攒尖顶木结构建筑，葫芦宝顶。阁由下往上逐层收分，各层翼角翘耸，十八只翼角顶端饰鳌鱼灰塑，下悬铜铃木鱼，微风轻拂，叮咚作响，悦耳动听。阁楼底层无窗，中上两层均为六面五开窗，棂为镂雕花草纹，形态各异，工艺精湛。中层有围栏回廊，供游人凭栏远眺。上层旧祭神话中传说主宰文章兴衰之神奎星宿，中层祀主宰功名禄位之神文昌，底层供奉救苦救难的观音。由于来仙阁与贵阳市的标志性建筑甲秀楼在建筑格局上极为相似，故有"姊妹阁"之称（图5-4-36）。

（三）普定文昌阁

普定文昌阁位于普定县马官镇马堡村南，建于清咸丰元年（1851年）。坐南向北。占地面积250平方米，建筑面积90平方米。平面为正方形，边长6米。三层三重檐歇山青瓦顶，通高17米。周有石墙护围。北面开三道石门，左右两门为拱券石门，中门为石拱圆门。左右两道门均刻有对联，右门对联为：上联，一点孤忠存汗史；下联，千秋大义绍麟经；横批：忠义。左门对联为：上联，安邦定国无双品；下联，削佞除奸第一人；横批：仁勇。大门前为一平台，平台下为一小花池，花池后是约为1.5平方米的石雕，上面雕刻二龙抢宝图案。阁楼南面伸出一角，开一圆形石拱门，门顶上镌刻"灵秀全归"四个大字，字体圆润而飘逸。阁楼东北面10米处，修有一水池，池旁刻有"玉波池"三字（图5-4-37、图5-4-38）。

（四）修文君子亭

修文君子亭位于贵阳市修文县龙场镇阳明村龙岗山上，地处县城东隅。君子亭是王阳明弹琴讴歌的地方，现存建筑为清代光绪年间所建，为重檐六角攒尖顶木构建筑，四周带回廊。

阳明先生以竹有君子的"德、操、时、容"四德，当时亭的周围有很多竹子，阳明先生就把此亭名为"君子亭"。一层檐悬"君子亭"匾额，门窗为隔扇门窗，精雕细刻，回廊四周设有美人靠。亭的周围种有梅、竹。虽名为"亭"，单就建筑形制而言，此亭还有一些楼阁建筑的味道，在贵州的亭类建筑可算特例。亭左侧竖有清道光二十六年

图5-4-36　来仙阁及环境

图5-4-37　造型古拙的文昌阁

图5-4-38　以石为墙是黔中建筑的一大特色

图5-4-39 君子亭

图5-4-40 《君子亭记》碑与亭

(1846年)贺长龄书录王阳明《君子亭记》石碑一通。蒋介石曾于1935年、1943年、1946年三次到阳明洞,第三次游览时,在君子亭下的石壁上留有"知行合一"摩崖。亭南侧石壁上刻有"静静纯一"摩崖一幅,据说是张学良幽禁阳明洞时所书刻(图5-4-39、图5-4-40)。

(五)边阳文昌阁

边阳文昌阁位于罗甸县边阳镇岩脚村边阳一小校园内,始建于清道光年间,1930年曾进行维修,占地面积约192平方米。现存为木构穿斗三重檐六角攒尖青瓦顶建筑。建筑造型独特,比例协调,巧妙地将殿式建筑与楼阁建筑融为一体,于底层歇山顶建筑上再起重檐楼阁。底层建筑面阔五间,带卷棚前廊,通面阔17.6米,进深3间,通进深8米。隔扇门窗,窗心独具一格,檐柱上雕有栩栩如生的神鹿、花鸟。前檐檐柱施倒立木狮斜撑,檐口施卷棚装饰。前檐次间檐柱间设美人靠坐凳栏杆。底层两侧有民国时期修建的山墙,山墙之上有拱券门窗。阁前台阶垂带上原有石狮抱鼓两尊,一尊已损,高1米,宽0.6米(图5-4-41~图5-4-43)。

(六)独山翁奇奎文阁

翁奇奎文阁位于贵州省独山县兔场镇翁奇村中寨北侧。奎文阁原名"文昌宫",始建于清嘉庆二十一年(1816年),毁于清咸丰十年(1860年)兵燹。清同治十二年(1873年),乡绅杨维藩在原址重

图5-4-41 边阳文昌阁正面

图5-4-42 文昌阁侧面

图5-4-43 石阶垂带抱鼓

建，易名"奎文阁"。民国年间曾进行过维修。由大门、阁楼、过殿、后殿、厢房和围墙组成两进院落，占地面积约1000平方米，建筑面积400余平方米。

阁楼坐北向南，通高约16.8米，穿斗式三层三重檐九角攒尖青瓦顶。底层平面呈四边形，二三层东、西、北三侧各均分为二，南侧独分为三，呈不等边九边形。底层面阔三间、进深二间，三面砖墙围护，明间正中设佛龛，两次间置铁钟皮鼓。龛后有楼梯通至二、三层。九面均开隔扇窗。二层为"神文圣武殿"，阁内供孔子和关羽画像与牌位。三层曰"大魁阁"，阁外正面悬楷书阴刻"大魁"横匾，阁内供木雕奎星。大梁东段题"皇图巩固。皇清同治十二年肆月谷旦立"，西段题"帝运遐昌。本境信士人等建，梓匠马文宣"。阁楼翼角鳌尾向天，下垂铜铃木鱼（图5-4-44～图5-4-47）。

三、其他

（一）修文王文成公祠

修文王文成公祠为王阳明专祠，位于修文县县城北龙岗山。明正德三年（1508年），王阳明因反对

图5-4-44 奎文阁及环境

图5-4-45 牌楼大门

图5-4-46 阁楼底层

图5-4-47 阁楼仰视

宦官刘瑾，被廷杖四十，谪为龙场（今修文）驿丞。王阳明谪居龙场三年，潜心"悟道"，成就了他著名的"心即理"和"知行合一"学说，并萌发"致良知"思想，为其后成为著名哲学家奠定了基础。

祠始建于明嘉靖三十年（1551年）。清乾隆、嘉庆、咸丰、道光和民国多次维修。坐南朝北。现存建筑应为清道光与民国年间遗构，由享堂、东厢、西厢、元气亭组成四合院，大门结合地形侧开。占地面积407.6平方米，建筑面积377平方米。享堂面阔三间，通面阔10.8米，进深三间，通进11.2米，穿斗抬柱混合式青瓦顶，观音兜封火山墙，卷棚前廊，隔扇门窗，露明造（图5-4-48～图5-4-52）。

（二）福泉城墙

福泉城墙位于福泉市城厢镇。福泉明置平越卫，隶平越军民府。明洪武十四年（1381年）筑土城，明建文三年（1401年）改建石城。周长4.9公里，高3～7米，基宽3米。周设四门，筑月城三座，设警铺45处。后增设水城。

小西门水城位于城西北大西门外。明成化年间，平越卫指挥张能为解决城内人畜饮水问题，临

图5-4-48　元气亭

图5-4-49　门房（兼厢房）及享堂

图5-4-50　享堂梁架

图5-4-51　享堂前廊

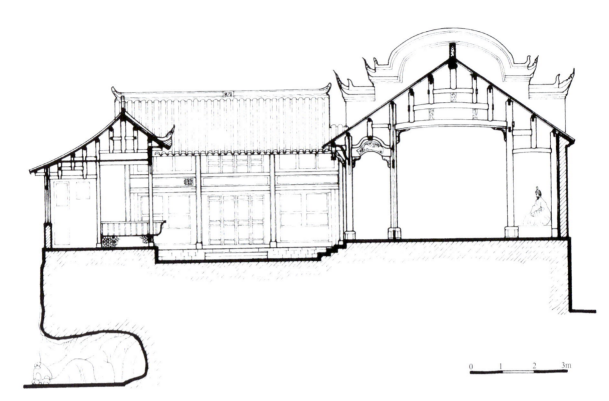

图5-4-52 王文成公祠纵剖图（左下为阳明洞）

河修建石墙。明万历三十一年（1603年），知府杨可陶、指挥奚国柱于城外加筑外城，围河水于城内。水城平面呈菱形，东西长183米，南北宽35米。东、南、西开拱券门洞，宽1.8米，高2.5米。东北侧进水处、西侧出水处，分设三孔拱券水门，单孔净跨2.5米，矢高3米。券顶留有提放铁栅栏槽孔。小西门水城巧妙地利用地形，将防御、取水功能有机地结合在一起，形成了双层瓮城的格局，在贵州城墙中并不多见（图5-4-53～图5-4-55）。

图5-4-54 水门门洞，原有铁栅，今已不存

图5-4-53 小西门水城，将瓮城与水城巧妙地结合

图5-4-55 水城城墙

图5-4-56 葛镜桥远观

图5-4-57 分水尖及桥拱

（三）葛镜桥

葛镜桥位于福泉市城厢镇金鸡山村，俗称"豆腐桥"。桥因平越卫指挥葛镜捐资兴建而得名。始建于明万历十六年（1588年）。初建于今吴家桥下游，尚未建成即倒塌，称"上倒桥"。第二次修建，筑于鸭坝下游，再次倒塌，称"下倒桥"。葛镜发誓"罄家资必成此桥"。于万历四十三年（1615年）第三次修建，终在万历四十六年（1618年）初建成。前后共耗时30年。清康熙二年（1663年）维修，康熙九年（1670年）于桥北端建三元阁。清道光十六年（1836年）复建庙铸钟。桥东西向，跨麻哈江。为三孔变截面圆弧尖拱石拱桥，长52.7米，宽8.5米，是"变截面圆弧尖拱"石拱桥的典型代表。葛镜桥巧妙地把不同跨度的拱券结合在一起，桥拱气势恢宏，是我国古代石拱技术的杰出之作（图5-4-56～图5-4-58）。

（四）灵龟寺无梁殿

灵龟寺无梁殿位于关岭布依族苗族自治县上关镇，始建年代不详，原为一组四合院木构建筑，清嘉庆二年（1797年）毁于兵燹，清道光十八年（1838年）僧弥典重修。因无梁殿前有一酷似灵龟伏地的巨石高于地表，故名。灵龟寺，坐南向北。原有山门、前殿、厢房、正殿（即无梁殿）等建筑，现仅存正殿。

无梁殿为硬山小青瓦顶屋面，面阔10.18米，进深10.07米，台明高0.86米。全殿无梁无柱，均

图5-4-58 桥拱外眺

为方整石垒砌而成，室内为东西向券顶，采用纵联砌法垒砌，双心拱发券。矢高2.6米，建筑前后檐石墙为平水墙，厚2.4米。东、西山墙厚0.81米，墙上嵌有"福、寿"图案石透窗，既满足了采光的功能，也起到装饰的作用。前檐留有1.7米宽石库门，门额阴刻楷书"即是西天"，石库门两侧有对联一副："玄妙无穷弥宇宙；混沦有致遍山河。"

灵龟寺无梁殿是贵州唯一的采用拱券顶做法的地面建筑。作为别具一格的山地石头建筑，无梁殿保持了传统建筑的外观形式，展示了古代工匠独特的构思和对拱技术认知的程度（图5-4-59～图5-4-61）。

（五）六枝岩脚田家大院

田家大院建于民国初期，封闭式四合院，西角建有石碉楼一座，占地面积653平方米，建筑面积

图5-4-59 无梁殿远观

图5-4-60 无梁殿正面

图5-4-61 无梁殿侧面

1120平方米。前屋与朝门同为一体，面阔五间，朝门居中。雀替透雕卷草图案，垂瓜镂空为灯笼形状，均涂以金粉。正房面阔五间，悬山式屋顶，穿斗式梁架，现存四间。两厢房面阔三间，悬山式屋顶，穿斗式梁架，现存东厢。碉楼平面呈正方形，楼顶为歇山式，小青瓦面。高6层21米，墙体三分之二为方正石砌筑，三分之一为砖墙，整体尚好。围墙为砖墙，平均高4米，砌筑精细。整个院落排水系统相当合理。虽是民国初年建筑，但田家大院仍旧延续了当地传统建筑的特色和营造技术（图5-4-62、图5-4-63）。

图5-4-62 田家大院建筑与碉楼的组合关系

图5-4-63 碉楼已经有了近代建筑的元素

注释

① 综合参见《黔记》、《明史·地理志》、《安顺府志》。

②、③《漂移的视线：两个法国人眼中的贵州》，贵阳：贵州人民出版社，2001．

④（明）廖驹撰《重修普定卫学记》，弘治《贵州图经新志》卷十四·学校。廖驹，福建顺昌人，著有诗集《疆恕斋集》。

⑤ 弘治《贵州图经新志》卷十四；秦敬，河北涿州人，明成化六年（1470）至九年（1473）任贵州右副都御史。

⑥ 余吉华主编.贵阳老照片.贵阳：贵州人民出版社，2003．

⑦ 王训，生卒不详，字继善，祖籍河北，贵阳人。明宣德十年（1435）中云南乡试。曾向明宣宗呈《保边政要策》八篇，后任贵州宣慰司学训导，晚年获封武略将军衔。为明代贵州早期教育的开拓者之一。著述丰硕，有《寓庵文集》三十卷等。

⑧ 即王阳明（1472-1528年），名守仁，字伯安，号阳明，浙江余姚人。明代著名哲学家、教育家。明弘治十二年（1499年）进士，曾任刑部、兵部主事。明正德元年（1506年）因上书获罪，谪为贵州龙场驿丞。正德三年（1508年）春到黔，五年初升职江西庐陵县令，后任左佥都御使、太仆寺少卿、兵部尚书等。明嘉靖七年（1528年）卒。明隆庆初赠"新建伯"。谥"文成"，明万历十二年（1528年）从祀孔庙。王阳明在龙场（今贵州修文）"悟道"、贵阳"传道"，最终成就"致良知"心学理论，对中国哲学发展影响甚大。

⑨ 尹道真（生卒年不详），名珍，字道真，东汉毋敛（今贵州正安）人。幼好学，师从许慎、应奉，学成归黔在贵州绥阳等地授课。东汉桓帝永兴元年（公元153年）任武陵郡（今贵州东部）太守，后任尚书丞郎、荆州刺史等。因其对贵州地方教育的贡献，唐代曾将贵州正安改名珍州，1941年贵州专设道真县，纪念之。

⑩、⑪ 九寺：龙泉寺、慈云寺、观音寺、朝阳寺、迎祥寺、寿佛寺、圆通寺、凤鸣寺、莲花寺。"八庙"：药王庙、黑神庙、川祖庙、雷祖庙、财神庙、火神庙、孙膑庙、东岳庙。"五阁"：文昌阁、云龙阁、三官阁、年奎光阁、玉皇阁。"二祠"：斑麟贵祠、赵国澍祠。"一宫"：万寿宫（又名江西会馆）。"一院"：青岩书院。"八坊"：现存北门外赵彩章百岁坊、南门外赵理伦百岁坊、定广门外周王氏媳刘氏节孝坊；已毁东门外平车氏节孝坊、北门外吴张氏节孝坊、王张氏节孝坊、赵车氏节孝坊、西门外李姓妯娌节孝坊。

⑫ 青岩及黔中一带比较特殊的歇山顶，类似于苗族民居歇山披檐的做法。这种歇山顶由山柱外挑山面挑檐枋，再于挑檐枋上置挑檐檩，然后用正面、山面挑檐檩和由角柱斜出的挑枋（也有为求结构稳定，挑枋之下还有撑栱承重）承载老戗和嫩戗，再于上面做翼角而成歇山顶。此种屋面山墙一般紧贴山柱，挑檐枋短，故山面出檐较小，也只是追求外观上的歇山效果而已。

贵州古建筑

第六章 黔西建筑文化区

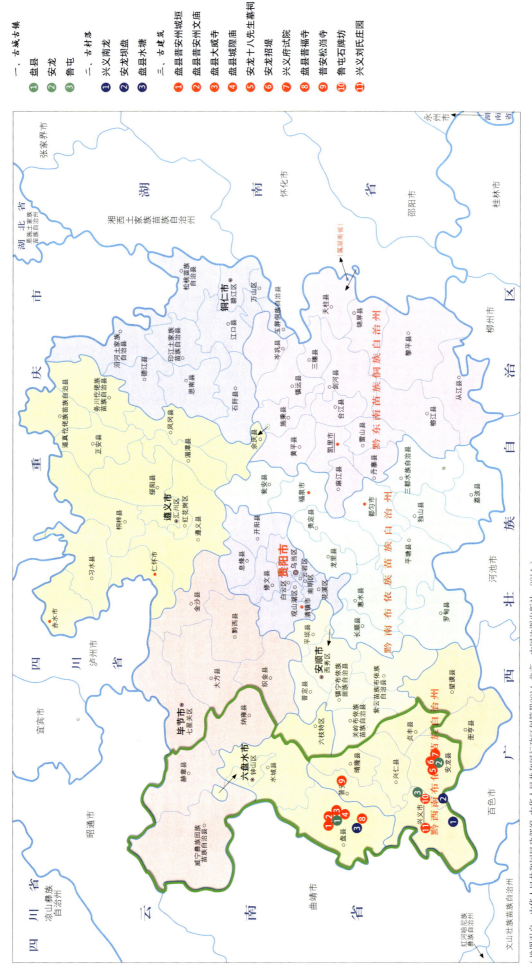

第一节 黔西建筑文化区概述

黔西建筑文化区位于贵州西部，西靠云南，南连广西。北部区域为巴蜀南下云南及东南亚（即所谓南方丝绸之路）的重要通道，其建筑受滇云及巴蜀建筑的影响。中南部区域在历史时期曾长期属云南所辖，也是湘黔通滇缅的必经之地，其建筑受滇云及黔中文化影响较大，同时，该区域也是"百濮"、"氐羌"、"百越"等族系及各民族相互交融的地区，彝、回、苗、布依及汉族等各民族留下了众多风格各异的建筑。

一、区域地理及历史沿革

黔西建筑文化区包括今毕节市西部赫章、威宁、纳雍及六盘水市盘县、水城、钟山区，黔西南州普安、晴隆、贞丰、兴仁、兴义、望谟、册亨等地。该区域西临云南、南连广西，是贵州长江流域牛栏江横江水系、珠江流域北盘江和南盘江水系地区。区域总体地势北高南低、西高东低，北为乌蒙山脉主体地区，高山连绵，南部为北盘江、南盘江水系区域，喀斯特地形占绝大部分。

区域历史悠久，民族众多，文化丰富。1973年发掘的水城硝灰洞遗址，出土的石制品，加工为"锐棱砸击法"，在国内外占有重要地位。盘县大洞遗址，被称为距今约13~30万年的远古人类巨大的动物宰剖场和石器加工场。兴义猫猫洞文化是中国旧石器时代晚期文化的典型代表之一，突出反映了中国旧石器时代晚期文化发展的多样性和区域性，同时，区域内还发现了兴义张口洞、安龙观音洞等旧石器时代晚期遗址数十处。近年在位于贵州西北云贵两省交汇处的乌蒙山脉西缘牛栏江水系威宁县中水盆地，发现新石器时代晚期至商周时期的遗存近7处，其中以鸡公山遗址发掘成果最为丰富，被称为"鸡公山文化"，同时，在北盘江、南盘江水系，近年也发现了多处新石器时期至汉代遗址，清理出房址、墓葬、石器加工场、灰坑等遗迹，出土物主要是石器和陶器。

黔西建筑文化区也是古夜郎国的主体区域。从20世纪50年代开始，贵州西部的盘县，威宁中水、辅处，赫章可乐，普安铜鼓山和安龙、兴义、兴仁、册亨、望谟、晴隆、六枝、织金等地陆续有战国秦汉时期的青铜遗物发现。考古界一般认为它们为夜郎文化遗存。在众多的遗存中，威宁中水、赫章可乐和普安铜鼓山三处遗址最为重要。除具有较强的自身特色外，可乐墓地中出土文物中还有较浓巴蜀文化因素，威宁中水遗址反映了云南昭鲁盆地文化向东渗透的现象。从目前的材料看，贵州西南地区与桂西北、滇东南的联系至为密切，远甚于其与黔西北地区的文化联系，可能存在一个包括黔西南兴义、安龙、普安、册亨、望谟等与滇东南丘北、广南、富宁及桂西北右江上游百色、田阳、田东等地区在内的一个文化圈。

秦汉时期，该区域为古夜郎国所领，属西南夷地区。北部为犍为郡所辖，南部为牂柯郡所辖。三国时期，区域为蜀国所领，魏晋南北朝时期，区域分属朱提、建宁、牂柯三郡。隋唐时期，区域分属黔中道和剑南道。两宋时期，区域为宋与大理国交界地区，部分为宋属罗殿、自杞所领，部分为大理国所辖。元代，区域大部属云南行省乌撒路、普安路所辖，部分为湖广行省所辖。明代，区域分属四川乌撒府，贵州宣慰司、安南卫、普安州，广西安隆司、泗城州所辖。清代，区域总算完全划归贵州管辖，分属大定府、兴义府和普安厅。

二、区域文化及建筑特色

从建置沿革来看，区域曾长期属云南、四川、广西所辖，故难免受到相关省域的文化辐射，同时，该区域也是多民族聚居的地区，彝族、回族、苗族、布依族、汉族为该区域分布较广的民族，此外，区域内还有白族、瑶族等少数民族。

据汉文和彝文历史资料记载，彝族先民与分布于我国西部的古羌人有着密切的关系，彝族主要源自古羌人。在公元前2世纪至公元初期，彝族先民活动的中心大约在滇池、邛都（今四川西昌东南）两

个区域。在这些地区居住着称为"邛都"、"昆明"、"劳浸"、"靡莫"和"滇"等从事农业或游牧的部落。大约在公元3世纪以后，彝族的先民已经从安宁河流域、金沙江两岸、云南滇池、哀牢山等地逐渐扩展到滇东北、滇南、黔西北及广西西北部。公元8世纪，在云南哀牢山北部和洱海地区出现了6个地方政权，史称"六诏"（六王）。其中"蒙舍诏"的首领皮罗阁在公元783年统一"六诏"，建立了以彝族为主体，包括白、纳西等族在内的"南诏"奴隶制政权，并由唐朝册封为"云南王"。同一时期，在贵州彝族地区也出现了"罗甸"等政权，总称为"罗氏鬼主"。公元937年，封建制的"大理政权"取代了由奴隶和农民起义而崩溃的"南诏"，从此，云南彝区开始走向封建制。13世纪后，"大理"、"罗甸"相继被元朝征服，并在这些地区设置路、府、州、县和宣慰司。明代，在彝族地区兼设流官、土流兼治和土官三种官职，对彝族地区的经济发展起到十分显著的促进作用。清代实行"改土归流"，加强了对彝族地区的直接统治，从而使大多数彝族地区的领主经济解体，封建地主经济进一步发展。

布依族是黔西地区的主要聚居民族，与古夜郎国有着千丝万缕的关系。布依族源于古"百越"，秦汉以前称"濮越"或"濮夷"，东汉六朝称"僚"，唐宋称"蕃蛮"，元、明、清至中华人民共和国成立前称"八蕃"、"仲家"、"侬家"、"布笼"、"笼人"、"土人"、"夷族"等。

汉族是较早进入该区域的重要民族。在赫章、威宁、兴仁、兴义等地发现了大量的汉代遗址，其中就有不少带有明显的汉文化特征，表明汉族至迟在汉代便已经进入黔西地区。汉人进入黔西地区，也影响了当地的建筑文化，赫章可乐还出土了干阑式建筑的陶屋。唐宋时期，由于黔西长期处于南诏、大理等地方政权与中央王朝的争夺地带，汉人进入较少。元代以后，特别是明清以后，中央王朝逐渐加强对西南的控制，因政治、军事及经济因素的影响，贵州西部地区迎来了汉族移民进入的高峰期。

苗族也是黔西地区重要的外来民族。从唐宋至元明清时期，分布在湘西、黔东的苗族因各种原因西迁至川、滇、黔交界区域。据威宁苗族史诗"苗族已搬到乌撒三十几代"之传说进行推断，苗族迁至黔西北地区已距今近千年。贞丰、兴仁、安龙一带的苗族，是200多年前清乾隆、嘉庆时起义失败后受清廷压迫而由黄平、台江等县迁入，操苗语黔东方言。回族也是黔西地区的外来民族。早在元初，便有回族随军到达威宁地区。明初的"调北征南"，也使大批回族进入黔西地区。明末清初，一些回族也是随军进入贵州，并留居在威宁、盘县、普安、兴仁等地。

布依族和后来迁入的彝族、汉族、苗族、回族等移民，对黔西地区的建筑营造产生了重要的影响，同时，当地民族建筑也在缓慢的发展中，形成黔西地区民族与地域特色的建筑文化。区域北部自古为四川与云南连接的文化走廊，秦"五尺道"及汉之后形成的"南方丝绸之路"均经过该区域，因此区域古代交通要道上的建筑多受云南和巴蜀文化的影响。赫章可乐、威宁中水遗址的出土文物也反映了这种文化交流的现象。除此之外，北部地区建筑主要以彝族、苗族民居为代表，民居建筑大量使用土坯，屋面有草顶、石板、青瓦、筒瓦等材料，在威宁一带的民居屋面还采取筒瓦"压边"的做法以防风，已经比较接近滇东北的风格。黔西区中部为云南通贵州的重要交通要道，故盘县、普安、晴隆一线及兴仁、兴义、贞丰、安龙等地，其建筑多受滇东及黔中建筑的交叉影响而形成了自己的特色。同时，中部地区也是屯军的重要区域，故当地民居与汉式民居有很多相似之处，大量使用石材、青砖、土砖等外墙材料，注重门窗等细部的雕刻。如兴义鲁屯、盘县水塘等民居。黔西区南部为布依族、苗族杂居区，其干阑式、穿斗式民居与桂西北、黔南、黔东南区域的布依族、水族、瑶族民居也有颇多的相似之处。由于黔西地区还聚居着一定数量的回族，该区域也出现了清真寺等带回族特色的建筑，这是贵州其他区域十分少见的。清末至民国时期，黔西地区经济有了一定发展，特别是烟土种植带来的畸形发展和虚假繁荣，使黔西地区出现了一批集贸城镇，其建筑除传统特征外，还有了近现代建筑的一些特征，如贞丰老街、普安青山等地的建筑。

第二节 古城古镇

一、盘县古城

（一）古城概况

盘县古城即普安卫城，坐落于盘县腹部的喀斯特盆地中。城内有8条街巷，居民以汉族为主，彝、回等民族杂居。

盘县古城历史悠久，清乾隆《普安州志·序》载："普安州，汉曰牂牁，唐曰盘州，元曰于矢部，前明州、卫并设，有土官主之，后虽改流而土官未除。至康熙年间，乃裁卫归州，及后又改土归流，实除土官，于是普安州乃与中土州县等。"初步勾勒出了清乾隆二十三年（1759年）以前盘县历史沿革的大致轮廓。当然，此记载关于牂牁之说未必准确。清嘉庆十四年（1809年）升普安州为直隶州，嘉庆十六年改普安直隶州为普安直隶厅，其后清光绪三十四年（1908年）改普安直隶厅为盘州厅。民国2年（1913年）改为盘县。

盘县古城自古为滇黔交通的重要枢纽。史书称普安"据险立城，外控六诏，内制诸蛮"。明《一统志》赞其为"蛮夷襟喉，云贵川广之交"。《黔南识略》也称其"扼滇黔之要害"。顾祖禹《读史方舆纪要》谓其"当云贵之襟喉，达川广之声援，据险立城，控扼蛮夷，实为要害"。足见其地位之重要。普安州州治旧时在撒马铺，继迁海子铺，再迁营盘山左，皆无城郭。明万历十四年（1586年）移入卫城，清代裁卫入州后遂为州城。清末至民国时期，盘县古城经济社会文化空前繁荣（图6-2-1、图6-2-2）。

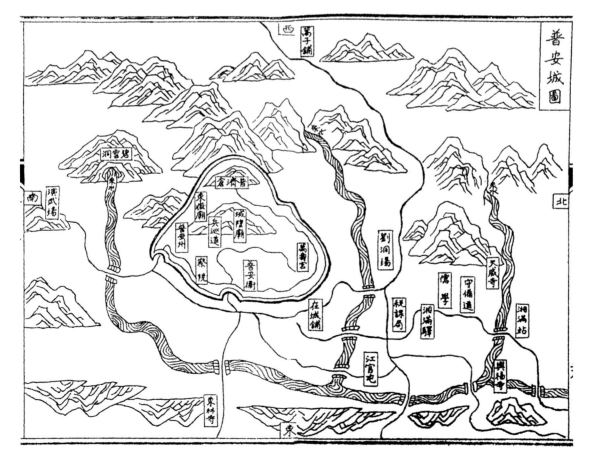

图6-2-1 明郭子章《黔记》载普安城图

图6-2-2 20世纪初盘县平街街景

由于其地靠近云南,历史时期甚至属滇文化影响范围,故其建筑带有云南东部建筑的一些特征。现主要遗存有城墙、城楼、普安州文庙、水星寺、张道藩故居、范家公馆、大威寺、凤山书院等古建筑。

(二)古城古建筑

1. 普安州城墙

普安州城墙位于盘县城关镇,明洪武二十五年(1392年),指挥使王威等始筑土城垣,用石包砌。明嘉靖《普安州志》载:城垣周长八里五分,高二丈三尺;设四座石拱城门:东雍熙、南广居、西崇仁、北镇远。镇远门上建鼓楼一座;城垣因山形而筑,西高东低,形如一口吊钟。清康熙二十六年(1687年)东门改名会政。清道光十一年(1831年),南垣坍塌数十丈,后复修。清咸丰三年(1853年)补修东垣。咸丰八年城垣增高三尺。清同治二年(1863年)复修南门炮台。清光绪二年(1876年)修西门城楼,十二年重葺西北两门鼓楼。1952年前,城垣尚完好,以后渐遭拆毁,至1966年,毁坏过半。现仅遗存北门左右一段,长1100多米,高1.2~5米不等,厚0.6米。西门门洞犹在,"崇仁门"石匾亦存。北门完好,门洞为半圆拱,拱券纵联分节并列砌筑(亦称联拱法),高5.5米,拱跨5.87米,进深23.8米。入门洞2.9米处,有竖向拱槽,宽2.6米,深0.6米,为设置城门处,其木芯铁皮城门于1957年拆除。北门及左右城垣均为料石砌筑,北门城台高9.9米,宽39.6米。现北门城台上的城楼为民国17年(1928年)仿昆明"近日楼"重建,面阔五间,进深三间,穿斗式重檐歇山顶。底层有双步回廊,现已用土砖封檐,只敞露明间。翼角用撑栱起翘,翘高1米,出檐逾2米,小青瓦覆顶(图6-2-3~图6-2-5)。

2. 普安州文庙

普安州文庙位于城关营盘山东麓,始建于明永乐十五年(1417年),明正统八年(1443年)和明万历十六年(1588年)曾两度修葺,后毁于兵燹。清康熙七年(1668年)重修大成殿,亦毁于兵燹。康熙二十三年(1684年)复修,以后历经增建补修,遂成今貌。寺庙依山势而建,总占地面积4000余平方米。现存主要建筑物沿中轴线自下而上依次为:礼、仪二门,泮池及池上状元桥,棂星门及左右的忠义祠和节孝祠,戟门,大成殿及其两配殿,最后为启圣宫。自棂星门起,各建筑台基和其间院坝呈阶梯状层层升高。建筑群四周用砖墙围护,饰以红色。礼、仪二门临街,为砖砌牌楼式。棂星门为四柱三门石牌坊,镂雕工艺较精。戟门为穿斗抬梁混合式,悬山顶,三间,前带双步廊,明间为过厅,其外檐斗栱的柱头铺作和补间铺作均为单抄双下昂六铺作计心造。柱头铺作为假昂,补间二朵均为真昂。此斗栱做法目前在贵州尚未发现第二例。戟门与左右房屋相连,通面阔18.9米,通进深6.1

图6-2-3 盘县城墙北门

图6-2-4 北门楼

图6-2-5 北门楼侧面

米。大成殿为歇山顶建筑，穿斗抬梁混合式，九架梁，前带三步廊，彻上明造。梁上驼峰雕刻为祥云状并施彩绘。所有额枋、雀替、梁、月梁和柱头上部都施彩绘。梁、枋、柱以及驼峰用料上乘且体量较大。翼角皆仔角梁起翘。前檐通为六合隔扇门，门槛全用整块料石加工而成，长4米，高0.4米，厚0.2米。柱础制作精细，鼓形，高0.5米。大成殿共五间，面阔17.47米，进深10.86米，廊深2.28米。两配殿为穿斗式硬山顶建筑，面阔13.16米，进深6.3米，大成殿明间下的"御路"为高浮雕双龙戏珠图案（图6-2-6~图6-2-10）。

3．大威寺

大威寺位于盘县一中校园内，始建于明洪武年间，今大部分建筑已毁，仅残存偏殿，建于清乾隆二十九年（1764年）。偏殿面阔三间，通面阔8.8米，通进深7.1米，双步前廊，廊深1.16米，单檐悬山顶，七架梁，彻上明造。大梁题记为"乾隆二十九年岁次甲申仲冬十一日"。山墙和后檐墙的下部为石砌，上部为土砖。前檐自封檐板至檐柱额枋，装置三层镂空雕，图案为卷草连云的骑马雀替，具有滇东建筑的特点。其他雀替均为镂空雕，图案以缠枝为主，变形龙纹为辅，雕刻工艺甚为精湛。廊顶装盈形轩。明间装五抹头4扇隔扇门，次间装槛窗，窗芯为万字格，槛墙装木板。檐柱之间装"美人靠"，

图6-2-8　从天子台望大成门

图6-2-6　普安州文庙远眺

图6-2-9　大成殿

图6-2-7　大成门

图6-2-10　大成殿梁架彩绘

其下为车花直棂栏条。梁架加工细致，并施彩绘。驼峰均系雕刻（图6-2-11~图6-2-13）。

4．城隍庙

城隍庙位于城关镇凤山书院山脚李子林，始建年代不详，明嘉靖《普安州志》曾有其方位记述。清乾隆十九年（1754年）重修，清同治九年（1870年）重修后殿，清光绪十一年（1885年）重修正殿。城隍庙产生于古代祭祀而经道教演衍的地方守护神。戏楼前为门，楼后为戏台，底层为通道，二层唱戏。戏楼翼角施撑栱起翘，穿斗式歇山顶，原覆筒瓦，今为青瓦；两次间为硬山顶建筑，连及戏楼，通面阔13.5米，通进深9米。原大门进门处塑有"无常"，高约丈余，其帽高2尺，上书"一见大吉"；另有两匹石马，各重约2吨，高1.5米，长1.7米，马前立石雕僮仆，作牵马状。

正殿七间，通面阔28.3米，通进深11米，三步前廊，廊深2.5米，硬山式屋顶，廊顶为轩棚顶，各间封檐板都嵌于垂瓜之间，额枋、月梁、雀替、垂瓜和封檐板俱为镂空雕，工艺较精。梁架为穿斗抬梁混合式。明间檐下原悬一巨型算盘，额匾横刻"不由人算"四字，次、梢间内塑"十殿阎王"像。两配殿各五间，穿斗式梁架，硬山顶；通面阔15米，通进深7米，屋内皆塑"地狱"情景，形象生动，阴森恐怖（图6-2-14~图6-2-16）。

图6-2-11　大威寺仅存偏殿

图6-2-14　城隍庙俯瞰

图6-2-12　地方特色的檐口构造，有滇东建筑的特点

图6-2-15　正门

图6-2-13　前廊卷棚顶构造

图6-2-16　戏楼

二、安龙古城

(一) 古城概况

据史籍记载，安龙在春秋战国时期属夜郎国，西汉时改隶牂牁郡，宋代中期于今县城东北置安隆洞，明初于今县城设所置官，明永乐年间县城已具规模。清军入关后，南明隆武二年（1646年）秋，一批主张反清复明的将士拥立桂王朱由榔即帝位于广东肇庆，次年一月改元永历。在清军的不断进攻下，清顺治九年（永历六年，1652年），南明永历朝廷入居安龙，以此为陪都，进行了4年抗清斗争，安龙遂成为明末清初南方抗清斗争的中心。因有大西军作支柱，抗清形势有所发展。但农民军内部的矛盾和永历朝廷的党争也日渐加剧。永历八年（1654年）三月，孙可望将拥护永历帝的大学士吴贞毓等18人（史称"十八先生"）诬以"欺君误国，盗宝矫诏"罪，将他们全部处死。之后，永历朝廷败走云南、缅甸，最后被吴三桂所灭。

清代，南笼厅、南笼府、兴义府在这里设治所。清咸丰、同治年间，作为黔西南政治、军事重镇，安龙被以回民为主的"白旗起义军"攻占，兴义府城因而迁于安龙以西70余公里的兴义县。辛亥革命后设南笼县，1922年改称安龙县。汉、布依、回、苗、彝等民族群众杂居，其中汉族、布依族人口较多。现古城尚存安龙招堤、十八先生墓祠、兴义府试院等古建筑及零星历史街区和民居（图6-2-17）。

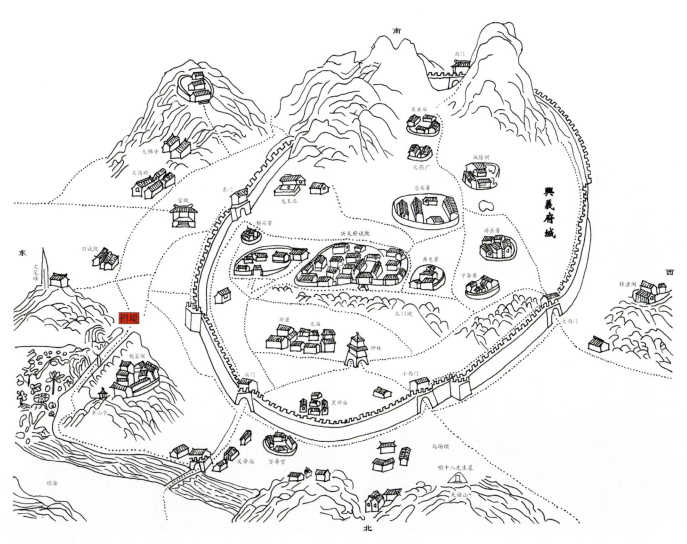

图6-2-17 清《兴义府志》载安龙城池图

（二）古城古建筑

1."十八先生祠"

明十八先生祠位于贵州省安龙县城关镇北天榜山南麓，墓、祠结合，占地面积12000平方米，是国内少有的保存完整的南明历史遗迹。

清顺治三年（1646年），明臣丁魁楚等拥立桂王朱由榔于广东肇庆即帝位，建立明永历王朝进行抗清斗争。在清军强大攻势下，永历王朝被迫奔命于粤、桂、湘、黔四省，于清顺治九年（永历六年，1652年）二月初六日，入居贵州安龙，但朝政被大西军将领孙可望把持。清顺治十一年（永历八年，1654年），永历帝和大学士吴贞毓等十八人密议：召驻扎于广西的大西军另一将领李定国进军安龙护卫。事泄，农历四月初八，大学士吴贞毓和朝臣张镌、徐极等18人被孙可望杀害于安龙城关马场坝，史称"十八先生之狱"。家属及安龙百姓将18人尸身合葬于安龙县新安镇马场坝天榜山南麓。清顺治十三年（永历十年，1656年）李定国率军至安龙护驾，围绕十八先生墓建十八先生祠，永历帝朱由榔为十八先生墓亲题墓碑。清康熙年间至今，增建碑林、多节亭、虚舟（船形房屋建筑）等建筑。十八先生遇害后，从清代至民国，众多政坛名流及书法大家为十八先生墓题词、撰文，树碑及镌刻摩崖以示尊崇。

"十八先生祠"前面为"明十八先生墓"，墓前有牌坊及墓坊。牌坊为三间冲天式石坊，墓坊为三间三楼仿牌楼式石坊。墓祠坐北朝南，由享堂和东西配殿组成。享堂为穿斗式筒瓦歇山顶，面阔五间，通面阔15.4米，进深两间，通进深7.2米，通高7.6米，南、西、东三面有廊道。两厢均为穿斗木结构硬山筒瓦顶，面阔三间，通面阔10.8米，进深两间，通进深6.4米，通高6.9米。另，与墓、祠配套的尚有多节亭、虚舟等园林建筑（图6-2-18～图6-2-22）。

2. 安龙招堤

安龙招堤在县城东北里许，原是一片汪洋，水

图6-2-18　牌坊

图6-2-19　墓坊

图6-2-20　享堂

图6-2-21　左厢

图6-2-22　后园

面有十数里之遥，俗称陂塘海子。每年雨季，山水下泄，陂塘水涨，直涌城厢。清康熙三十三年（1694年），安笼镇游击招国遴为保护城垣，沟通海子东西两岸，培植风水，捐奉银2000两，亲率工匠开山伐石，抬土挖泥，历经年余，始筑成一道长八十余丈，宽八尺的石堤，护城利民，后人将此举誉为"仿白堤"、"肖苏堤"，为纪念招国遴遂取名"招堤"。清乾隆五年（1740年），南笼府知府杨汇倡议在堤两侧遍植垂柳，并集资在金星山上建涵虚阁，额题"巍然紫府"。清道光二十八年（1848年）兴义府知府张瑛，将招堤加高五尺，于堤东海子遍植菱荷，在金星山上建"半山亭"一座，其子张之洞作《半山亭记》镌于石壁上。清咸丰四年（1854年）又在山上建"省耕亭"；闽商黄昭奇在堤上建"挹秀"石亭。清咸丰、同治年间招堤诸亭阁毁于兵火。清宣统三年（1911年），代理安义镇总兵刘显潜、代理兴义府知府聂树楷与地方人士集资修复招堤诸亭阁，增建"一览亭"、山门和石坊。安龙招堤经过200余年的建设，已从当初的实用功能逐渐演变为文人墨客登临作赋之所，它集山、水、亭、阁于一体，是贵州难得的山水园林之作（图6-2-23）。

涵虚阁为招堤重要的点景建筑，位于招堤北端孤峰金星山顶部，阁体三层三重檐，穿斗式石木结构六角攒尖筒瓦顶，平面呈六边形，通高18.8米，底层边长5.7米，正南墙面留有大门，额枋深浮雕"二龙戏珠"图案，其上匾额横向楷书阴刻"涵虚阁"三字，背面匾额横向楷书阴刻"巍然紫府"四字，石门框部位纵向楷书阴刻楹联一副。二层墙面留有券顶形透窗，窗棂为套钱纹。三层墙面留有圆形透窗，窗棂为"寿"字纹。阁内木楼梯设置于西北角（图6-2-24、图6-2-25）。

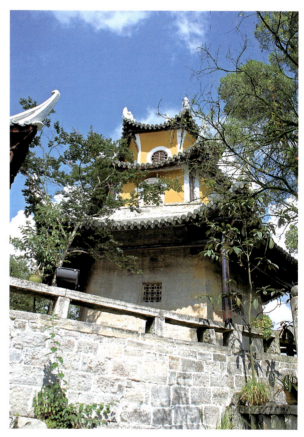

图6-2-24　涵虚阁

图6-2-23　招堤远眺

图6-2-25　涵虚阁后殿

图6-2-26 半山亭

图6-2-27 虚舟

另有半山亭位于涵虚阁东侧，坐西向东，地坪低于涵虚阁地坪1.9米，穿斗式石木结构六角攒尖顶，因亭西侧依附于涵虚阁东侧围墙墙面，使亭整体呈半亭形式，故平面呈南、北对称六边形。半山亭所依附涵虚阁围墙墙面嵌刻晚清军机大臣张之洞十一岁时所作《半山亭记》碑刻一通，700余言，将招堤四时风光描绘得淋漓尽致。靠墙部位还保存原有石榻一张。半山亭4根柱身均为完整石柱，柱身外侧阴刻楹联（图6-2-26、图6-2-27）。

3. 兴义府试院

兴义府试院始建于清雍正九年（1731年），贵州巡抚张广泗疏请建试院，时任知府黄世文将其建于府署之右，后迁于东门外大佛山山麓。清嘉庆二年试院毁于兵事。事平后，嘉庆五年（1800年）试院改建于城东北三里许。清道光二十一年（1841年），知府张瑛以其地僻陋将其改为先农坛，另建新试院于城内署右。张瑛函商普安厅及厅州、县官，倡议捐资，共集银30800余两，选员督修，翌年试院竣工，建成亭、台、楼阁各式建筑209间，为赴试士子准备了几案和住宿设施（图6-2-28）。

清同治年间，试院毁于兵燹，仅存大堂、议事亭及号舍数间。清光绪十五年（1889年），知府周元吉建议修复试院，府属各县筹集白银1600多两，复建房舍寺阁恢复旧观，时因科举停废，未能竣工。民国元年（1912年）定于试院建校舍。1926年建盘江中学于内，后改为安龙中学。1949年后，改建为新安四小和安龙县第一中学。

大堂坐南向北，为穿斗木结构带抱厦勾连搭硬山筒瓦顶，面阔三间，通面阔12.7米，进深两间，通进深16.2米，通高9.247米。大堂前檐廊柱均为整石石柱，明间石柱之上纵向楷书阴刻楹联一副。前后檐廊柱间檐下装风窗，两次间廊柱间安装石裙板、装挂落，明间未装。前檐檐柱间、明间装隔扇门，两次间装槛窗，抱厦屋面采用鹅颈椽式样铺装，在黔西南地区乃至贵州省都较为罕见（图6-2-29～图6-2-31）。

二堂坐南向北，位于大堂之后，与大堂处于同一轴线之上，为穿斗木结构硬山筒瓦顶，面阔三间，通面阔12.2米，进深两间，通进深7.9米，通高7.8米。二堂前檐带廊，廊柱均为石柱，两次廊柱间装挂落，明间未装。前后檐檐柱间、明间装隔扇门，两次间下槛装石裙板，上装槛窗。

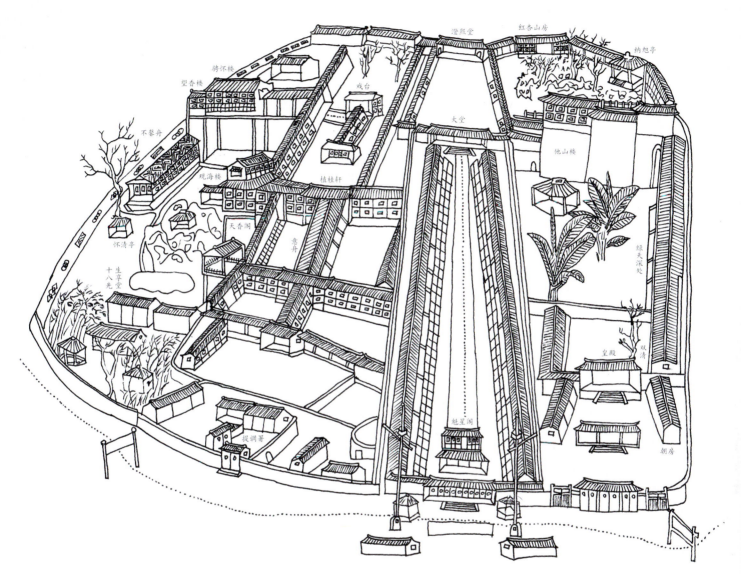

图6-2-28 清《兴义府志》载兴义府试院图

图6-2-29 试院大堂

图6-2-30 大堂抱厦明间

图6-2-31 抱厦梁架

议事亭位于大堂东侧14米，坐南向北，建于一直径15.4米的人工水池正中，以毛石砌筑基础，基础高度距池底2.2米。亭为穿斗木结构四角攒尖顶，亭基平面为正方形，边长6.6米，通高8.3米。亭内4根立柱间安装隔扇，形成封闭式房屋一间，平面呈正方形，边长4.2米，房间外围为回廊。亭内房屋北侧装有4扇隔扇门与廊道相通连，北侧廊道西端建有跨水曲梁石桥与人工水池外地坪相通连。

植桂轩位于议事亭东侧13米，坐南向北，一楼一底，穿斗木结构庑殿小青瓦顶，面阔五间，通面阔17.5米，进深一间，通进深9米，通高9米。

三、鲁屯古镇

鲁屯古镇位于兴义市东北部，距市区32公里，与安龙县龙广镇、海子乡毗邻。据考古出土文物和《兴义府志》、《兴义县志》以及当地《李氏家谱》记载，早在殷商时期鲁屯就有人类繁衍生息，明朝初年形成集镇，清康熙时期达到了极盛，在浩瀚的历史长河中，积淀了厚重的古文化。

明初，朱元璋派兵平定云南后，于明洪武十五年（1382年），置普安卫（今盘县），领中左、中右、乐民、平彝四千户所及安南、安隆二守御千户所，隶云南都司。鲁屯属此时的中右千户所。中右千户所所治初驻杨屯，后因故改驻鲁屯。据李氏家谱记载，其先世本江苏淮安府山阳县人，明初洪武时，始祖李文明随平西侯追认黔宁王沐英南征，因功世袭普安卫右所锦衣卫掌印千户。明天启年间，驻扎在鲁屯的明军为自己的安全构筑了诸多防御设施，如：凭险修建营盘、卡栅。鲁屯千户所指挥中心设在鲁屯北门的后山上，并筑有营盘，今称老营。千户指挥官驻地，以家族实行群居在屯里头。出于军事需要和便于管理，屯堡按乾、坎、艮、震、巽、离、坤、兑的八卦方位布置，八阵图巷道由此而形成。各个巷道之间路相通、户相连，纵横交错，错纵便捷，稍有不慎，便有可能迷失方向。

老城中有书院井、四方井等日常水源，外部水系主要是老城东侧城墙外的七孔塘、洗马河。鲁屯古镇老城内，重要街巷基本以商贸行业名称来命名，如铁匠街、包谷市、靛行巷（靛：染布的染靛）、老场坝、上场坝等。《兴义府志》也记载鲁屯场在城（兴义府城，今安龙县城）东北七十里，逢辰、戌为场期。说明鲁屯历来为重要商贸交易市场。鲁屯老城区上声坝的"湖广庙"，为后人约定成俗的称呼，实际上，它应该是湖广会馆，为定居鲁屯的湖北、湖南商人所建，这也能为鲁屯商贸文化提供佐证。

到了清朝的乾隆年间，鲁屯修建了戏楼，常请四川的戏班来鲁屯唱戏。以传统锣鼓取乐的鲁屯人，常与戏班打交道，由于交往情深，与戏班鼓师切磋锣鼓音响旋律，汲取了川戏锣鼓的精华，演变成了有板有眼的围鼓，经过几百年的提炼，逐渐演变成一直流传至今的鲁屯"围鼓"，而今在周边独树一帜。

鲁屯曾经有过众多规模、形制、功能不同的建筑，这其中有家族祠堂、公共戏楼，也有寺庙建筑。这些建筑，是组成鲁屯古镇的元素。但是，李氏祠堂、戏楼、观音阁、关帝庙、火神庙、城隍庙、新屯文阁等建筑基本已经拆毁，甚为可惜。现存建筑遗存有鲁屯古城墙遗址、李汝兰之母百岁坊、李锦章百岁坊、黄建勋之母李氏节孝坊、半月池、李荃枝宅、李毓华故居、书院井、四方井等。古镇民居既有沿街布置的店铺，也有三合院、四合院宅院，均以石为墙，以瓦为顶，古朴粗犷，是黔西区域民居的代表（图6-2-32～图6-2-38）。

图6-2-32 鲁屯重要遗迹分布示意

图6-2-33 典型民居院落

图6-2-34 街道

图6-2-35 民居

图6-2-36 石砌民居是鲁屯的最大特色

图6-2-37 民居及墙体细部之一

图6-2-38 民居及墙体细部之二

第三节 古村落

一、兴义南龙寨

兴义南龙寨为布依族聚居的古老村寨,位于兴义市东南盘江镇歪染办事处的万峰湖畔。南龙寨布依族均称先祖为明代洪武年间"调北征南"时期而来,祖籍多为江西。因此,南龙布依古寨应在明代初期即已经成形,此时迁徙而来的外地人口融入了当地布依族群。

南龙寨民居建筑最初是集中修建于古寨中心的小山峰顶部,之后按照地形条件向四面延伸,鳞次栉比,错落有致。建筑均背山沿等高线布置,因此坐向各不相同,根据位置的条件,一些房屋数栋相连。由于房屋修建于坡地之上,因此许多房屋在不同高度分层各自相连,层次感极强。此外,还有部分建筑选择在只适宜修建单门独户的地点,因此古寨中也有零散分布建筑。

南龙寨民居建筑均为穿斗木结构小青瓦顶、吊脚楼。吊脚楼可分为全吊脚式、前部吊脚式、左侧吊脚式、右侧吊脚式,形式灵活。面阔一般为五间、四间或三间。面阔三间的建筑,均采用悬山屋面。面阔五间的建筑,左右梢间其实普遍都是在次间外搭接单坡偏厦,其檩条纵向与建筑中部悬山部分房屋檩条纵向相互垂直。此外,单坡屋面部分,在超出悬山屋面后,又以穿枋挑瓜柱的形式,在单坡的另一侧,增加一部分防雨、装饰性屋面。因此,屋面中部悬山,两侧加单坡,与歇山相似,但又不是歇山形制。面阔四间的建筑,即为一侧加建偏厦,另一侧保持悬山形制。此类加建的偏厦部分,是当地较为普遍的做法,被当地布依族群众称之为"猫耳房"。猫耳房主要功能为厨房、豆腐制作间等生产、生活区域(图6-3-1、图6-3-2)。

图6-3-1 南龙寨一角

图6-3-2 "猫耳房"与正房关联构造

吊脚楼底层吊脚部分一般高1.8～2.5米，以有顶面的普通石材作为柱顶石。底层吊脚部分落地柱，均安装木栏，在平面上分隔出牛、马、猪圈及杂物贮存间。吊脚楼二层以上为人居部分，部分建筑前带廊。廊道外侧立柱，为落于挑方之上的童柱；廊道内侧立柱为建筑前檐柱。吊脚楼二层以木板分隔成多间卧室，平面布置上各户并不一致，有的以靠房屋后侧板壁位置为主，有的以靠房屋前侧板壁为主。卧室顶加装楼板，因此部分建筑还存在三层部分，一般为阁楼，但也有部分建筑以板壁加装形成三层房间，作为粮食贮存间或织布间。吊脚楼二层以上板壁装饰，有的以穿枋间加站枋再加木板，有的直接将木板钉在穿枋上（图6-3-3）。

南龙寨布依族吊脚楼，大门位于二层，一般开在悬山部分建筑的明间部位，门槛并不设于前檐柱部位，而是后退设于金柱部位，因此平面上形成"凹"字形，当地村民称大门处凹进的部位为"堰窝"。大门一般为双扇板门或雕花隔扇门。此外，寨中各吊脚楼两侧均开有连通外部的门，以固定木梯及活动木梯通向一层地坪。有意思的是，南龙寨中部分吊脚楼修建于石板道边，正大门处并不能从一层地坪处安装石踏步或木楼梯登上二层，大门只是建筑必不可少的构件之一，而不能作为进出通道，这些建筑对外交通只能依靠房屋两侧所开的侧门。南龙布依寨建筑之上，雕刻技艺使用较少，仅一些修建时间较长的建筑在垂瓜柱部位进行雕刻（图6-3-4）。

南龙寨建筑体现了当地布依族的审美情趣、建筑技艺和民俗传承等重要信息，是当地布依民族历史信息的实物载体。内部结构上，架、梁、柱、枋、檩之间都互为垂直相交，这些剖面的形成采用了架空、悬挑、错层等手法，是黔西建筑文化区南部兴义地区典型的布依族民居建筑。

二、安龙坝盘村

坝盘村位于安龙县西南部，距安龙县城约70公里，与广西隆林县隔江相望，整个村子坐落在斜坡之上，依山傍水，海拔在700米到1100米之间，南盘江穿村而过，水源充足，土地肥沃，属典型的山地丘陵。一年四季分明，属亚热带季风气候，盛产甘蔗、水果，尤其适应"蛮竹"（布依音）生长。全村辖3个自然村寨，共149户605人，全为布依族。南盘江流域为古骆越地，骆越人为古代春秋战国时期的牂牁之民，布依族源于古骆越人。坝盘寨村民很早就居住于此，明代初年形成村落，村民以罗、陈二姓为主。

坝盘以传统农业为主，兼有渔业、造纸业。当地盛行的"竹纸"手工制作工艺，工艺复杂、技艺传统，从选料到成纸共15个环节、72道工序。当地民风淳朴，保持着较为完整的布依族生产、生活习俗，每年三月三的蛇场天和六月六的虎场天是坝盘村整个寨子最热闹的节日：寨老带领全村人在榕树脚用芭蕉树叶包花糯米敬祖先，唱布依歌，跳布依舞。蛇场天和虎场天的这几日，家家户户吃狗肉、

图6-3-3 典型底层架空民居之一

图6-3-4 典型底层架空民居之二

图6-3-5 坝盘村所处环境

鱼、虾,喝"便当酒",菜肴统一用大土碗吃,"便当酒"统一用大土碗盛,当地称为"八大碗"。活动的这几日,青年男女还用古老的布依八音对歌谈情,表达爱意。

坝盘村民利用自身所处的地理条件、气候条件,最大化地利用自然优势,避自然之害,以最经济的方式建造自己的家园,体现了利用大自然条件,就地取材,不污染环境,经济节约可持续发展的建造观。外露的木构架、屋面的小青瓦,都是那么简洁、朴实。寨中道路多以小卵石、石板铺设,精心有致,更是古风古韵。院内屋外,随处可见精雕细刻的建筑艺术品,特别是融于整个建筑群的花窗垂瓜,典雅细腻,美观精巧,内涵丰富,造型逼真,构思奇特,精雕细刻,具有南方建筑的秀雅风格。民居建筑均为三层吊脚,底层、一层、二层功能各异,房屋坐向和正门位置每家每户各不相同,充分体现了布依族房屋的修建非常注重当地风水先生的建议,风水先生则是根据民居主人的生辰八字来确定房屋坐向和正门位置,这是布依族民居建筑群最大的一个特点。

传统的吊脚楼、古老的"竹纸"制作技艺、清澈的南盘江、奇特的三峡、粗壮的古榕树、茂密的翠竹林,共同构建了一幅优美的民族生活画卷(图6-3-5~图6-3-9)。

图6-3-6 村落一角

图6-3-7 民居仍有干阑式建筑遗风，猫耳房地域特色突出

图6-3-8 坝盘村民居之一

图6-3-9 坝盘村民居之二

三、盘县水塘村

水塘村位于六盘水市盘县水塘镇。水塘是一个由前所、上伍屯、中伍屯和下伍屯四个村落构成的集镇,现为水塘镇政府机关所在地,北距老县城城关镇15公里,西距新县城红果镇35公里。水塘历史悠久,明洪武时期,这里就是屯兵之地,为普安卫百户所驻地,称"前所"。明中期至清末,这里是明普安州和清普安直隶厅下一级行政区治所,史称"南里"。此地主体居民为明代来自苏、皖、鄂三地的移民后裔,古代苏皖文化尤其是建筑文化在这里的历史文化中占主体地位。现存的大量明、清民居建筑和少量的宗教建筑,无论在体量、屋顶式样及脊饰、梁架工艺、门窗式样及雕饰图案等方面,都显示出江南地区精巧、纤秀而不显小气的建筑文化特征。这些建筑中,李氏宅院、李氏宗祠保存较为完好,最为典型。

李氏大宅院位于水塘下伍屯,由11个四合院组成,整体坐西向东。清乾隆年间,李秀藩始建,其后由其子孙四代续建,清道光年间成其规模,清光绪年间增建部分厢房和偏房,总占地面积8600平方米,总建筑面积2475平方米。四合院均由正房、南北厢房构成,部分设置照壁。正房等主要建筑物为穿斗式小青瓦悬山顶。木作做工细致,装修形式考究,工艺精湛,内容丰富,多有彰显李氏文治武功的内容。大门均为垂花门,其中,进士第大门门额悬"进士"匾,武魁第悬"武魁"匾,均系清光绪年间贵州巡抚部院颁制。台明、踏跺、地坪等石作工艺精细(图6-3-10~图6-3-13)。

李氏宗祠位于李家大院东侧,为一封闭式四合院,始建于清光绪三十四年(1908年),1929年重修,总占地面积610平方米,总建筑面积916平方米。大殿和两厢房均为穿斗抬柱混合式梁架,悬山顶,各为二层。大殿通面阔23米,通进深9.7米,高7.6米,就单体体量而言,在盘县古建筑中属少见。民国后期,宗祠作为学校使用,房屋前檐装修依旧存在。

图6-3-10 村落屋面鳞次栉比

图6-3-11 典型民居院落及正房

图6-3-12 典型民居院落

图6-3-13 民居影壁

第四节　古建筑

一、寺观

（一）盘县普福寺

普福寺始建于明崇祯年间（1628～1644年），清光绪十八年（1892年），紧贴大士庵后檐建一个四角攒尖顶方亭。20世纪50年代作为学校，60年代改为粮仓，现存大士庵、大殿及其两配殿和方亭（亦称戏楼）。普福寺大殿面阔三间，进深十一檩，双步前廊，穿斗抬梁混合式结构，硬山青瓦顶。大殿十分重视前檐及廊间装饰，明间檐柱石狮高柱础，雕刻精美。双步廊架使前廊开敞轩亮，梁架雕刻古朴大方，梁头卷云、双鱼吐水卷纹柁墩及月梁做法，为贵州现存早期建筑的精品。明间五架梁用材较大，使用减柱造，大大拓展室内空间。目前，对于该建筑的始建年代及规模形制等尚需进一步研究，但可肯定其应为贵州现存古代早期建筑的代表之作，时代应在明末清初，具有重要的建筑价值（图6-4-1～图6-4-7）。

图6-4-1　普福寺外环境

图6-4-2　普福寺正殿

图6-4-3　方亭

图6-4-4　正殿前廊梁架

图6-4-5　梁架细部装饰

图6-4-6　石狮柱础

图6-4-7　室内明间梁架

（二）普安松岿寺

松岿寺位于普安县罐子窑镇红光村，始建于明代中期。清顺治年间增修，1922年修葺。建筑坐北向南，有过殿、两厢、正殿等，占地面积约1.5万平方米，现存后殿、两厢及牌楼大门，建筑面积477平方米。后殿面阔五间，通面阔24.8米，进深三间，通进深11.8米，穿斗抬梁式歇山青瓦顶，隔扇门窗。寺东存善权和尚墓，寺前有石狮1对、石碑2通（图6-4-8～图6-4-11）。

二、其他

（一）鲁屯石牌坊

鲁屯石牌坊群位于兴义市鲁屯镇，原建四座，均跨街而建，1966年拆毁一座，现存三座：一是耸立于南门口建于清道光十八年（1838年）的"生员李汝兰之母百岁坊"；二是耸立于铁匠街建于清道光二十五年（1845年）的"李锦章百岁坊"；三是坐落在包谷市建于清道光十九年（1839年）的"黄建勋之母李氏节孝坊"。三座牌坊均系四柱三门五楼式青石质坊，构件均用完整的石料加工而成。

鲁屯石牌坊造型匀称，庄重和谐。三座牌坊中，"李汝兰之母百岁坊"和"黄建勋之母节孝坊"以明间字碑正中为造型分割中心。以字碑正中为圆心，以字碑正中到地面的距离为半径，恰好可把整座牌坊框在圆内。两座牌坊的半径分别为4695毫米和4625毫米，百岁坊比节孝坊略大。"李锦章百岁坊"以字碑正中上方一寸左右为圆心，半径为5055毫米，比"李汝兰之母百岁坊"还大360毫米（略一尺一寸），可见古人修建牌坊时的独具匠心，除要考虑比例的协调外，还要注意牌坊在等级上的差

图6-4-8 山门

图6-4-9 正殿梁架

图6-4-10 木狮斜撑

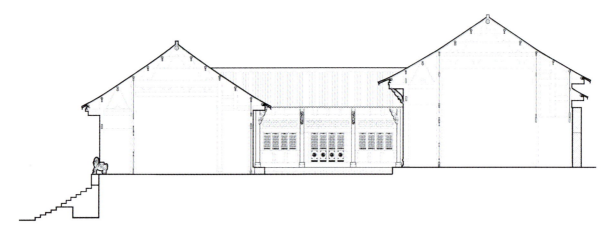

图6-4-11 剖面图

别。牌坊比例上的协调和尺度的分配，是长期总结经验和规范模数的结果（图6-4-12～图6-4-20）。

1978年，离"李锦章百岁坊"不远的鲁屯公社办公房内堆放的炸药，不慎引起爆炸，"李锦章百岁坊"仅局部受震脱榫，而距爆炸地点近百米的建筑均被炸开，牌坊的抗震强度可见一斑。

鲁屯牌坊群石雕艺术精美，运用了阴刻、阳刻、浮雕、透雕、圆雕等技法，内容以卷草、云纹、花卉、人物等图案为主，内容丰富，纹饰精美，线条流畅，充分展现了云贵相连地区的地域风格，是贵州清晚期石雕艺术的精品。坊上所刻匾、对、序文等，多出自地方杰出文人或官宦之手，书法精美、对仗工整，既有较高的艺术价值，又有丰富的文化内涵。

（二）兴义刘氏庄园

刘氏庄园位于兴义市下五屯街道办事处峰林北路，为刘燕山所创修。刘燕山，祖籍湖南邵阳，清嘉庆年间其祖入黔，定居兴义泥凼，以卖文具、榨油为业，积累了一定资金，迁至下五屯后家业日兴，成为下五屯的首户和当地最大的地主，开始修建庄园。清咸丰、同治年间，创办团练、镇压回民起义，得到清廷赏赐三品顶戴，开缺兴义知府、

图6-4-12 黄建勋之母李氏节孝坊

图6-4-13 节孝坊正面

图6-4-14 节孝坊背面

图6-4-15 字碑及抱鼓

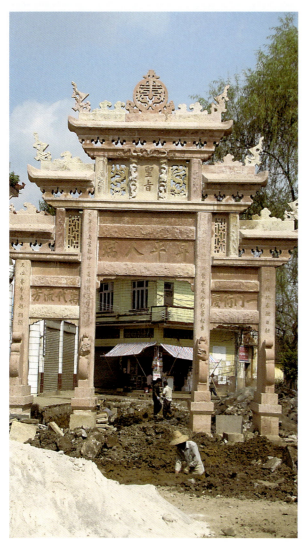

图6-4-16 李锦章百岁坊

图6-4-17 百岁坊抱鼓

图6-4-18 李汝兰之母百岁坊比例关系分析图

图6-4-19 李汝兰之母百岁坊

图6-4-20 百岁坊侧面

滇西候补道、授靖边营团管带等要职。咸丰十年（1860年），在太平天国的影响下，黔西南爆发了声势浩大的回族农民起义，刘燕山为巩固自己的利益，募勇组办团练，并亲率次子刘官霖、三子刘官礼赶修庄园炮楼及城垣抵抗白旗义军的进攻。农民起义平定后，刘统之兴办团防、修筑道路、赈济贫民、兴办教育，修建会馆、寺庙、昭忠祠等建筑。由于教育革新、兴办学校，培养出来了刘显世、刘显潜、何应钦、王伯群等不少显赫的人物，至此，刘氏家族依靠团练起家，势力很快由盘江流域推进到省城贵阳。

庄园始建于清嘉庆年间，清咸丰、同治时初具规模。到民国期间，又大兴土木，占地近百亩，使之成为贵州省最大的庄园，平面呈"凸"字形，占地53000平方米，房间200余间，建筑面积18239平方米。各式建筑由多个独立的小院组成，重墙夹巷，错综复杂，分布于新老宗祠的楼台庭院间。整个建筑既有清末传统地域建筑，又有受西方文化影响的"洋脸式"建筑和合璧"折中式"建筑，真实地反映了清末民初地方历史的兴衰和建筑的演变（图6-4-21）。

庄园现存刘显潜居室、刘登吾居室（西式建筑）、七间房、花厅、书房、长工房和花园鱼池，老宗祠、新宗祠、忠义祠、家庙、兵工房、炮楼、院墙垣及演武场等（图6-4-22～图6-4-27）。

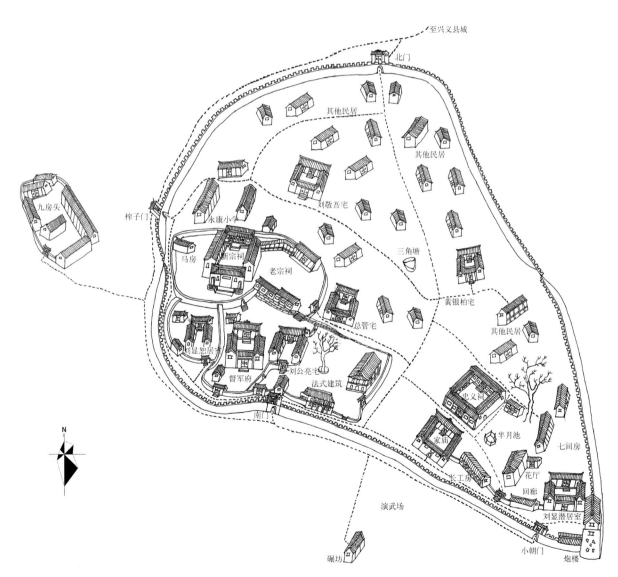

图6-4-21 刘氏庄园鼎盛时期全图

图6-4-22 新宗祠已经有了西方建筑之风

图6-4-23 新宗祠戏楼仍是传统风格

图6-4-24 忠义祠享堂

图6-4-25 下人居住的"八间房"

图6-4-26 家庙

图6-4-27 刘显潜居室

贵州古建筑

第七章 建筑营造与装饰

第一节　木结构

一、大木作

大木作是木构建筑的主要承重部分，由柱、梁、枋、斗栱、檩、椽、望板等构件组成。贵州古建筑大木作属南方建筑体系，与清工部《工程做法》的北方做法不同，与南方苏式建筑之《营造法源》也有很大差异，表现出较强的地域特征和民族特色。由于以往研究匮乏，人们对于贵州大木作的风格、流派、形制和工艺等都不甚知晓。总体而言，贵州古建筑大木作以南方穿斗式结构为主，受巴蜀及荆楚大木作技术的影响较大，一小部分受云南及桂粤大木作技术的影响。当然，在受周边建筑文化影响的同时，贵州大木作也形成了自身的特点，尤其是民族建筑中的大木作技术更为突出。

（一）柱

贵州古建筑一般面阔三间，重要建筑可到五间，现存建筑还没有发现有七间以上的。对于中轴线外的厢房等次要建筑、部分少数民居和廊桥，则开间较为灵活，一间到七间，甚至七间以上的都有。就单体建筑的开间而言，一般明间大于次间，而梢间则又次之。当然，有些建筑的梢间也有大于次间的。建筑的明次间比一般在10∶7至10∶8之间。

单体建筑进深五檩到十三檩之间，安顺武庙的大殿为十九檩，而思南府文庙大成殿则达到了罕见的二十檩。柱网布局以无廊式最多，前廊式次之，前后廊式再次之，而四周回廊式的建筑则较少，如贵阳拱南阁、阳明祠松风阁、盘县北门楼等即为四周回廊式。在铜仁、印江、思南一带，还有在主体建筑之前再增建抱厦的做法，以增加厅堂纵深和使用空间，如铜仁川主宫、飞山宫大殿，思南万寿宫、川主宫大殿等（图7-1-1、图7-1-2）。

除民居外，公共建筑的主要建筑明间一般均采取减柱造做法以拓展室内空间。部分民居及府第也有在明间采用减柱造的，如遵义黎庶昌故居正房。减柱之后明间梁架形成穿斗抬柱混合式和穿斗抬梁混合式两种梁架结构。

民族建筑中，侗族鼓楼对柱的运用十分纯熟，如黎平述洞鼓楼，用直冲楼顶的中心柱作为整座建筑承重结构的枢纽，底层围之以9根檐柱，平面呈方形，以上各层及楼冠部分均以穿枋与层层瓜柱连接形成一个稳定的结构整体。中心柱又称都柱，是中国唐代以前才有的木结构形式。独柱鼓楼堪称孤例（图7-1-3）。其他的鼓楼，则以四、六或八根金柱围成四边形、六边形或八边形，再与底层的檐柱构成"回"字形布局，各层再以穿枋、瓜柱进行连接，形成"筒中筒"结构。中心柱演变成了楼冠部分的雷公柱（图7-1-4）。鼓楼的金柱一般都有很大的侧脚，这一方面是美观的需要，能形成逐层收缩向上的感觉，同时也使得鼓楼结构更加稳定，增强整体刚性和防风抗震能力。

（二）梁架

贵州殿式和厅堂式建筑一般四周围有砖墙、石墙、土墙或装板，为了拓展室内空间，往往在明间、次间（有梢间的情况下）梁架采取减柱造的手法。减柱造有减中柱、减中柱及单里金柱、减中柱及双里金柱等做法。减柱之后，明间五架梁或七架梁大都采取穿斗榫卯技术与金柱交接，梁上再置瓜柱、驼峰、驼墩等构件抬升梁架。在次间或梢间的山柱梁架中有时也使用减柱造，但往往只减金柱而不减中柱，以确保结构稳定性。

衙署、寺庙、会馆、祠堂等公共建筑的门楼、倒座、厢房等次要建筑，多用穿斗式梁架。中轴线上重要建筑，如门厅、过厅、戏楼、过殿、大殿等建筑，出于需要大空间而施减柱造后，往往采用穿斗抬梁和穿斗抬柱混合式梁架，抬升高度、加大跨度，满足殿堂使用功能的要求。

穿斗抬柱混合式与穿斗抬梁混合式的区别在于是用柱、瓜柱承檩，还是用梁直接承檩。柱或瓜承檩的是穿斗抬柱混合式，其实质仍是穿斗式梁架，梁承檩的是穿斗抬梁混合式（图7-1-5、图7-1-6）。进深小的殿式或厅堂式建筑，一般三架梁、五架梁，进深大的殿堂式建筑一般五架梁、七架梁，九架梁的建筑在贵州少之又少。

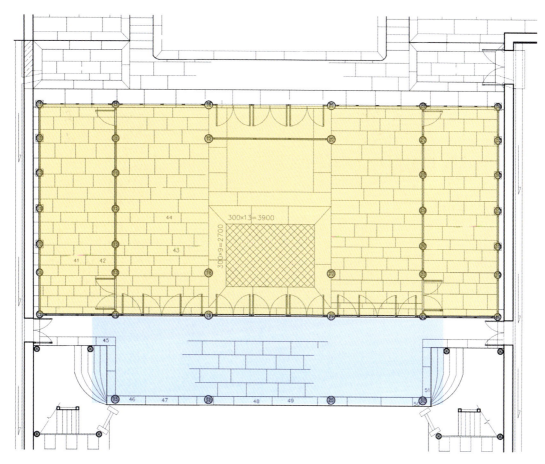

图7-1-1 铜仁川主宫正殿带抱厦做法具有典型代表性·正殿平面图

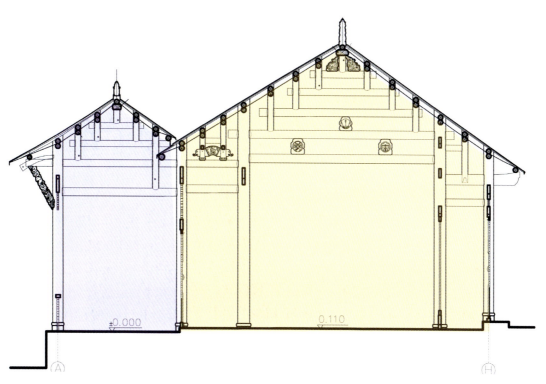

图7-1-2 铜仁川主宫正殿明间剖面图

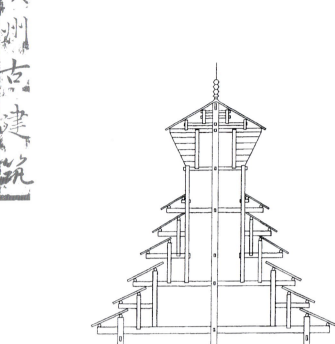

图7-1-3 述洞独柱鼓楼结构示意图

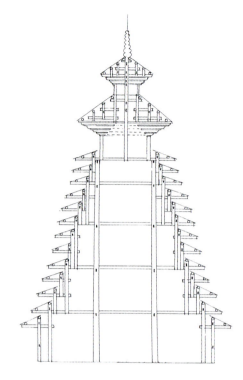

图7-1-4 高阡鼓楼结构示意图

图7-1-5 穿斗抬梁式

图7-1-6 穿斗抬柱式

民居建筑，不管是单层、楼居、半楼居或是吊脚楼，一般均采用穿斗式梁架。少数民族建筑中，将穿斗式结构发挥至极致的是侗族楼和风雨桥。这些建筑不用一钉一铆，完全用穿斗技术完成了各种不同造型的独特建筑。一些少数民族民居，如黔南荔波、三都一带的水族、瑶族和安顺紫云一带的苗族，黔西南望谟、册亨一带的布依族的民居、禾仓、粮仓，至今都还保留着早期干阑式结构的做法，即底层柱不上升到屋面参与承檩，而是在底层列柱上建架空平台，再于平台上建穿斗式住房（图7-1-7、图7-1-8）。

贵州穿斗式梁架中经常会用到一些不落地的短柱，俗称瓜柱或垂瓜。民间工匠一般用"几柱几瓜"来确定建筑的进深，如三柱两瓜、五柱四瓜、七柱六瓜等。同样，民间工匠也用"穿"来确定建筑的檐高和室内层高，如一穿、二穿、三穿、四穿

图7-1-7 干阑式建筑在贵州布依族、水族建筑中还留有一定遗风,此为布依族粮仓

图7-1-8 水族民居

等。穿除了连接和增强稳固性之外,也可承接瓜柱。做法是将瓜柱底部做成槽,骑在穿枋上。穿和梁的区别在于截面的高宽比及与柱的搭接方式不同(图7-1-9)。

(三)屋面木基层

贵州古建筑的屋面木基层较为简单,一般是柱上承檩(桁),檩(桁)上再铺椽皮,椽皮之上有铺望板和不铺望板两种做法。铺望板屋面还需在望板之上再铺一层椽皮,椽皮上铺瓦。不铺望板者则直接将瓦铺在椽皮间隙处而为"彻上露明造"。还有一种做法是"双匹檩"之间做挡灰板,既承尘,又起到望板的作用。

一般的民用建筑在檩(桁)上顺铺木椽皮。檩(桁)间距(即步架)70~100厘米,椽皮宽约10厘米,厚2~3厘米,重要建筑椽皮厚度还要加大。椽皮间距按瓦的规格确定,一般20~24厘米左右。椽皮铺设完之后要进行"撩檐杀脊"。"撩檐"是把椽皮檐口部分牵线锯整齐。"杀脊"是把两山长短不一的檩条锯截整齐。椽皮头一般需钉瓦口板和封檐板。

贵州古建筑中的民居一般不出飞椽,一些重要建筑在椽皮前端再施飞椽,以增加屋面出檐和起翘。飞椽一般长100厘米、宽10厘米、厚5厘米左右,做成"扁尾圆头",钉于椽皮上。飞椽与椽皮错缝的位置装卡子板(里口木)。飞檐头有封檐和不封檐两种做法。封檐的做法稍复杂,一般先在飞檐头上钉封檐板,然后在飞檐上铺望板,再于望板上铺瓦口板将瓦垫高,增加屋面曲度,以利出水(图7-1-10~图7-1-13)。

图7-1-9 将瓜柱骑在穿枋上也是贵州比较典型的梁架构造

图7-1-10 万山刘氏宗祠飞椽

图7-1-11 乌当古林寺飞椽构造

图7-1-12 乌当后所某寺庙飞椽构造

图7-1-13 乌当下坝川主庙飞椽构造

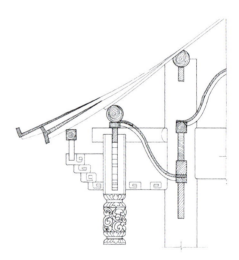

二、小木作

"小木作"是指古建筑中非承重木构件的制作和安装。宋《营造法式》中归入小木作的构件有门、窗、隔断、栏杆、外檐装饰及防护构件、地板、天花（顶棚）、楼梯、龛橱、篱墙、井亭等42种。清工部《工程做法》称小木作为装修作，并把面向室外的称为外檐装修，在室内的称为内檐装修。贵州古建筑小木作属南方建筑体系，形制、内容及工艺与其他南方古建筑差异不大。总体来说，贵州古建筑小木作的外檐装修内容和形式远比内檐装修丰富。外檐装修的门窗、檐口等部分各地区互有差异，有的甚至与当地民族文化相融合，形成了独具特色的形式。

（一）外檐装修

1. 门

贵州古建筑的木门主要有板门和隔扇门两种。

板门一般用于城门，建筑内外空间分隔的大门、墙门、侧门、后门以及建筑群院落之间分隔的院门等。城门及重要的大门、院门等板门一般两扇，均用厚实的中硬木材用龙凤榫企口缝拼镶，并以"穿带"加固连成整体。穿带连接的方法有两种：一种是暗穿带法，即对每块门板按画定的距离，从侧面剔凿透眼，然后将穿带从门板的两边打入透眼内加固；另一种是明穿带法，将门板的背面，按画定的尺寸剔凿成燕尾形槽口，穿带木也做成梯形断面，然后从门板一边将穿带打入槽内，靠外的一根大边要做成透眼穿入。其他类型的板门做法相对简单。放置板门门轴的构件称为"楹",上、下两楹。下楹有时用石材加工而成,又称"海窝"或"砚窝石"。门楣上的左右楹有时会连在一起,称为连楹。连楹用门簪固定在门框上。门簪一般雕刻精美,造型丰富多彩。有的板门还会外包铁皮,以提高坚固性和耐磨性。铁皮用铁钉钉在门板上。板门一般在正面安装铜制或铁制"门钹",上带纽环,便于开启(图7-1-14~图7-1-20)。

开闭板门的构件有两种:一种为门杠,门杠实际上为一根圆木,大小与门大小相适应,固定在门框之上的铁件用于放置门杠;一种为门栓,门栓插

图7-1-14 贵州民居板门一

图7-1-15 贵州民居板门二

图7-1-16 贵州民居板门三

图7-1-17 贵州民居板门四

图7-1-18 贵州典型门簪

图7-1-19 门簪与连楹结合构造一

图7-1-20 门簪与连楹结合构造二

于"伏兔"（俗称门包）内。"伏兔"位于板门背面两穿带之间，外轮廓为三段曲线，中部隆起，形似伏卧的兔子，故名。两扇板门各设伏兔一个，对称排列。"伏兔"中间有方眼，以便门栓穿入拉出（图7-1-17）。贵州有一些民居，在板门的前面还有一种低矮的"腰门"，用于阻隔鸡、狗等动物。

隔扇门是贵州古建筑中用途最广的门，不管是高等级的重要建筑，还是简单的民居建筑，隔扇门都是建筑中最轻灵、最彰显特色和最丰富多彩的部分。隔扇门一般以6扇和4扇居多，称"六合门"、"四合门"。隔扇由隔心、边框、抹头、裙板4部分组成。隔扇多为四抹、五抹，六抹较少见。隔心（棂心）为隔扇中最富于变化的部分，而且因建筑年代、建筑类型、建筑地域的不同而有所差异。棂心有宫式、葵式、冰纹、万字、回纹、盘长、书条等类型。棂心常雕刻有蝙蝠、卷草、拐子龙、卡子花、戏文故事等。隔扇的绦环板、裙板也是重要的装饰部位。绦环板木雕多为浮雕，也有一些用线刻的，内容多以如意花草、吉祥图案、戏文故事及神话人物、明暗八仙等为主。裙板有素面、浮雕、线刻等装饰方法。浮雕多为寿文、如意纹、云纹，线刻多为花草及寓意吉祥的图案和文字（图7-1-21～图7-1-27）。

图7-1-21 贵州典型隔扇门做法一

图7-1-22 贵州典型隔扇门做法二

图7-1-23 贵州典型隔扇门做法三

图7-1-24 贵州典型隔扇门做法四

图7-1-25 贵州典型隔扇门做法五

图7-1-26 贵州典型隔扇门做法六

图7-1-27 贵州典型隔扇门做法裙板雕刻

古时人们对门的作用十分看重，也有很多讲究和禁忌。贵州古建筑门的尺寸多依照《鲁班经》等进行推算，用"鲁班尺"、"门光尺"进行量度。人们常用"贵人门、义顺门、官禄门、福本门"的尺度，除了心理暗示及美好期许外，也因为这几种门的高宽比例很是适当，亦能满足人们日常使用的桌椅、柜子等搬进搬出方便。门多用单数尺寸，如"二尺八"、"二尺三"，约合70～90厘米。民间认为椿树为木中之王，应尊重它，不能用脚踩踏，所以不能用来作大门的门槛枋。在制作大门时，洞口尺寸的上口尺寸要比下口尺寸宽一点，称之为"天宽地窄"；安置神龛时，神龛脚比神龛顶部要宽一点，称之为"家仙菩萨坐得安稳"。神龛比大门要宽一点，称之为"家宽门窄"。卧室门的洞口尺寸下口要宽点，上口要窄点，即是说孕妇临盆的时候顺利一些；若把上口做宽点，下口做窄点的卧室门即称之为兜胎门，有孕妇临盆时难产的意思。

2. 窗

贵州古建筑中的木窗，类型十分丰富，常见的有隔扇窗、半窗和花窗。隔扇窗一般用于厅堂前檐，常以4扇或6扇作为一樘。半窗，多用于厅堂的次间以及暖阁、暖廊之类的檐柱间，与下部的砖墙或装板配合使用（图7-1-28、图7-1-29）。花窗是一种开在房屋壁面上，仅供换气用的固定窗式（图7-1-30、图7-1-31）。此外，还有落地长窗和拆装灵便、遮挡视线的窗栅和单取装饰效果的假窗。民

图7-1-28 贵州隔扇窗一

图7-1-29 贵州隔扇窗二

图7-1-30 贵州隔扇窗三

图7-1-31 贵州隔扇窗四

居中,又有向上开启的支摘窗和通风换气的风窗、横披窗,一般民用的厨房及杂用间仅安放简易粗朴的直棂栅窗(图7-1-32、图7-1-33)。

隔扇窗与隔扇门形制基本相同,也由隔心、边框、抹头、裙板四部分组成。落地长窗多为四抹、五抹,半窗或槛窗多为三抹,还有一种特殊的隔扇,不设绦环板和裙板,完全以格心形式出现,从上到下皆透光。这类隔扇称之"落地明造",优点是透光性好,缺点是牢固度差,易损坏。隔心亦有宫式、葵式、冰纹、万字、回纹、盘长、书条等类型。其他部分装饰与隔扇门大同小异(图7-1-34~图7-1-41)。

木格窗制作安装,也有讲究,也有一定的文化内涵。根据传统的鲁班尺,丈尺寸分等每一格数据分为一白、二黑、三碧、四绿、五黄、六白、七赤、八白、九紫,做窗子的洞口尺寸必须符合白的数据。白就是窗子很亮的意思,不能使用黑的尺寸。窗子的棂条横顺都必须是单数。棂条是单数,空洞眼就是双数。如果窗子的空洞眼是单数的话,即称之为闭眼窗子。

3. 栏杆

木栏杆是古建筑中起维护作用的构件,包括平

图7-1-32 贵州隔扇窗五

图7-1-33 贵州隔扇窗六

图7-1-34 贵州隔扇窗隔心做法一

图7-1-35 贵州隔扇窗隔心做法二

图7-1-36 贵州隔扇窗隔心做法三

图7-1-37 贵州隔扇窗隔心做法四

图7-1-38 贵州隔扇窗隔心做法五

图7-1-39 贵州隔扇窗隔心做法六

图7-1-40 贵州隔扇窗隔心做法七

图7-1-41 贵州隔扇窗隔心做法八

座栏杆、坐凳栏杆、靠背栏杆、扶梯栏杆等。贵州古建筑木栏杆一般用于建筑一层和建筑楼层之中，类型多样。有的栏杆不仅有实用价值，而且装饰精美，成为建筑中靓丽的一道风景。贵州古建筑中的栏杆形式一般有寿字格、万字格、斜万字、宫式等，有的栏杆还有草龙、卷草等雕刻（图7-1-42～图7-1-44）。

贵州民居的栏杆，以黔东特别是黔东北土家族民居中最具代表。因土家族民居一般有二层，第二层施栏杆形成"走马转角楼"。有的建筑群，只要是二层以上的，在内向的天井里，一般都会于二层建筑设置栏杆。清末以后，由于西方建筑的影响，在一些公馆、官邸及民居建筑中，大量出现了细长的车花宝瓶栏杆（图7-1-45～图7-1-47）。

贵州古建筑中有一种栏杆，可以让人坐着休息，一般用于建筑群中具有休憩功能的建筑和园林建筑中，如亭子、游廊、水榭等建筑中，称坐凳栏杆或坐凳楣子。坐凳一般离地二尺左右，坐凳木板厚二寸，宽五寸有余。坐板下面常施各类装饰，如贵阳拱南阁的栏杆（图7-1-48～图7-1-51）。在贵州古建筑中，更常见带美人靠的坐凳栏杆。苗族民居中，常于民居二层明间置美人靠栏杆，苗语称"逗安息"，是苗族同胞坐在上面进行倚坐、会客、交谈、刺绣和纺纱劳作的地方（图7-1-52）。

4．檐口装饰

檐口往往也是贵州古建筑比较关注的部位。由

图7-1-42 贵州公共建筑中的典型栏杆,安顺武庙

图7-1-43 贵州公共建筑中的典型栏杆,镇远天后宫

图7-1-44 贵州公共建筑中的典型栏杆,台江莲花书院

图7-1-45 贵州民居建筑中的典型栏杆,铜仁印江

图7-1-46 贵州民居建筑中的典型栏杆,石阡尾坪

图7-1-47 贵州民居建筑中的典型栏杆,金沙清池

图7-1-48 贵州古建筑中的典型坐凳栏杆一

图7-1-49 贵州古建筑中的典型坐凳栏杆二

图7-1-50 贵州古建筑中的典型坐凳栏杆三

图7-1-51 贵州古建筑中的典型坐凳栏杆四

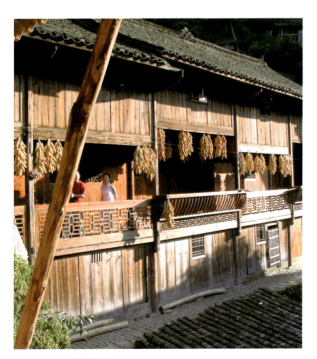

图7-1-52 苗族美人靠

于贵州古建筑一般不施斗栱，挑檐与檐柱额枋板壁之间就会形成一个空档的斜三角，对于整个建筑外观是一种缺陷，因此在檐口部位的装饰上采用了很多地方做法，同样起到了美观大方的效果。用得比较多的是"卷棚"和"如意斗栱"。"卷棚"常用于殿式或厅堂式建筑、戏楼的前檐装饰，也有用于前后檐口的，一般施于挑檐檩与檐柱额枋之间。承托卷板的木骨筋用大木枋锯成S形，名称为"鹅颈椽"或"卷筋"，截面规格一般为4厘米×5厘米左右。卷板为用粗大木材锯成的S形木板，又称"轩棚板"。卷板一般厚1～1.5厘米，宽35～45厘米（图7-1-53～图7-1-55）。贵州檐口装饰中还有一个重要的构件，即花牙子，花牙子也属雀替的一种。花牙子一般置于挑檐檩下方的挑檐枋前端，左右对称装在挑檐枋上。有时花牙子也会与垂瓜配合使用，

图7-1-53 湄潭文庙卷棚后檐

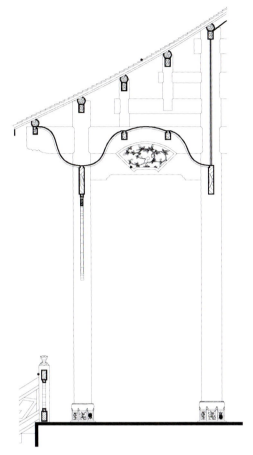

图7-1-54 常见卷棚廊带卷棚檐口做法

图7-1-55 黄平旧州文昌宫卷棚廊带卷棚檐口

将其对称安装在垂瓜两侧，也是位于挑檐檩下方。花牙子一般透雕或浮雕草龙、卷草等图案，与垂瓜精美的圆雕组合在一起，使建筑显得精致、轻灵（图7-1-56～图7-1-58）。

"如意斗栱"为不承重的蜂窝状斗栱，在黔中、黔东南、黔东北区域比较常见（图7-1-59～图7-1-61）。在侗族鼓楼的楼冠部分大量使用"如意斗栱"进行装饰，形成了浓郁的民族风格。在贵州地区的如意斗栱，规格小型，用料轻薄，只作装饰美观作用，大部分不起承重作用（图7-1-62、图7-1-63）。另外，在毕节城隍庙正殿前廊中也发现了用于装饰的如意斗栱，表明如意斗栱的做法在黔北、黔西北地区也曾经有分布。

（二）内檐装修

从目前掌握的材料看，贵州古建筑不太重视内檐装修，这也许与贵州经济文化背景息息相关。即便这样，贵州地区民族民间建筑仍然有一些内檐装修具有浓郁的地域特色。

贵州古建筑的室内分隔一般多用装板，也称板

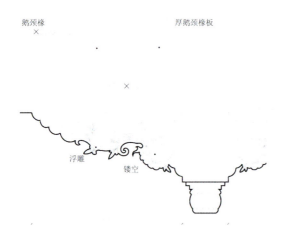
图7-1-56 乌当下坎川主庙檐口花牙子及垂瓜

图7-1-57 贵阳三元宫明文阁檐口装饰

图7-1-58 天台山伍龙寺大殿前檐

图7-1-59 镇远天后宫正殿如意斗栱

图7-1-60 黄平飞云崖养云阁如意斗栱

图7-1-61 养云阁斗栱细部

图7-1-62 肇兴信团鼓楼如意斗栱

图7-1-63 肇兴智寨鼓楼如意斗栱

壁,很少使用挂落、地罩、飞罩、隔扇等江南建筑常用的分隔形式,像黄平旧州仁寿宫在明间梁架下使用挂落装饰的并不常见。室内板壁一般用木板镶嵌在两柱之间,下抵地脚枋,上抵穿枋,四周用木枋加框,中间镶板。左右木枋框称为站枋、寸枋或抱柱枋,上称眉枋。木板须一块一块地进行牵墨线、清缝、拉槽、刨光。刨光工具有清刨、二清刨、光刨、槽刨等。槽刨称公槽刨、母槽刨,简称公母槽刨,还有各种线刨,如单线刨、双线刨、阴线阳线等木工工具。木枋框的榫头一般有公母榫、鱼尾榫、半榫、通榫、阴榫、阳榫等形式,所有的装配可以不用一颗钉子。所有制作安装木板、寸枋、眉枋等都要做到树根在下,树梢在上。眉枋、地脚枋必须树根向着中柱,开间板壁树根必须向着左边的一榀屋架。特别是神壁,明间正中安置神龛的板壁称之为"神壁",所有大小构件都不能颠倒错乱,如东家发现有错的、颠倒的话,那是要木匠重新返工的。其实这种禁忌也是符合木材受力特性的。整栋房屋都理顺了,即称之为顺顺利利。

贵州古建筑中的殿式、厅堂式建筑多用彻上露明或不露明做法,一些建筑也有装楼层隔板及天花的做法。戏楼、楼阁、亭子及殿堂中常用藻井进行装饰,一方面是美观及空间分隔的需要,另一方面也能满足声音共振需要和吸引目光的注视。藻井古亦称天井、绮井、围泉、斗方、斗八、穹隆井,其名称来源于古人的防火意识,即认为海中植物可防火,井水更是常用之物。贵州古建筑藻井常见的有卷棚式和板式,较少见斗栱式,形状有四边、六边、八边等。藻井向上逐层收缩,有的还在顶部做成精美的木雕,并彩绘、油饰吉祥图案及戏文故事等(图7-1-64~图7-1-66)。贵州天花藻井中最精美者莫过于毕节陕西会馆关圣殿明间天花及藻井,它将天花与藻井完美地结合在一起。在四边转八边三层藻井的周围,对称的十二方四边天花,每方天花四边抹角形成八边形单层藻井。天花及藻井抹角

图7-1-64 岩万寿宫藻井

图7-1-65 湄潭文庙藻井

图7-1-66 天台山伍龙寺藻井

图7-1-67 毕节陕西会馆明间天花及藻井

图7-1-68 毕节陕西会馆明间藻井仰视图

处均装梅花、仙鹤、神鹿、夔龙、莲花、云纹、卷草等图案木雕。三层藻井正中有一条盘升的夔龙，四周有云纹（图7-1-67、图7-1-68）。

三、木梁桥

贵州为山地之国，境内溪谷纵横，加之气候属亚热带季风气候区，温润多雨，故贵州各族同胞利用当地的建筑材料和已知的建筑技术，创造了类型多样的木梁廊桥。贵州木梁廊桥以黔东南建筑文化区的侗族风雨桥为代表，黔北、黔东北区域也多有分布，且与侗族风雨桥在造型上有诸多差异。贵州木梁廊桥结构类型主要有木梁简支、木梁悬臂和木拱桥三种，木梁简支和木梁悬臂结构在黔东南、黔北、黔东北都有分布，木拱桥主要分布在黔北和黔东南。

（一）侗族风雨桥

传统风雨桥建筑结构主要是由桥墩、桥身和桥廊三部分组成。下部是桥墩，有的用青料石拌石灰浆围砌，内填碎石泥土，有的直接用木料做桥墩。石桥墩为减轻水的阻力，分水尖大都设计为椭圆形或六边菱形柱状。

桥墩上为木梁。木梁均采用本地产的杉树圆木，稍作简单加工即可使用。跨度较小的桥梁直接用5~8根圆木横架于两岸或桥墩之上，形成简支木梁桥。在桥面跨度较大或为了追求美观效果时，采用悬臂式结构。悬臂梁有单向伸臂和双向伸臂两种形式。单向伸臂以桥端岸壁为基点，用若干层木梁，每层递出伸臂，逐渐向桥心靠拢。每层悬臂一般5～8根圆木，每两层悬臂木梁之间用木隔梁隔开。木隔梁间距2～3米，既起到分散荷载的作用，又让悬臂梁形成一个稳固的结构体系。为了增加稳固性，每层单向悬臂梁尾部均用石块等材料进行填压，这样就使悬臂根部形成了一个柔性的木架支座。双向悬臂做法与单向悬臂相似，它是在河心桥墩顶叠架木梁向两边平衡地伸出，与相邻桥墩的悬臂结构共同组成受力体系，并在两个悬臂之上再用圆木铺设桥梁（图7-1-69～图7-1-72）。

桥梁之上再铺木板桥面。桥面上部为廊或亭，廊、亭立柱置于桥面下桥梁之上，采用横穿直套、

图7-1-69　侗族风雨桥桥墩及桥台

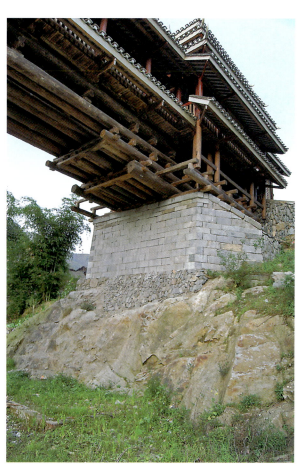

图7-1-70　桥台及伸臂支座构造之一

图7-1-71　桥台及伸臂支座构造之二

图7-1-72　桥台及伸臂支座构造之三

图7-1-73 松桃大路风雨桥

卯眼结合的穿斗结构体系并连成桥廊，桥廊一般会设置1~3个桥亭。廊一般为悬山顶，亭一般为歇山顶，均覆盖小青瓦，少数屋顶盖杉树皮或木板。桥廊柱间设坐凳栏杆，供人休息。

（二）黔北、黔东北木梁廊桥

与侗族风雨桥一样，黔北、黔东北木梁廊桥同样是生活在当地的各族人民结合生产、生活的需要而形成的。与侗族风雨桥不同的地方在于木梁的结构形式和桥面廊亭的外观风格。黔北、黔东北木梁廊桥大都为简支梁结构，如印江新业兴隆桥、遵义乐庄廊桥、松桃大路风雨桥（图7-1-73，图7-1-74）。

除简支梁结构外，黔北、黔东北还保留了少量木拱梁结构的木梁廊桥，如德江镇风桥，即为简单的木拱梁——八字撑架结构。镇风桥梁由10根直径0.4米的圆木构成，长15米。由于跨距较大，为增加桥的刚度，在桥梁中部增加了两根横梁。横梁由纵向穿梁和斜梁进行稳固和支撑，形成了八字撑架

结构。桥面建歇山青瓦顶廊屋七间，中间抬升为四角攒尖顶桥亭。桥屋两侧设坐凳及直棂栏杆，栏杆外设披檐，使建筑外观呈三重檐形式（图7-1-75~图7-1-78）。

图7-1-74 松桃大路风雨桥细部构造

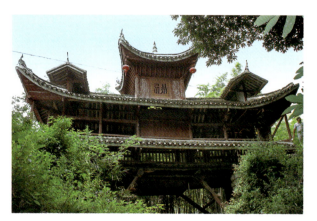
图7-1-75 德江镇风桥

图7-1-76 镇风桥八字撑架

图7-1-77 遵义山盆李梓马路桥

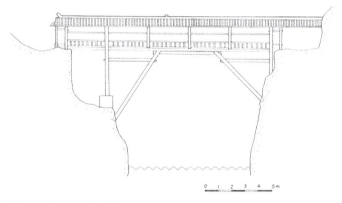
图7-1-78 山盆李梓马路桥立面图

第二节 砖石结构

一、砖石建筑概况

贵州古建筑砖石主要用在围护结构部分，以砖石作为结构体系的建筑主要有墓室、城墙门洞、牌坊、塔幢及石拱桥、短跨平桥等。

在黔中地区，有的古建筑用石柱与木梁、木檩及木穿枋组成的石木混合体系，如安顺圆通寺、文庙、武庙等。在黔北地区，遵义绥阳张氏宗祠是贵州已知的唯一以石柱、石梁、石穿作为结构体系，即梁架全为石构的建筑。但张氏宗祠仍为"以石仿木"的假石构建筑，目前仅存梁架，专家认为其屋面及装修也还是木构的。在黔西南地区，不管是民居还是公共建筑，都有使用高柱础的习惯，如兴义刘氏宗祠的忠义祠和新宗祠。

石拱结构在贵州出现很早，考古发现在安顺宁谷、兴仁交乐的汉墓中就有石拱墓室，有的还有石拱耳室，与主室呈十字交叉，表明至迟在汉代，贵州就有了相对成熟的拱券技术。与拱在中国的发展历程一样，拱券技术从汉代到清代，其技术体系仍没有较大的发展，而且对拱券的施工技术也因工匠的不同而差异较大。福泉葛镜桥有葛镜屡修屡毁，最后经张三丰点化才修建成功的传说，表明古人对拱券的施工技术总结是一个长期而充满艰辛的过程。关岭上官灵龟寺无梁殿是贵州已知的唯一以石拱为室的纯石构建筑。无梁殿面阔10.18米，进深10.07米，无梁无柱，均为方整石垒砌而成，室内为横向双心券顶，采用纵联砌法垒砌，矢高2.6米。为解决拱券侧推力问题，建筑前后檐的石墙厚达2.4米，而两侧山墙厚仅为0.81米，表明古人对拱的侧推力已经有了一定程度的认识。

明清以后，拱券技术大量出现在城墙门洞和石拱桥中。现存明、清修建的福泉城墙、普安州城墙、赤水城墙（图7-2-1、图7-2-2）、海龙囤城墙（图7-2-3～图7-2-5）、都江古城垣、柳基古城垣中，都遗存了规模宏大的拱券门洞。拱券多为半圆拱和双心拱，均采用纵联砌筑方式（图7-2-6），目前还没有发现横联砌筑的遗存。海龙囤飞龙关拱券，由主券和两侧耳室拱券组成。为满足防御和风水的需要，门洞后壁被石墙封死而仅留一石窗，右侧耳室被作为内外连接的通道，整个拱券系统做成了"匚"字形，表明古人的独具匠心。柳基古城垣城门洞有在砖拱之上再砌石拱的做法，是贵州为数不多的砖拱遗存。另外，盘县城墙城门洞也有类似的砖石拱做法。在明清的石拱桥中，当以福泉葛镜桥和吴家桥为代表，均为三孔石拱桥，两侧拱券从两岸崖壁直接发券，中间利用地形砌筑高大的带分水尖桥墩，拱券最大跨度达15米，体现了古人的聪明才智和对拱券技术的成熟掌握（图7-2-7～图7-2-9）。

其他砖石建筑，有砖、石牌坊、塔和石梁平桥，均是在仿木结构的基础上发展而来的。黔北、黔中、黔西、黔西北现存有大量的石牌坊，以赤水大同牌坊、遵义龙坑牌坊、贵阳青岩牌坊、兴义鲁屯牌坊、黔西李世杰坊为代表。贵州还有一些砖牌坊，但出现年代较晚，有的砖牌坊还受到了西式砖

图7-2-1 赤水古城墙石砌门拱之一

图7-2-2 赤水古城墙石砌门拱之二

图7-2-3 遵义海龙囤城墙石拱构造之一

图7-2-4 遵义海龙囤城墙石拱构造之二

图7-2-5 遵义海龙囤城墙石拱构造之三

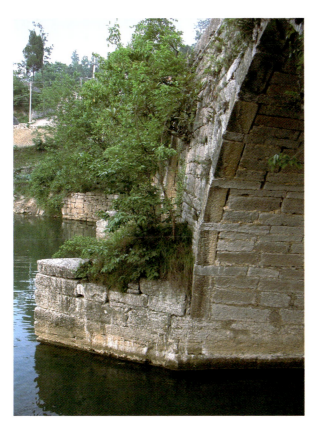

图7-2-6 福泉皋阳桥石拱

图7-2-7 福泉葛镜桥石拱

图7-2-8 福泉吴家桥石拱之一

图7-2-9 福泉吴家桥石拱之二

拱技术的影响。贵州的塔以石塔居多，如安顺西秀石塔、花山石塔、紫云文峰塔、都匀文峰塔、黔西观文塔、织金南塔、大方三塔等均为石塔。贵州也有少量砖塔，如印江文昌阁、新业文昌阁、黎平秦溪白塔、凤冈文峰塔、贵阳摆朗风水塔等。贵州各地还有一些单跨较小的石梁平桥，如赤水丙安桥（图7-2-10）、天恩桥，六枝九洞桥（图7-2-11）等。这些都体现了古人对建筑中使用砖石材料的不懈追求。

二、砖砌筑技术

贵州毕节、安顺、黔西南和遵义的汉墓中出土

图7-2-10 赤水丙安桥

图7-2-11 六枝九洞桥

了大量汉砖，表明贵州很早就已经接触到制砖和砌砖的技术。但自魏晋之后到宋代，建筑甚至墓葬中大量用砖的情况并没有发现，至少缺乏有力的考古证据，这大概与这一时期贵州的经济发展状况相关，当时建筑围护可能以土坯、石墙和栅栏为主。元明以后，砖才开始大量使用在建筑上。从遵义海龙囤明代建筑群遗址上，我们可以一窥明代用砖技术的发展。不管是墙体、甬道、室内铺地的用材和磨砖、对缝、铺墁和砌筑的方式，还是脊砖、正吻、跑兽制作的精良，都表明贵州在明代对用砖技术的掌握已经达到了相当纯熟的地步。清代，民居及公共建筑上砖的大量使用，促进了制砖、砌砖以及砖坯装饰龙骨等技术的发展，城砖的厚重、铺地墁砖及空斗墙砖的轻薄，甚至在一些建筑上出现的精致砖雕，表明贵州这一时期对砖的使用已经达到了相当普及的程度。清末及民国以后，由于西方建筑文化的渐入，贵州出现了砖作的尖拱、半圆拱和椭圆拱，砖砌的墙体、门楼、牌坊、柱廊越来越高大宏阔，宗祠、会馆建筑对砖砌牌楼越来越追求丰富精美，表明贵州对砖的认识达到了新的高峰。

外墙最能体现建筑的地域特色，贵州古建筑中的砖墙在不同地域均有一定差异。贵州用砖较多的地域主要集中黔西南、黔中以东、黔东南、黔东北的驿道、古道、水道等经济和文化交流的路线上。墙面砖缝的排列形式不外"十字缝"、"空斗"和"十字缝+空斗"三种。十字缝在黔西南较普遍，空斗墙则遍及黔中以东大部分贵州地区。十字缝主要用在围墙、隔墙及槛墙上，同时，由于十字缝砌筑方式抗压性能较好，往往在墙体的下碱部分用十字缝，墙体上部用空斗式。下碱用十字缝砌筑的部分，工匠一般称为卧砖或眠砖（图7-2-12～图7-2-18）。

砌砖首先检查基础的平整度，基底标高不同时，应从低处砌起，由高处向低处搭砌，搭接长度不应小于基础扩大部分的高度，砌体转角处及交接处留槎、接槎。在墙上预留施工洞口的，距离交接处墙面不得少于50厘米，洞口净宽度不应超过1米。

砌砖前，砖应提前浇水湿润，砌筑铺浆时，铺浆长度不得超过75厘米，如遇30℃以上的高温天气，铺浆长度不得超过50厘米。砖体组砌方法应正确，上下错缝，内外搭砌，灰缝应横平竖直，厚薄

图7-2-12 贵州典型的空斗砖墙砌筑，天柱清水江水系做法一

图7-2-13 贵州典型的空斗砖墙砌筑，天柱清水江水系做法二

图7-2-14 贵州典型的空斗砖墙砌筑，黄平旧州㵲阳河支系做法一

图7-2-15 贵州典型的空斗砖墙砌筑，黄平旧州㵲阳河支系做法二

图7-2-16 贵州典型的空斗砖墙砌筑，石阡乌江水系做法

图7-2-17 贵州典型的空斗砖墙砌筑，黔北乌江水系做法一

图7-2-18 贵州典型的空斗砖墙砌筑，黔北乌江水系做法二

均匀。竖向砖缝不得出现透明缝、瞎缝和假缝。接槎处补砌时，必须将接槎表面清理干净，浇水湿润，并填实砂浆，保持灰缝平直。

三、石砌体技术

除了木材之外，贵州最方便采用的建筑材料就是石材，至迟在汉代，贵州就已经出现了石砌结构的墓室，之后，贵州地区以石材作为建筑材料从未中断。古人运用石材，最多的还是在各类砌体上。贵州石砌体可分为天然石材砌体和加工石材砌体。砌筑方式有干摆、浆砌两种方式。城墙、营盘、桥梁和石塔是贵州石砌体技术的典型代表。黔东南地区少数民族使用天然毛石进行干摆垒砌墙体及吊脚楼基础技术相当娴熟，黔西及黔中以西的种族人民能用各类石材砌筑干摆、浆砌的各类墙体，有的整齐规矩、有的古朴粗放，各有千秋（图7-2-19～图7-2-26）。

用得最多的还是加工石材浆砌技术。石砌体及

图7-2-20　贵州典型的石墙砌筑方式及常用石材二

石作工程一般分细料石砌体和粗毛石砌体。细料石砌体，砌筑工艺简单，主要技术还在石料加工方面。石料加工分几个步骤，首先将石块选定大头平整的一面打荒，即是粗凿毛坯，毛坯基本打平后，进行下一步做糙，即在表面进行二次平整，然后将四面打平成方整石（料石）。方整石的外表面，即为墙、柱、阶沿等的外表看面。各看面用扁凿凿平

图7-2-19　贵州典型的石墙砌筑方式及常用石材一

图7-2-21　贵州典型的石墙砌筑方式及常用石材三

图7-2-22　贵州典型的石墙砌筑方式及常用石材四

图7-2-23　贵州典型的石墙砌筑方式及常用石材五

图7-2-24　贵州典型的石墙砌筑方式及常用石材六

图7-2-25　贵州典型的石墙砌筑方式及常用石材七

图7-2-26　贵州典型的石墙砌筑方式及常用石材八

后再进一步细加工成各种石面，有磨光、剁斧、打麻点（满天星）、一炷香等形式。还有一种用直线走细凿成"〰〰"纹样，民间工匠称白果花，即形状像银杏树叶的意思。料石加工成形后，即进行砌筑。料石加工要下的工夫大，在砌筑方面就轻松。砌筑方式与砖砌体基本一致，错缝安砌，灰缝横竖平直且一般不大于0.5厘米。讲究一点的石墙体，还有做成空斗墙砌体形式的。

第三节 建筑装饰技术

一、石雕

贵州建筑装饰艺术中，石雕占据很重要位置。贵州石雕有大有小、有粗有细、有深有浅，有圆雕、浮雕、透雕、线刻、刻字等类型。寺庙供奉的佛像，府衙、寺庙等门前的石狮，各类建筑的石望柱等多为圆雕。御路、壁雕、阶沿等多用高浮雕，雕刻深度达8～10厘米。阶沿、土衬、栏板、墓碑等为浅浮雕，一般雕刻深度为2～3厘米。部分石栏板为透空雕，称为透雕。石雕还有一种白描线刻，称之为线雕或隐纹雕。墓碑、纪念碑等刻字的，凹刻的称阴文，凸刻的称阳文。

圆雕是单体可单独存在的造型艺术品。石料每面都要求进行加工，工艺以镂空技法和精细刹斧为主。此类雕件种类很多，多数以单一石块雕塑，如安顺府文庙泮池上的石狮及望柱头、平坝天台山大佛殿前檐石狮柱础、安龙十八先生墓前的石狮、从江高增风雨桥畔石狮等。

浮雕即在石料表面雕刻有主体感的图像，是半主体的雕刻品。因图像浮凸于石面而称浮雕。根据石面雕石深浅程度及立体效果的不同，又分浅浮雕和高浮雕。浅浮雕是单层次雕像，内容比较单一，没有镂空透刻。高浮雕是多层次造像，有的高浮雕还与圆雕、透雕等技术结合在一起，内容繁复，但艺术感染力非常强。遵义杨粲墓石雕龙柱、湄潭文庙大成门前的石雕龙纹御道、盘县普安州文庙天子台前龙纹御道、安顺府文庙大成门前的龙纹御道及明间前廊石雕龙柱、普定县学宫大成门明间前廊石雕龙柱、青岩石牌坊的抱鼓石、遵义杨粲墓的墓门将军纹裙板石等均是贵州高浮雕中的精品。

线雕又称"线刻"，即采用"水磨沉花"雕法的艺术。此类雕法吸收中国画写意、重叠线条造型散点透视等传统技法，石料经平面加工磨光后，描摹图案文字，然后依图刻上线条，以线条粗细深浅程度，利用阴影体现立体感，如安顺轩辕宫线雕"神佛指路"纹石裙板、兴义何应钦故居线雕"警句名语"纹石雕裙石、安顺川主庙戏楼的线雕"是福齐来"纹裙板石，大方奢香墓线雕"龙虎"纹栏板石等。

透雕是浮雕技法的延伸，是指在浮雕工艺中，保留凸出物象部分，而将背面部分进行局部镂空，又称为镂空雕。透雕有单面透雕、双面透雕及四面透雕之分。单面透雕只刻正面，如天井内的石水漏。双面透雕则将正、背两面的物象都刻出来，如安顺府文庙棂星门上"四季福贵"纹石花板、"双狮献瑞"纹石替雀；兴义鲁屯石牌坊"八仙吉祥"纹石花板；安顺府文庙状元桥上"琴棋书画"纹石栏板等。四面透雕则将四周物象都雕刻出来，如安顺府文庙大成殿明间前廊石雕龙柱，围绕龙柱四面作透雕，构思精巧、技艺精湛，并已收录进《中国行业标准》，成了石雕艺术的典范。

石雕工艺流程一般分选料、开料、雕刻三个步骤。选料是把石雕作品刻好的不可忽视的重要环节。石质的软硬、石层疏密、石质内有无杂质，会直接影响构件的成败。选料须注意"一看二敲"："看"是指观察岩石被砸开的横断面，如颜色一致、均匀，质地坚密、细致，则为好料；"敲"是指用铁锤轻轻敲击石块，如发出当当清脆之声，则石质好，如发声暗哑，即明显有隐线（砂眼、石核等），石质差。

开料是把整块石料劈成自己要的规格尺寸，这种工作指在采石场按照设计需要，结合石料所处的自然环境进行"开料"，俗称开山。石料有它形成结晶体的纹理，要顺纹开料。一般用錾子根据石料大小挖成15厘米宽的长沟，深浅视料石厚度而定。一般花岗岩、青白石即在开料线的中间每隔10厘米左右挖长5～10厘米、宽3～5厘米、深约7厘米的楔窝，在开料线上，沿线排列顺直，然后用铁楔一个一个打入楔窝，边卡紧边开凿。

雕刻是石雕工艺的核心环节，分选料布局、打坯戳坯、放洞镂雕、精刻修光、打磨等步骤（图7-3-1～图7-3-15）。

图7-3-1 传统石雕作业现场一

图7-3-2 传统石雕作业现场二

图7-3-3 传统石雕作业现场三

图7-3-4 传统石雕作业现场四

图7-3-5 大成殿龙柱

图7-3-6 大成门龙柱

图7-3-7 棂星门抱鼓石

图7-3-8 棂星门人物

图7-3-9 杨粲墓石雕展现了黔北地区宋代雕刻工艺的水平，石雕龙柱及人物

图7-3-10 杨粲墓石雕局部

图7-3-11 石牌坊是贵州石雕艺术的集大成者，图为黔北龙坑牌坊石雕圣旨碑

图7-3-12 龙坑牌坊抱鼓石狮

图7-3-13 柱础也是贵州古建筑中常用石雕的构件，图为金沙清池彭氏民居柱础

图7-3-14 彭氏民居柱础局部

图7-3-15 湄潭文庙出土柱础石雕局部

二、木雕

木雕是古建筑中最常见的装饰艺术。贵州古建筑中的木雕，不管雕刻技法，还是雕刻内容，都与其他地区的古建筑大抵相同，而且贵州古建筑还结合地域文化和民族风俗，形成了自己的一些特色。贵州传统木雕一般选用质地细密坚韧，不易变形的硬木或半硬木作雕材，如楠木、梓木、樟木、柏木、银杏、红木等。木雕有圆雕、浮雕、镂雕或几种技法并用。有的还涂色施彩用以保护木质和美化。

工具是工匠制作的最直接的助手和伴侣。在木雕的工艺制作过程中，雕刻刀及其辅助工具起到十分重要的作用，俗话说，"人巧不如家什妙"，"三分工艺七分家什"。在木雕制作中，工具齐备，会磨、会用，不仅能提高工作效率，而且在造型上能充分发挥自己的技巧，使行刀运凿洗练洒脱，轻快流畅，增加木雕的表现力。雕刻刀基本分为二大类：一类是坯刀，俗称"砍大荒"、"毛坯刀"；一类是修光刀，主要用于掘细坯和修光。辅助工具有敲锤、木锉、斧子、锯子等（图7-3-16、图7-3-17）。

木头有松软、粗硬之别，一般木头松软的易雕，粗硬的难雕。木质坚韧、纹理细密、色泽光亮的称之为硬木，如红木、黄杨木、扁排木、椰木等，具有雕刻的全部优点，是雕刻的上等材料。木

图7-3-16 木雕常用工具一

图7-3-17 木雕常用工具二

材选用后，一般采取人工干燥、自然干燥或简易人工干燥的方法对木材进行处理。

木雕一般分为起稿、抄稿、凿粗坯、修光、打

磨、着色上光等步骤（图7-3-18～图7-3-20）。抄稿是指按图稿，用墨线勾画放大到木材上。凿粗坯形成构件的外轮廓与内轮廓。修光指用精雕细刻及薄刀法修去细坯中的刀痕凿垢，使构件精致完美。顺木纤维方向打磨，直至理想效果。最后的着色上光不仅可以弥补木质铁陷，而且大大丰富材料质感和构件形式美（图7-3-21～图7-3-29）。

三、灰塑

灰塑，又称灰雕，是贵州古建筑的传统装饰，也是我国民间工艺的瑰宝之一。灰塑是以石灰为雕塑材料，以雕与塑的制作手法，创造可视可触的艺术形象，装饰美化。运用于会馆、祠堂、庙宇、寺观、豪门大宅乃至普通民居等建筑的墙面、墙头、屋面脊饰等装饰部分。

灰塑，与其他民间传统建筑工艺相比，其特点鲜明，制作工艺复杂。选材采用适合贵州潮湿气候的石灰为材料。石灰耐酸、耐碱、耐湿，这是其他建筑材料诸如水泥、混凝土等所不能具备的。艺人

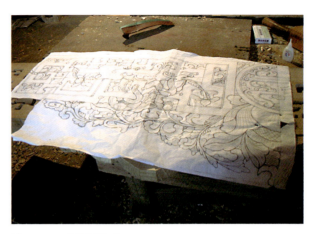

图7-3-18 木雕流程起稿

图7-3-19 抄稿

图7-3-20 修光

图7-3-21 木雕撑栱一

图7-3-22 木雕撑栱二

图7-3-23 戏楼木雕

图7-3-24 木雕扇面穿枋

图7-3-25 木雕雀替

图7-3-26 圆雕木狮

图7-3-27 透雕团寿栏板心

图7-3-28 透雕挑檐枋

图7-3-29 透雕骑马雀替

到建筑现场，于常温下对原材料进行制作，不需烧制，不需作坊生产。

灰塑的雕塑手法多样，可分为多层式灰塑、浮雕式灰塑和圆雕式灰塑（图7-3-30～图7-3-38）。

多层式灰塑，即在灰塑平面雕塑出凸凹的物象部分，又将细节部分进行局部镂空雕塑。有单面多层灰塑和双面多层灰塑之分。单面多层灰塑只塑正面，如安顺崇真寺山门"吉祥如意"纹单面灰塑墙檐；双面多层灰塑则将正、背两面的物象都雕塑出来，如锦屏飞山庙戏楼"平安如意"纹多层双面式灰塑脊刹与戗脊，遵义泮水潘家大院"是福齐来"纹多层式双面灰塑脊刹，盘县传统民居"平安如意"纹多层式双面灰塑宝顶。

浮雕式灰塑只在灰塑平面雕塑凸出物象部分，如安顺府文庙名宦祠、忠义祠山墙上"八仙献瑞"纹浮雕式灰塑山花，花溪青岩圆通寺前殿"吉祥如意"纹浮雕式灰塑山花，安顺九溪屯堡民居院坝天井中"团圆是福"纹浮雕式灰塑影壁，花溪关口传统民居"平安是福"纹单面浮雕式灰塑窗棂等。

圆雕式灰塑融浮雕、多层雕艺术为一体精细雕塑，如锦屏飞山庙戏楼"瑞龙吉祥"纹圆雕式灰塑正吻与正脊及戗脊与戗吻，安顺圆通寺大殿屋顶上"灵狮献瑞"纹圆雕式灰塑垂兽及庙圣上的神像。

灰塑原料一般选用生石灰、纸筋、稻草、钢钉、铁筋、铜线和竹、木、瓦为骨及矿物质颜料

图7-3-30　贵州古建筑中的灰塑精品一

图7-3-31　贵州古建筑中的灰塑精品二（吴氏总祠牌楼泥塑）

图7-3-32　贵州古建筑中的灰塑精品三（白市杨氏先祠泥塑）

图7-3-33 贵州古建筑中的灰塑精品四

图7-3-34 贵州古建筑灰塑堆脊一

图7-3-35 贵州古建筑灰塑堆脊二

图7-3-36 贵州古建筑灰塑堆脊三

图7-3-37 侗族也常用灰塑作为装饰

图7-3-38 鼓楼中的灰塑作品

等。纸筋灰、石灰与水按1∶5比例，发透稀释后筛网过滤，定型为灰膏，加20%纸筋，千分之五的黄糖（红糖）搅拌一次，待七成干后，搅拌第二次，再经过10天后方可使用。颜料用清石灰水稀释，浸泡15天。之后进入固定灰塑骨架的工序，即用竹、木、钢钉、铁筋、铜线等捆绑成所需的灰塑骨架形状与大小，固定在灰塑的位置上，骨架必须小于所做灰塑的体积。接着是造型打底，即在骨架周围用

图7-3-39 马头墙彩画装饰一（赤水复兴江西会馆）

图7-3-40 马头墙彩画装饰二（锦屏新华欧氏宗祠）

草根灰进行初次灰塑形象打底，每次草根灰不得超过5厘米，再加灰塑时需要隔一天。每制一层草根灰必须压紧，直至用草根灰将灰塑定型。打底之后即进行细塑（塑型），用纸筋灰在草根灰表面进行造型与神态细塑，使灰塑平滑、细腻、传神。至此，整个灰塑浮雕过程已全部完成。之后是刷白，低筋灰型刷白，必须在当天同时完成，因为灰塑有一定湿度，颜料才能掺到灰塑里，灰塑与颜料同步氧化，保持的时间长，不褪色。

灰塑的常用工具有画笔、灰板、灰刀、尖头铲、平头铲、方尺、矩尺、平尺板等。

四、彩画

贵州古建筑并不以彩画见长。经过近年的仔细研究，发现贵州古建筑仍有不少精美彩画，值得重视。彩画是指用色彩在古建筑墙壁、木构件或地面上所做的画面。根据在古建筑中所处位置，广义的彩画可分为壁画、栱眼壁画、梁枋彩画、柱头彩画、斗栱彩画五类。狭义的彩画不包括壁画和栱眼壁画[①]。

贵州古建筑中的彩画主要有壁画和彩绘两大类。壁画是指绘在墙壁上的画，是依附于建筑之上的一种特殊艺术形式。贵州壁画保存至今的，以清代晚期的居多，部分地区也不乏民国时期的作品。壁画题材有人物、花鸟虫鱼、神话传说、戏文故事、文房四宝、暗八仙、二十四孝及如意纹、寿字纹、卷草纹、云纹等图案，此类壁画主要出现在影壁、墙头、墀头、廊心墙、室内墙壁、室内神龛等位置。贵州但凡有马头墙的地方，或多或少都会在墙体上有一些彩画，此风犹以黔东北、黔东南为甚，色彩也最为丰富（图7-3-39~图7-3-42）。黔

图7-3-41 马头墙彩画装饰三（锦屏隆里民居）

中、黔北乃至黔西的一些地区，也有不少壁画的遗存，如遵义湄潭天主堂，至今还保留着多幅精美的壁画，在西式长窗之间的空白墙壁上，绘制了中式窗帷、垂带、挂钩，以及蝙蝠、花草、人物、山水等图案（图7-3-43～图7-3-45）。总体来看，黔东北、黔东南地区彩画多用蓝、红、黑三色，画风细腻。黔中、黔北、黔西地区彩画多用红、黄、黑三色，甚至还有墨画，画风粗犷。还有一种壁画是直接画在灰塑上的，如清水江水系的天柱、锦屏等地宗祠的牌楼大门上，往往塑有丰富甚至有些繁缛的各式灰塑，从神话人物到戏文故事，从龙、凤到各类动物，从卷草、莲花到各类植物，只要是与吉祥、神话、福禄、戏文相关的，一应堆塑俱全。为了使灰塑更具表现力，匠人均会给灰塑绘上绚烂多彩的颜色（图7-3-31、图7-3-32）。

彩绘是指将绘画颜料直接绘制在未作地仗、抹灰的木构件上的彩画。贵州古建筑的室内色彩并不绚丽，加上后来维修、改造等原因，很多彩绘并没有真实地保留下来，以致对贵州彩绘的技法、内容、区域特色等难以有清晰、完整的认识。不过，认真分析一些零散的彩绘遗存，还是可以寻找到彩绘的一些蛛丝马迹。贵州古建筑彩绘一般多出现于柱头、梁、额枋、大梁（明间脊檩下用以作题记的扁梁）及门板上，其中以大梁和门板上的彩绘最为常见。大梁上除题记以外，往往还有暗八仙、箍头、卷草、莲花、吞口等图案。毕节陕西会馆、城隍庙的正殿彩绘也是十分精彩（图7-3-46～图7-3-50）。贵州古建筑也有在大门门板上彩绘门神的做法，如毕节大屯土司庄园和开阳长庆寺大门，可惜这类遗存实物太少（图7-3-51、图7-3-52）。

图7-3-42　马头墙彩画装饰四（沿河淇滩民居）

图7-3-43　隆里陶家大院彩画

图7-3-44　普定玉真山寺彩画

图7-3-45　湄潭天主堂彩画

图7-3-46 普定文昌阁梁架彩绘

图7-3-47 盘县水塘文庙梁架彩绘

图7-3-48 开阳长庆寺梁架彩绘

图7-3-49 毕节陕西会馆梁架彩绘

图7-3-50 锦屏新化杨氏宗祠

图7-3-51 毕节大屯土司庄园门神彩绘,惜已漫漶不清

图7-3-52 开阳长庆寺大门门神彩绘

第四节 建筑营建仪式及禁忌

贵州古建筑营建仪式及禁忌虽然因民族、地域的不同而各有差异，但都脱离不了风水理论及《鲁班经》的核心框架与基本范式。首先，在建筑选址上大都遵循风水理论的要求，其次，伐木、动土、立架、上梁、落成等环节均有一些大致相同的仪式，同时也有择日、厌胜、辟邪方面的一些禁忌。这种建筑文化的相通性，应当是明清以来汉族移民进入贵州的数量逐渐增多，中原及南方建筑营造技术的影响逐渐深入，各民族间匠师相互交流和学习的结果。

在经济社会不发达的古代，修房造屋是件十分重要的事，因此，任何民族对营建活动都非常重视，久而久之便形成了各种各样的讲究与禁忌。这当中有信仰和祈福的心理暗示，但也有营建工匠故弄玄虚以保障自身利益的成分。如今，随着城镇进程的加快，这些营建仪式日渐式微。但在贵州的一些汉族、苗族、侗族、布依族、土家族、仡佬族聚居的农村地区，至今仍传承着相对完整的建房仪式和禁忌。

侗族鼓楼的匠师们保存了一套完整的营建仪式。一般而言，侗族村寨的村民们从商议立楼到鼓楼建造完工并开始使用，主要经过选址、备料、发墨、立架、上梁、架顶、上瓦、装饰、安鼓及贺楼等主要工序。商议建造鼓楼是村中大事，一般由寨老提出，全村族长商议同意后，方才确定选址、备料、劳力分配、工钱筹集、聘请师傅等事宜。工钱是按家庭人口分摊。以前，除银毫外，师傅的酬劳还有米、酒、肉、布等物品，多少无统一标准。开工后，全寨各户备好酒好菜招待师傅，直至鼓楼完工。其他少数民族及汉族也有类似的营建程序，在此以侗族鼓楼营建仪式为代表，兼对贵州其他民居的建房习俗进行简要概述。

一、楼基选址

大多侗寨在建寨之时就留出修建鼓楼的地基，有"未成建寨先立楼，砌石为坛祭祖母。鼓楼心脏作枢纽，富贵兴旺有来由……鼓楼是一寨暖和窝，没有鼓楼无处乐……"的古歌。有一些历史不太久的村寨，村民从不同的地方迁来，久而久之形成一定规模后，但却没有留出鼓楼坪。在这种情况下，就必须经过选址仪式重新选址。侗语古歌"大沙麦龙、大众麦宝，劳嫩楼奶关地方"，意为：量上量下，量到中心，中心有宝的地方。即鼓楼一般选址在村寨中央。选址确定后，无论选到哪家的宅居地，该住户都会毫无怨言地在全村老幼的帮助下另辟地基，并尽快搬出。村寨中因火灾或自然灾害损毁鼓楼的，一般在原址上重建，而不另行选址。

在黔北民居营建中，这一过程称为"选屋基、定志向"。"选屋基"即确定建房基址的位置。"定志向"是确定建筑的朝向，以"×山×向"来表示。苗族吊脚楼在选址定基时，一般也要由主人在本地或去外村找有名望的长者或地理先生帮忙择选。布依族、土家族、仡佬族民居对选址也非常讲究，选择向阳避风、靠山稳当、朝向开阔、深远的地方建房。在用地条件的选择上，贵州各民族都能科学利用山地因地制宜地建房，以节约十分有限的耕地资源。

二、砍树备料

侗族鼓楼备料重点是鼓楼金柱和雷公柱由谁捐，金柱一般是由较早落寨、生活条件宽裕且人丁兴旺的家庭捐献，而雷公柱则必须由本寨（族）修建第一座鼓楼时捐献雷公柱的后代子孙中捐出。若属新建鼓楼，则由最先到村寨居住的家庭捐献。鼓楼其余材料由全村平摊。砍树首先从雷公柱开始。择天宝吉日，寨老带领青壮年携带香、纸、腌鱼、酒饭等到树下举行祭拜"树神"仪式，念侗语吉词（图7-4-1）。祭毕，寨老先砍三斧，随后青壮年轮流将树砍倒，树要顺山倒。忌讳有恶死、夭折、绝后的家庭成员参与砍伐。随后其他几根金柱用木和其他用木便可依次砍伐。杉木砍倒，剥去树皮，清理完整后，先搬运雷公柱。寨老象征性地打铁牛（搬运大树工具）后，众人即开始搬运。

苗族吊脚楼的备料一般在盛夏农闲时节，最重要的是选取中柱。选中柱的树木要求较高。砍伐做中柱的树要选龙场天或马场天。砍中柱要带三支香、三张纸钱、一瓶酒、两条鱼、一升糯米饭等到树脚祭奠。土家族称这一过程为"伐青山"，由主人请工匠上山选择中柱、檐柱、檩子、挑梁等。其中，选择梁木最为讲究，一般要选择椿木或梓木，寓意"春常在，子孙旺"。

三、请神下墨

鼓楼木料备齐后，掌墨师傅便择吉日良辰请神下墨，祀求鲁班先师保佑建楼平安顺利。头墨十分重要，也十分神圣。当年是本命年的掌墨师傅不能打头墨（须另请头墨师傅）。头墨仪式须准备如下物品：一套新装（含衣帽鞋袜裤等）、雄鸡一只、腌鱼三条、酒一瓶、米饭一盒、香纸少许及银钱若干。头墨师傅身穿新装，念语画符，其中汉词为"你听我音，不见我身。只听口说来平平。吾奉太上老君，急急如令"等。诵毕，烧香纸，将木料（长2米左右的瓜柱）置于新制木马上，杀鸡将鸡血滴于柱上，念道："天煞地煞年煞月煞日煞时煞，一百二十凶神恶煞，敢有故违者，在此雄鸡身上挡。"仪式完成，取出墨斗开始发墨，预示着鼓楼各部件开始加工制作（图7-4-2、图7-4-3）。

苗语称发墨仪式为"起道占"。发墨吉日这天，主人准备一只红公鸡、糯米饭、两条煮熟的鲤鱼、米酒、香纸，由木匠师傅念咒祭祀，宰杀公鸡，用

图7-4-1 祭树神

图7-4-2 请神下墨

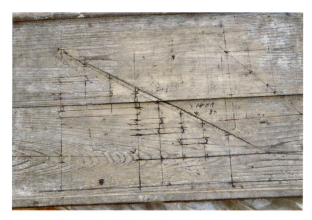

图7-4-3 侗族匠人的"建筑设计图"

红公鸡的少许鸡毛和鸡血滴在中木柱上并沾上几张香纸后开始发墨。弹墨线时，主人在柱根一端捏线，木匠在柱尖一端，用力一弹，墨线笔直均匀，整根中柱着墨，则示吉利，否则另发。中柱完工后悬挂在较高处，不让人去碰，更不能让人跨过。土家族也有类似的发墨仪式，称为"起造"。

四、竖架立楼

竖楼是整个鼓楼建造的最重要环节。吉日选定后，面向鼓楼方向的人家挂上自织土布和柚子树叶（侗语称"瓦禅"）掩煞，以保平安、人畜兴旺。一些地方在竖楼当天，掌墨师傅架两个木马连成一线，在这两个方向的住户均要回避一个时辰。

竖楼前，掌墨师傅在楼基上进行立楼仪式，祈求平安顺利。仪式需准备雄鸡一只、腌鱼、酒、米饭及银钱等物品。师傅杀鸡时念道：

"此鸡此鸡……鼓楼鸡，王母娘娘来报晓。今日起楼杀鸡，杀此金鸡千年要发宝贵、万代要荣昌，千牛百马圈圈要平安。善神见喜、恶神回避，大吉大利。天无忌，地无忌，日无忌，时无忌，阴阳无忌，姜太公在此，百无禁忌，大吉大利，大发大旺。"

诵毕，将鸡血淋于金柱柱头，拿木槌敲击三下。礼毕，燃放鞭炮，表明"吉时已到"。师傅示意开始，众人齐心开始竖楼工作。立楼完成后须放三响铁炮，如铁炮不响视为不吉。因而在放之前，要作充分的准备，确保铁炮响彻云霄。

贵州其他民族在建房仪式中都有立柱竖架的仪式，如土家族立房仪式包括排扇、祭马、吃鲁班饭、祭鸡、祭锤、发列等程序。在整个仪式中，掌墨师既是祭神、请神、娱神的主角，同时也是施工现场的指挥。主家一般都要杀猪、推豆腐（做豆腐）、打糍粑，仪式繁琐、气氛热烈。其实是因为在传统农耕社会中，立房需要亲友的帮忙，于是通过举行仪式来解决劳动力的问题。立房仪式中，掌墨师通常会说一些吉利的话来讨主家的欢心，并获得一些例外的喜酬，如"立了一扇又一扇，文武百官都来看，文官为我扯金带，武官为我送挈杆，自从今日立起后，主家儿孙做高官"，在边说边干的氛围中，就这样立起了房屋（图7-4-4～图7-4-9）。

五、上梁

上梁是鼓楼建造过程中的重要程序。鼓楼主体构架完成后，吉日良辰，掌墨师傅在楼架中央摆一张方桌，其上置猪头一个、红包、香纸、糖果、米酒及杯等物。念吉语杀鸡，将鸡血淋在即将被拉上的梁上。梁中部系一小红布与谷穗。念毕，站在鼓楼顶端的两人分两端各持一根绳子将梁柱缓缓拉起，同时鸣放鞭炮。师傅着新布鞋，手执角尺，边爬边念吉语，登上楼顶。与此同时，梁柱已经升到楼顶，安装完毕。师傅踩梁念道："今天好，今天良，今天师傅上楼来踩梁。甩到东方地生宝，甩到南方地生财，甩到西方六畜兴旺，甩到北方人民安康。"

图7-4-4 竖架立楼过程一

图7-4-5 竖架立楼过程二

图7-4-6 竖架立楼过程三

图7-4-7 竖架立楼过程四

图7-4-8 竖架立楼过程五

边念边将糖果、糍粑、米等物什从鼓楼顶四下撒开。鼓楼下人们嬉笑着争抢，以抢到为吉，达到了仪式的最高潮。随后烧香纸送神，整个上梁仪式完成。

苗族吊脚楼在立房前的晚上或当天早上要请当地的鬼师来"打白虎"，使其在立房时不出来捣乱。

上梁是立房的重要程序，要举行仪式。由主家准备一只红公鸡、香纸、麻丝、小银钉或银片五个、一块红布。木匠师傅将香纸用麻丝包扎在宝梁（往往是明间脊檩）中间，然后用红布将香纸再包扎好，最后在宝梁红布包扎处钉上五颗小银钉或小银片。

图7-4-9 竖架立楼过程六

图7-4-10 上梁

宝梁两头用长绳系好，木匠师傅烧香念词，燃放爆竹，在众人的齐心协力下进行上梁（图7-4-10）。

　　黔北民居的立房上梁是整个营建过程中最隆重的仪式，主家必须提前就得准备杀猪、推豆腐、打糍粑。上梁的前一天，亲朋好友就会陆续前来道贺（实则也是帮忙）。主家需要摆酒席招待。上梁仪式一般在下半夜举行，首先是准备香纸、蜡烛、刀头（猪肉）、活鸡祭拜鲁班先师。仪式结束后，宾客开始吃饭。吃罢饭后，开始立房。当众人立房结束后，已差不多天亮，此寓意主人家日子越过越亮堂。之后是上梁仪式。上梁仪式中要将主人家准备好的糍粑、米糕由掌墨师在梁上往下抛撒，引起众人一阵哄抢，气氛热烈，使上梁仪式达到高潮。

六、立门

　　房屋主体建好之后，不管苗族吊脚楼、黔北民居，还是其他民居，对于立门的仪式也是非常重视的。苗族装立大门很有讲究，而且有仪式，由主人家准备一只红公鸡，当木匠把大门立上时，由木匠杀公鸡、烧香纸，并用1~2张香纸和鸡毛沾上鸡血贴在大门上方或中间处，以示门地向阳，出入平安、大吉大利。

　　黔北民居的立门过程被称为"开财门"。大门两扇称为大开门，四扇称为四季财门，六扇称之为六合门。大门尺寸不离三，谓邪魔妖怪不敢窜。神龛尺寸不离八，且要比门宽，谓香火不出大门[②]。

　　布依族在大门装好之后也有一个开财门的仪式。仪式也是由掌墨师来完成。需要杀鸡来供奉，先供奉主神"官厅"（布依寨神），再供家神。从鸡脖子上扯几根鸡毛搭在门的两边，表示吉利顺利。开财门是主家在门里，外家在门外，在门外的外家要讲四季大吉大利，发大财之类的话语。他们还需要挑柴、挑水来，以恭贺主家开财门发财发富。第一个要扛柴，第二个要拿一甄子饭，第三个要挑水，第四个拿一个盛有两个圆糍粑的筛子，两块糍粑中间压有钱物，以表示主家进财。外家到门外首先要说："开门开门。"主家在里屋道："你是什么人？"门外的亲戚道："我是天上的财北星来开财门。春季财门，春季开，金银财宝滚进门；大门大大开，金银财宝滚进来！滚进不滚出，滚进满堂屋；堂屋装不下，拿来买田坝；上头买到云南省，

下头买到北京城；自从今日开过后，主家发财又发富。"

仡佬族开财门仪式与此类似，门内由掌墨师守护，门外由主人邀请能言善辩者说"吉利"求开其门，相互"盘根究底"，一问一答，"三星"既到，财门大开，鸣炮庆祝，热闹非凡，亲友送礼，主人设筵，共贺华居落成。

七、落成启用

鼓楼完工后，接下来还要进行送师傅、进楼、挂鼓和庆贺等仪式。送师傅表达的是全寨人对匠人的感激之情，一般由寨佬举行隆重的欢送师傅仪式。无论是本寨或者外村师傅，村中除送红包外，尚有猪腿一条、午饭一挑、锦旗一面等物。村中老少吹起芦笙，鸣放鞭炮将师傅们送走。之后，择吉日进行"进楼"和"挂鼓"仪式。由看守萨坛的家族拿出煮好的红糯米饭、腌鱼、酒等放置于鼓楼内，分给进入楼内的人们食用。村中老人们在楼内划拳喝酒，青年男女吹芦笙唱侗歌。仪式完成后，预示鼓楼从此投入使用，其他村寨方可进入楼内开展吹芦笙唱侗歌等活动。最后还要择吉日举行鼓楼落成典礼。是日，全村男女老幼身着盛装，杀猪宰牛。相邻村寨也前来庆贺，有送匾额的，有送红包的，有送牛、送猪的。村寨之间进行唱戏、对歌、吹芦笙、踩歌堂等活动，入夜鼓楼内灯火通明，划拳声、歌声、笑声响成一片，直至通宵达旦。

苗族新房装神龛也是一件很严肃的大事，也是新房投入使用前的重要仪式。装神龛要求高于大门框架，俗话说"神龛高过堂屋门，子孙发在自家门。神龛低于屋口，荣华富贵往外走"。

土家族在新屋落成后要举行升火仪式，就是按预先择定的吉日搬进新屋居住。搬家时，要将生着火的火盆首先抬入新屋，寓意红红火火。火坑后方为家神之位，外人不宜坐于此。火生起后，烟雾缭绕，就意味着新屋主到位了。搬进新居后，请道士、端公或行家安神位，供奉神灵，也称谢土。神龛上方要依据姓氏书贴堂名，中间竖着书贴供奉的神位，土家族人通常供奉"天地君亲师"，两边有陪神对，常为"金炉不断千年火，玉盏常明万岁灯"，有的在陪神对两旁还根据家史家世书贴对联。神龛上放有香炉磬等物。用于祭祀时插香烛。到此，建房就完成了。

注释

① 李剑平.中国古建筑名词图解辞典.太原：山西出版集团，山西科技出版社，2011.

② 聂森.黔北传统民居中的礼俗文化研究.兰台世界，2013.

贵州古建筑地点及年代索引

编号	名称	类型	地点	始建年代	建筑年代	材料结构	文保等级
	黔北黔西北建筑文化区						
1	海龙囤	城池墙垣	遵义市	1257年（南宋宝祐五年）	1594年（明万历二十四年）	石	国家级文物保护单位
2	桃溪寺	寺庙道观	遵义市	1601年（明万历二十九年）	1889年（清光绪十五年）	木	省级文物保护单位
3	尚嵇陈公祠	祠堂	遵义县	清嘉庆初年	1838年（清道光十八年）	木	国家级文物保护单位
4	龙坑牌坊	牌坊	遵义县		1895年（清光绪二十一年）	石	国家级文物保护单位
5	黎庶昌钦使第	宅第民居	遵义县	清嘉庆年间	1884年（清光绪十年）	木	省级文物保护单位
6	乐庄廊桥	桥梁	遵义县		清中期	木	
7	遵义天主堂	教堂	遵义市		1866年（清同治五年）	木、砖	国家级文物保护单位
8	织金黑神庙	寺庙道观	织金县	清初	1890年（清光绪十六年）	木	国家级文物保护单位
9	织金财神庙	寺庙道观	织金县	清初	1783年（清乾隆四十八年）	木	国家级文物保护单位
10	织金文昌宫	寺庙道观	织金县	1688年（清康熙二十七年）	1883年（清光绪九年）	木	国家级文物保护单位
11	织金保安寺	寺庙道观	织金县		1844年（清道光二十四年）	木	国家级文物保护单位
12	织金东山寺	寺庙道观	织金县	1669年（清康熙八年）	1879年（清光绪五年）	木	国家级文物保护单位
13	丙安桥	桥梁	赤水市		1884年（清光绪十年）	石	
14	湄潭文庙	坛庙	湄潭县	1620年（明万历四十八年）	1871年（清同治十年）	木	国家级文物保护单位
15	黔西武庙	坛庙	黔西县		1699年（清康熙三十八年）	木、石	省级文物保护单位
16	毕节城隍庙	坛庙	毕节市	1611年（明万历三十九年）	1611年（明万历三十九年）、1683年（清乾隆二十二年）	木、砖	市级文物保护单位
17	绥阳卧龙山寺	寺庙道观	绥阳县	公元765年（唐永泰元年）	1875年（清光绪元年）	木、砖	省级文物保护单位

续表

编号	名称	类型	地点	始建年代	建筑年代	材料结构	文保等级
18	三岔河石窟寺	寺庙道观	习水县		1810年（清嘉庆十五年）	石、木	省级文物保护单位
19	务川申佑祠	祠堂	务川县	1531年（明嘉靖十年）	1841年（清道光二十一年）	木、砖	省级文物保护单位
20	绥阳张氏宗祠	祠堂	绥阳县		1845年（清道光二十五年）	石	省级文物保护单位
21	赤水复兴江西会馆	会馆	赤水市	1832年（清道光十二年）	1910年（清宣统二年）	木、石	国家级文物保护单位
22	湄潭义泉万寿宫	会馆	湄潭县		1845年（清道光二十五年）	木、砖	国家级文物保护单位
23	毕节陕西会馆	会馆	毕节市		乾隆年间	木、砖	国家级文物保护单位
24	仁怀鹿鸣塔	楼阁塔幢	仁怀市	1735年（清雍正十三年）	1879年（清光绪五年）	石	省级文物保护单位
25	大方奎文塔	楼阁塔幢	大方县		1776年（清乾隆四十一年）	石	县级文物保护单位
26	大方扶风塔	楼阁塔幢	大方县	1818年（清嘉庆二十三年）	1923年	石	县级文物保护单位
27	大方联璧塔	楼阁塔幢	大方县	1780年（清乾隆四十五年）	1818年（清嘉庆二十三年）	石	县级文物保护单位
28	凤冈龙泉文峰塔	楼阁塔幢	凤冈县	嘉庆年间	1894年（清光绪二十年）	砖	市级文物保护单位
29	赤水郑氏节孝坊	牌坊	赤水市		1846年（清道光二十六年）	石	市级文物保护单位
30	黔西李世杰牌坊	牌坊	黔西县		1795年（清乾隆六十年）	石	县级文物保护单位
31	湄潭大水井牌坊	牌坊	湄潭县		1906年（清光绪三十二年）	石	市级文物保护单位
32	金沙清池节孝坊	牌坊	金沙县		1825年（清道光五年）	石	国家级文物保护单位
33	赤水城墙	城池墙垣	赤水市		1601年（清万历二十九年）	石	省级文物保护单位
34	湄潭天主堂	教堂	湄潭县		1884年（清光绪十年）	木、砖	国家级文物保护单位
	黔东北建筑文化区						
35	镇远卫城垣	城池墙垣	镇远县		1397年（明洪武二十二年）	石	国家级文物保护单位
36	镇远府城垣	城池墙垣	镇远县		明正德年间（1506—1521年）	石	国家级文物保护单位

续表

编号	名称	类型	地点	始建年代	建筑年代	材料结构	文保等级
37	青龙洞古建筑群	寺庙道观	镇远县	明	明至清	木	国家级文物保护单位
38	镇远四官殿	寺庙道观	镇远县	明	清	木	省级文物保护单位
39	镇远天后宫	会馆	镇远县	清中叶	1873年（清同治十二年）	木、砖	省级文物保护单位
40	镇远文笔塔	楼阁塔幢	镇远县		明	石	县级文物保护单位
41	谭公馆	宅第民居	镇远县		清光绪年间	木、砖	省级文物保护单位
42	铜仁川主庙	会馆	碧江区仁市	1375年（明洪武八年）	1885年（清光绪十一年）	木、砖	国家级文物保护单位
43	铜仁飞山宫	寺庙道观	碧江区仁市	宋	清乾隆	木、砖	国家级文物保护单位
44	铜仁东山寺	寺庙道观	碧江区仁市	明	清道光年间	木、砖	国家级文物保护单位
45	旧州仁寿宫	会馆	黄平县	1786年（清乾隆五十一年）	1888年（清光绪十一年）	木、砖	国家级文物保护单位
46	旧州文昌宫	寺庙道观	黄平县	乾隆年间	1893年（清光绪十九年）	木	国家级文物保护单位
47	旧州天后宫	会馆	黄平县	1837年（清道光十七年）	1901年（清光绪二十一年）	木、砖	国家级文物保护单位
48	寨英万寿宫	会馆	松桃县		清中期	木、砖	国家级文物保护单位
49	寨英福寿宫	会馆	松桃县		清同治年间	木、砖	国家级文物保护单位
50	寨英裕国通商商号	商号店铺	松桃县		清光绪年间	木、砖	国家级文物保护单位
51	隆里西王宗祠	祠堂	锦屏县		清末、民国	木、砖	国家级文物保护单位
52	隆里陈氏宗祠	祠堂	锦屏县		清乾隆年间	木、砖	国家级文物保护单位
53	隆里状元桥	桥梁	锦屏县		1629年（明崇祯二年）	石	国家级文物保护单位
54	隆里龙标书院	书院	锦屏县	1725年（清雍正三年）	1927年（民国16年）	木、砖	国家级文物保护单位
55	思南府文庙	坛庙	思南县	元	1807年（清嘉庆十二年），1821年（清道光元年）	木	国家级文物保护单位
56	石阡府文庙	坛庙	石阡县	1413年（明永乐十一年）	清道光年间	木	国家级文物保护单位
57	黄平飞云崖	寺庙道观	黄平县	1443年（明正统八年）	清光绪、民国	木	国家级文物保护单位
58	思南华严寺	寺庙道观	思南县	宋	1791年（清乾隆五十一年）	木、砖	国家级文物保护单位

续表

编号	名称	类型	地点	始建年代	建筑年代	材料结构	文保等级
59	石阡万寿宫	会馆	石阡县	明	1767年（清乾隆三十二年），清道光年间	木、砖	国家级文物保护单位
60	石阡禹王宫	会馆	石阡县	1588年（明万历十六年）	1815年（清嘉庆二十年）	木、砖	国家级文物保护单位
61	思南万寿宫	会馆	思南县	1510年（明正德五年）	1801年（清嘉庆六年）	木、砖	国家级文物保护单位
62	印江严氏宗祠	祠堂	印江县		1816年（清嘉庆二十一年）	木、砖	省级文物保护单位
63	远口吴氏总祠	祠堂	天柱县	1736年（清乾隆元年）	1889年（清光绪十五年）	木、砖	县级文物保护单位
64	建厂田氏宗祠	祠堂	印江县		1932年	木、砖	县级文物保护单位
65	印江文昌阁	楼阁塔幢	印江县	1530年（明嘉靖十年）	1837年（清道光十七年）	砖、木	省级文物保护单位
66	印江武圣宫	楼阁塔幢	印江县	1797年（清嘉庆二年）	1892年（清光绪十八年）	木	县级文物保护单位
67	新业文昌阁	楼阁塔幢	印江县		1903年（清光绪二十九年）	砖、木	县级文物保护单位
68	玉屏钟鼓楼	楼阁塔幢	玉屏县	明永乐年间	清光绪初年	木	县级文物保护单位
69	新业兴隆桥	桥梁	印江县	1834年（清道光十四年）	1877年（清光绪三年）	木	县级文物保护单位
70	锦屏飞山庙	寺庙道观	锦屏县		1769年（清乾隆三十四年）	木	国家级文物保护单位
71	岩门司城垣	城池墙垣	黄平县	1470年（明成化六年）	1741年（清乾隆六年）	石	国家级文物保护单位
72	印江依仁书院	书院	印江县	1742年（清乾隆七年）	1902年（清光绪十八年）	木	县级文物保护单位
	黔东南建筑文化区						
73	黎平古城垣	城池墙垣	黎平县		1385年（明洪武十九年）	石	县级文物保护单位
74	黎平两湖会馆	会馆	黎平县	1797年（清嘉庆二年）	1876年（清光绪二年）	木、砖	省级文物保护单位
75	黎平孔庙大成殿	坛庙	黎平县	1495年（明弘治八年）	清末、民国	木	州保
76	南泉山寺	寺庙道观	黎平县	1606年（明万历三十四年）	1877年（清光绪三年）、民国	木	省级文物保护单位
77	增冲鼓楼	楼阁塔幢	从江县		1672年（清康熙十一年）	木	国家级文物保护单位

续表

编号	名称	类型	地点	始建年代	建筑年代	材料结构	文保等级
78	高阡鼓楼	楼阁塔幢	从江县		清雍正年间	木	国家级文物保护单位
79	则里鼓楼	楼阁塔幢	从江县		清康熙年间	木	县级文物保护单位
80	银潭鼓楼	楼阁塔幢	从江县		清道光年间	木	县级文物保护单位
81	车寨鼓楼	楼阁塔幢	榕江县	清道光年间	1891年（清光绪十七年）	木	县级文物保护单位
82	地坪风雨桥	桥梁	黎平县		1882年（清光绪八年）	木、石	国家级文物保护单位
83	金钩风雨桥	桥梁	黎平县		1884年（清光绪十年）	木、石	国家级文物保护单位
84	榕江古州总兵署	衙署	榕江县	1730年（清雍正八年）	1870年（清同治十一年）	木	省级文物保护单位
85	都江古城垣及通判署	衙署	三都县	1732年（清雍正十年）	1875年（清光绪元年）	木	县级文物保护单位
86	丹寨万寿宫	会馆	丹寨县		1877年（清光绪三年）	木、砖	省级文物保护单位
87	台江文昌宫及莲花书院	书院	台江县		1892年（清光绪十八年）	木、砖	省级文物保护单位
88	秦溪凌云塔	楼阁塔幢	黎平县		1918年（民国7年）	砖、木	省级文物保护单位
89	台江苏公馆	宅第民居	台江县		1872年（清同治十一年）	木、砖	省级文物保护单位
	黔中黔南建筑文化区						
90	安顺文庙	坛庙	安顺市	1394年（明洪武二十七年）	1840年（清道光二十年）	木、石	国家级文物保护单位
91	安顺武庙	坛庙	安顺市	1382年（明洪武十五年）	1824年（清道光四年）	木、石	国家级文物保护单位
92	普定县学宫	坛庙	安顺市		1702年（清康熙四十一年）	木、石	市级文物保护单位
93	圆通寺	寺庙道观	安顺市	1274年（元至元十一年）	1634年（明崇祯七年）	木、石	省级文物保护单位
94	西秀山白塔	楼阁塔幢	安顺市	1326年（元泰定三年）	1851年（清咸丰元年）	石	省级文物保护单位
95	甲秀楼	楼阁塔幢	贵阳市	1598年（明万历二十六年）	1910年（清宣统二年）	木、石	国家级文物保护单位
96	拱南阁	寺庙道观	贵阳市		1655年（清顺治十二年）	木	国家级文物保护单位
97	贵阳文昌阁	楼阁塔幢	贵阳市	1596年（明万历二十四年）	1689年（清康熙二十八年）	木	国家级文物保护单位

续表

编号	名称	类型	地点	始建年代	建筑年代	材料结构	文保等级
98	尹道真祠	祠堂	贵阳市		1916年（民国5年）	木	国家级文物保护单位
99	扶风寺	寺庙道观	贵阳市	1755年（清乾隆二十年）	1811年（清嘉庆十六年）	木	国家级文物保护单位
100	阳明祠	祠堂	贵阳市	1814年（清嘉庆十九年）	1879年（清光绪五年）	木	国家级文物保护单位
101	黔明寺	寺庙道观	贵阳市	明末	1771年（清乾隆三十一年）	木	省级文物保护单位
102	三元宫	寺庙道观	贵阳市		1917年（民国6年）	木	市级文物保护单位
103	大觉精舍	楼阁塔幢	贵阳市		1924年（民国13年）	木	省级文物保护单位
104	贵阳北天主堂	教堂	贵阳市	1798年（清嘉庆三年）	1875年（清光绪元年）	木、砖	市级文物保护单位
105	青岩慈云寺	寺庙道观	花溪区		1832年（清道光十二年）	木、砖	省级文物保护单位
106	青岩龙泉寺	寺庙道观	花溪区		1798年（清嘉庆三年）	木、砖	省级文物保护单位
107	青岩寿佛寺	会馆	花溪区	1821年（清道光元年）	1931年（民国20年）	木、砖	省级文物保护单位
108	赵公专祠	祠堂	花溪区		1863年（清同治二年）	木、砖	省级文物保护单位
109	青岩文昌宫	寺庙道观	花溪区		清道光年间	木、砖	省级文物保护单位
110	青岩万寿宫	会馆	花溪区		1798年（清嘉庆三年）	木、砖	省级文物保护单位
111	赵状元府	宅第民居	花溪区	清乾隆年间		木	省级文物保护单位
112	赵彩章百岁坊	牌坊	花溪区		1839年（清道光十九年）	石	省级文物保护单位
113	赵理伦百岁坊	牌坊	花溪区		1843年（清道光二十三年）	石	省级文物保护单位
114	周王氏媳刘氏节孝坊	牌坊	花溪区		1869年（清同治八年）	石	省级文物保护单位
115	天台山伍龙寺	寺庙道观	平坝县	1590年（明万历十八年）	1616年（明万历四十四年，大佛殿）	木、石	国家级文物保护单位
116	普定玉真山寺	寺庙道观	普定县	明崇祯年间	1910年（清宣统二年）	木、石	省级文物保护单位
117	乌当后所古林寺	寺庙道观	乌当区	明万历年间	1876年（清光绪二年）	木、砖	市级文物保护单位

续表

编号	名称	类型	地点	始建年代	建筑年代	材料结构	文保等级
118	开阳长庆寺	寺庙道观	开阳县	明崇祯年间	1903年（清光绪二十九年）	木	市级文物保护单位
119	乌当协天宫	寺庙道观	乌当区		1906年（清光绪三十二年）	木、砖	省级文物保护单位
120	开阳宝王庙戏楼	寺庙道观	开阳县		1854年（清咸丰四年）	木、砖	省级文物保护单位
121	开阳宝王庙正殿及观音殿	寺庙道观	开阳县		1848年（清道光二十八年）	木、砖	省级文物保护单位
122	西山凤池寺	寺庙道观	息烽县	明崇祯年间	清光绪年间	木	市级文物保护单位
123	冠山紫虚阁	楼阁塔幢	龙里县	1390年（明洪武二十三年）	1897年（清光绪二十三年）	木	省级文物保护单位
124	乌当来仙阁	楼阁塔幢	乌当区	1555年（明嘉靖三十四年）	1908年（清光绪三十四年）	木	省级文物保护单位
125	普定文昌阁	楼阁塔幢	普定县		1851年（清咸丰元年）	木、石	市级文物保护单位
126	修文君子亭	楼阁塔幢	修文县		1846年（清道光二十六年）	木	国家级文物保护单位
127	边阳文昌阁	楼阁塔幢	罗甸县	清道光年间	清、民国	木、砖	县级文物保护单位
128	独山翁奇奎文阁	楼阁塔幢	独山县	1816年（清嘉庆二十一年）	1873年（清同治十二年），民国年间	木、砖	省级文物保护单位
129	修文阳明洞王文公祠	祠堂	修文县	1551年（清嘉庆三十年）	道光、民国年间	木、砖	国家级文物保护单位
130	福泉城墙	城池墙垣	福泉市		1401年（明建文三年），1603年（万历三十一年）	石	国家级文物保护单位
131	福泉葛镜桥	桥梁	福泉市		1618年（明万历四十六年）	石	国家级文物保护单位
132	灵龟寺无梁殿	寺庙道观	关岭县		1838年（清道光十八年）	石	省级文物保护单位
133	六枝岩脚田家大院	宅第民居	六枝特区		民国初年	木、石、砖	
	黔西建筑文化区						
134	盘县普安州城墙	城池墙垣	盘县	1392年（明洪武二十九年）	明、清	石、木	省级文物保护单位
135	盘县普安州文庙	坛庙	盘县	1417年（明永乐十五年）	1684年（清康熙二十三年）	木、砖	省级文物保护单位

续表

编号	名称	类型	地点	始建年代	建筑年代	材料结构	文保等级
136	盘县大威寺	寺庙道观	盘县	明洪武年间	1764年（清乾隆二十九年）	木	县保
137	盘县城隍庙	坛庙	盘县		1885年（清光绪十一年）	木	省级文物保护单位
138	安龙十八先生墓祠	祠堂	安龙县	1656年（清顺治十三年）	清	木、石	国家级文物保护单位
139	安龙招堤	楼阁塔幢	安龙县	1694年（清康熙三十三年）	1911年（清宣统三年）	石、木	省级文物保护单位
140	兴义府试院	试院	安龙县	1731年（清雍正九年）	1889年（清光绪十五年）	木	省级文物保护单位
141	盘县普福寺	寺庙道观	盘县		明崇祯年间，1892（光绪十八年）	木	县保
142	普安崧岿寺	寺庙道观	普安县	不详	1922年	木	国家级文物保护单位
143	鲁屯石牌坊	牌坊	兴义市		1838年（清道光十八年）1839年（清道光十九年）1845年（清道光二十五年）	石	国家级文物保护单位
144	兴义刘氏庄园	宅第民居	兴义市	清嘉庆年间	清、民国	木、石、砖	国家级文物保护单位

参考文献

[1] [明]郭子章．黔记．

[2] 清道光．遵义府志．

[3] 清道光．平远州志．

[4] 明万历．铜仁府志．

[5] 清光绪．铜仁府志．

[6] 清嘉庆．黄平州志．

[7] 清道光．贵阳府志．

[8] 清乾隆．南笼府志．

[9] 清道光．兴义府志．

[10] 清咸丰．安顺府志．

[11] 民国．续修安顺府志．

[12] 清乾隆．镇远府志．

[13] 清光绪．黎平府志．

[14] 明嘉靖．普安州志．

[15] 清乾隆．普安州志．

[16] 清光绪．普安直隶厅志．

[17] [明]郭子章著．伍孝成，吴志军编著．黔记·舆图志考释．贵阳：贵州人民出版社，2013．

[18] [明]张廷玉编．罗康智，王继红编著．明史·贵州地理志考释．贵阳：贵州人民出版社，2008．

[19] [明]曹学佺著．吕幼樵等编著．贵州名胜志研究．贵阳：贵州人民出版社，2011．

[20] 贵州省地方志编纂委员会．贵州省志·地理志．贵阳：贵州人民出版社，1985．

[21] 贵州省地方志编纂委员会．贵州省志·林业志．贵阳：贵州人民出版社，1994．

[22] 贵州省地方志编纂委员会．贵州省志·城乡建设志．北京：方志出版社，1998．

[23] 贵州省地方志编纂委员会．贵州省志·建筑志．贵阳：贵州人民出版社，1999．

[24] 贵州省地方志编纂委员会．贵州省志·军事志．贵阳：贵州人民出版社，1995．

[25] 贵州省地方志编纂委员会．贵州省志·民族志．贵阳：贵州民族出版社，2002．

[26] 贵州省交通厅交通志编审委员会．贵州公路史．北京人民交通出版社，1989．

[27] 彭钢，龙起佳．贵州省志·宗教志．贵阳：贵州民族出版社，2007．

[28] 夏鹤鸣，廖国平．贵州航运史．北京：人民交通出版社，1993．

[29] 李佩钧．中国历史中西历对照年表．昆明：云南人民出版社，1958．

[30] 谭其骧．中国历史地图集．北京：中国地图出版社，1982年版．

[31] 葛剑雄．中国移民史（1－5卷）．福州：福建人民出版社，1997．

[32] 蓝勇著．西南历史文化地理．重庆：西南师范大学出版社，1997．

[33] 云南省博物馆．张增祺著．中国西南民族考古．昆明：云南人民出版社，1990．

[34] 史继忠．中华地域文化大系·贵州文化．呼和浩特：内蒙古教育出版社，2006．

[35] 陈永孝．贵州省经济地理．北京：新华出版社，1993．

[36] 罗德启．贵州民居．北京：中国建筑工业出版社，2008．

[37] 戴志中，杨宇振．中国西南地域建筑文化．武汉：湖北教育出版社，2003．

[38] 赵逵．川盐古道文化线中视野中的聚落与建筑．南京：东南大学出版社，2008．

[39] 祝纪楠编著，徐善铿校阅．《营造法原》诠释．北京：中国建筑工业出版社，2012．

[40] 李先逵．干栏式苗居建筑．北京：中国建筑工业出版社，2005．

[41] 过汉泉，陈家俊．古建筑装折．北京：中国建筑工业出版社，2006．

[42] 路玉章．木工雕刻技术与传统雕刻图谱．北京：中国建筑工业出版社，2006．

[43] 路玉章．古建筑木门窗棂艺术与制作技艺．北京：中国建筑工业出版社，2008．

[44] 田永复．中国园林建筑构造设计．北京：中国建筑工业出版社，2004．

[45] 蔡凌. 侗族聚居区的传统村落与建筑. 北京：中国建筑工业出版社，2007.

[46] 唐寰澄. 中国木拱桥. 北京：中国建筑工业出版社，2010.

[47] [明]午荣汇编，易金木译注. 鲁班经. 北京：华文出版社，2007.

[48] 徐文仲. 川盐入黔与黔北的经济发展. 遵义文史，2012.

[49] 何伟福. 清代贵州商品经济研究. 北京：中国经济出版社，2007.

[50] 贵州省博物馆藏品志（一）. 贵阳：贵州人民出版社，1990.

[51] 贵州省博物馆考古研究所. 贵州田野考古四十年. 贵阳：贵州民族出版社，1993.

[52] 贵州省文物局. 第七批全国重点文物保护单位推荐材料. 内部资料，2009.

[53] 贵州省考古所. 贵州三普指导手册·地下文物篇. 内部资料，2009.

[54] 贵州省考古所，遵义汇川区文体广电局. 遵义海龙囤发掘情况汇报. 内部资料，2011.

[55] 贵州省文物保护研究中心. 文物保护工程勘察设计方案（相关方案）. 内部资料.

后记

2010年12月，我到北京参加第五批中国历史文化名镇名村授牌会议，刚下飞机就接到罗德启、李多扶二位先生的电话，问我是否愿意参加本书的编写工作。由于自从2002年到贵州省文物局工作后，我长期接触到的都是与文物建筑保护相关的工作，也曾发表了几篇与贵州古建筑相关的简短文章，本来就打算对贵州古建筑进行一些初步的梳理和总结，所以，当时根本没多想，我爽快地回应了二位先生的邀请。

接下来的编撰工作，远没想象中的那么简单。虽然对贵州古建筑有了些初步的认识，但要把认识梳理清楚并付诸图文，却需要付出异常的艰辛。考虑到关于贵州古建筑的系统研究资料十分匮乏，且分散于不同的人、不同时期的工作积累之中，我们组成了一个阵容庞大的编委会。即便如此，资料及照片的收集、整理、统筹仍旧是书稿编写过程中最为浩繁的工作，甚至于在书稿即将完成之际，此项工作仍在进行。好在编委会的同仁们十分支持，有时大家还经常在一起就编写大纲、体例、文字、内容等进行讨论，相互鼓励、督促，终使本书顺利完成。虽然有点大杂烩的百科味道，但也算是大家辛苦努力的成果。

承蒙罗、李二位先生的举荐和礼让，使我有幸成为第一主编，负责了本书的编纂统筹及编辑、统稿工作，完成了第一章（绪论）、第七章（建筑营造与装饰）和各个建筑文化区概述部分的编著，以及各章节古城镇、古村落、古建筑的编辑、撰写及照片筛选、图纸整理等工作。罗、李二位先生虽年逾古稀，但也承担了部分章节的编撰工作。李先生还把他多年积累的工作资料无私地奉献了出来。同时，罗先生还承担了大部分与出版社对接的工作，并在他的组织、督促下召开了多次编委会会议。

余康麟、郭秉红、李军、潘光福、罗永周、罗松、李宇果、杨昌焕及编委会的其他同志，均如期完成了各自的编撰任务及资料提供。余康麟先生是编委会中的长者，每一次交稿，都用方格纸把书稿书写得工工整整、一丝不苟，其认真、严谨的态度给予了我们极大鼓舞和鞭策。郭秉红同志负责了贵州木雕、石雕、灰塑部分内容的调查编写，并为本书描绘了大量钢笔画和线笔画。李军、罗永周、罗松、李宇果同志分别完成了安顺、盘县、兴义、贵阳等相关章节的初稿编写工作。杨昌焕同志多次到侗区进行实地调研，完成了本书侗族鼓楼、风雨桥及侗族建筑营造技艺的初稿编写。潘光福先生出身工匠，从事贵州古建筑施工多年，具有丰富的一线经验。按照自己的理解和认识，他完成了古建筑营造技术部分的梳理及文字初稿。唐发勇、石斌、刘多山、唐秀成、饶崇和、卫风华、汪汉华、吴忠心、郑远文、何烨、李良福、魏小松、覃远建、蔡子泰、陈兴夫等同志，为本书提供了大量的初步文稿、测绘和图片资料。娄清同志是贵州文物建筑保护战线上的老兵，本书不少照片、资料均出自其手。张合荣、李飞同志从考古学的角度给予了本书很多启示。

本书的内容除了由各编委调查编写之外，还大量地来源于基层文物工作者的无私提供，有的甚至直接来源于基层同志的工作成果。同时，本书还采编了第六批及第七批全国重点文物保护单位申报材料、《中国文物地图集·贵州分册》、贵州省文物保护研究中心古建筑勘察设计方案、第三次全国文物普查，以及贵州考古成果中的相关资料。可以说，本书的成稿是建立在几十年来几代人对贵州古建筑的研究基础之上的，如果没有大家的前期工作积累，要完成本书的编纂工作是根本不可能的。资料繁杂，时间仓促，部分资料难以查证来源，未能一一注明出处，在此一并感谢并致歉意。

最终，我们从各区域中选取了具有代表性的15个古城古镇、13个古村落、144处古建筑进行了介绍，并力争每个区域均有所均衡，以让读者对贵州古建筑能有比较全面的概览。鉴于资料原因，有些重要的古镇、古村落及古建筑不得不忍痛割爱，这不能不说是本书的一点遗憾。

国家文物局古建专家组组长张之平、中国文化遗产研究院肖东两位老师，在百忙之中审阅了本书文稿。中国建筑工业出版社的李东禧主任、唐旭副主任、杨晓和吴绫编辑，一直给了本书极大的关注和支持，如果没有他们的帮助与督促，本书也不可能完成。贵州省文物局的领导和贵州省文物保护研究中心、贵州省文物考古研究所的同仁们也给予了大量的帮助和鼓励。在此一并致以衷心的感谢。

本书编纂过程中也留下了许多难忘的记忆。由于仅能利用业余时间编撰书稿，加班熬夜是常有的事，若不是妻子花了更多的时间照顾女儿，我也不会有那么多时间专心写稿。写稿少了许多陪女儿的天伦之乐，心中难免愧疚。书稿编写过程中，常常忆起故去的父亲，于是鞭策我在困倦之中拿起书稿，继续挑灯夜战。父亲年轻时在县里的建筑社当石匠，让儿时的我对錾子、手锤、曲尺、墨斗留下了深刻的印象。工作几经辗转，能有机会研究古建，也是冥冥之中的回归吧。

本书仅是开启了贵州古建筑研究的一扇窗户，期待着更多的人来关注贵州古建筑的保护、研究与传承。由于水平有限，书中定有不足之处，敬请方家、读者批评。

陈顺祥
2015年9月于贵阳遵义巷

主编简介

陈顺祥

贵州息烽人，1974年8月生，毕业于南京建筑工程学院，天津大学建筑规划工程硕士，注册城市规划师，副研究员，现任贵州省文物保护研究中心主任。

长期从事文化遗产保护实践与研究工作，主持、参与多项文物建筑保护工程勘察设计，致力于贵州传统村落的科学保护与可持续发展研究，发表多篇关于贵州传统建筑、传统民居保护的研究文章。

罗德启

江苏人，1941年生，1965年毕业于东南大学建筑系。中国民居建筑大师、贵州省建筑设计大师、教授级高级建筑师。

从事设计及管理工作50年，参加并主持规划、设计、科研70余项，其中21项先后获全国建筑创作大奖、全国优秀工程设计铜奖、省优秀工程设计奖及省科技进步等奖项。

曾任贵州省八届政协委员，九届政协人口资源环境委员会特聘委员，中国建筑学会第五、六、七、八、九、十届理事、第十一届副理事长，贵州省科协第二、三、四届委员，省城规委委员，贵州大学客座教授及世界华人建筑师协会常务理事等。

出版著作(独著或合著)有：《贵州传统村落》、《贵州民居》、《花溪迎宾馆》、《千年家园》、《21世纪贵州城市与建筑》、《老房子——贵州民居》、《贵州侗族干阑建筑》、《石头与人》、《新型住宅设计》等。在国内外发表论文70余篇，被授予"国家有突出贡献的中青年专家"、享受"国务院特殊津贴"，荣膺"全国优秀勘察设计院院长"、"建设部劳动模范"、"贵州省建设系统优秀建设者"等荣誉。为"贵州省四化建设标兵"、省"五一"奖章获得者。获首批"省管专家"，"全国建设创新工作先进个人"及"贵州设计大师"、"中国民居建筑大师"等荣誉称号。被推选为新中国成立60周年"中国建筑设计行业杰出人物"。

李多扶

男，汉族，1937年4月生，山东济南人，中共党员。

其名字颇有与时俱进之意，生在一个封建家庭之中，名字排辈是"孟、传、多、圣、贤"中的"多"字辈、"福禄寿禧、福寿双全"中的老大，故名字为"多福"。高中毕业时正是学苏联之际，报考大学改为"多夫"。"文化大革命"中不学苏联了，而学工农兵改名为"多伕"，即为人民之伕。知天命之年时觉得个人太渺小了，李树也太柔弱，一路走来多得到好心友朋的扶助，故定名为"李多扶"至今……

1961年毕业于清华大学建筑系，结束了六年的大学生活，响应党中央"到边疆去，到祖国最需要的地方去"的号召，志愿来到祖国大西南，分配到贵州省建筑工程管理局勘察设计院工作。历任技术员、班长、建筑师、主任建筑师、副总建筑师、国家特许一级注册建筑师、工程技术应用研究员等职。现任贵州省建筑设计研究院顾问总建筑师，兼任贵州文化厅文物保护技术顾问、贵阳市文物维修领导小组成员。1992年获得"贵州省四化建设标兵"称号，获得"五·一"奖，并于1992年起，作为有突出贡献的工程技术专家获国务院颁发的政府特殊津贴，2004年获得了"贵州省首批勘察设计大师"称号。